Álvaro García San

Margarita

January 18, 2006.

el currículo de español
como lengua extranjera

Metodología I.

Master in teaching

Spanish as a second language

416-697-9639

In case I am lost,
please call,
to return me
back.

edelsa

GRUPO DIDASCALIA, S.A.
Plaza Ciudad de Salta, 3 - 28043 MADRID - (ESPAÑA)
TEL.: (34) 914.165.511 - FAX: (34) 914.165.411

Primera edición: 1995
Primera reimpresión: 2000

ISBN: 84-7711-093-X

Directores de colección: Miquel Llobera, María Teresa Turell, Javier Zanón.

Dirección y coordinación editorial: Pilar Jiménez Gazapo.
Adjunta a dirección/coordinación editorial: Ana Calle Fernández.

Diseño de cubierta, maquetación, fotocomposición y fotomecánica:
Departamento de imagen Edelsa Grupo Didascalia, S. A.

Depósito legal: M-19031-2000.

Impreso en España - Printed in Spain
Peñalara, S. A. Carretera Fuenlabrada a Pinto, km. 15.180 (Madrid)

Presentación de la Colección C.I.D. Metodología

Ningún estudioso se ha atrevido a afirmar que la lengua sea un fenómeno simple. Conocemos la complejidad de la escritura, con sus diferentes alfabetos y otros sistemas de signos y símbolos, sus convenciones fijas, la variedad de géneros textuales, el esplendor de las literaturas, lo farragoso de la mayor parte de lo escrito, lo efímero de los escritos de periódicos y revistas, la enorme dificultad en la mera eficacia comunicativa. Es sabido que una ligera entonación puede cambiar el sentido de una expresión y que incluso la ausencia de respuesta fática de quien escucha en un diálogo puede interrumpir el intercambio y provocar tensiones entre los interlocutores. La lengua hablada, con sus matices y convenciones sociales, con su poder de persuasión y seducción, su capacidad de evitar y provocar catástrofes personales y sociales, no parece tampoco un fenómeno simple. Es la lengua igualmente la que permite organizar nuestra experiencia y desarrollar nuestro conocimiento y la que permite articular sociedades y regular conductas colectivas.

A pesar de toda esta complejidad, durante mucho tiempo, varias generaciones de expertos han defendido que era posible desarrollar conocimientos operativos en segundas lenguas y lenguas extranjeras mediante una serie muy simple de procedimientos didácticos. Esta ilusión ha alimentado las sucesivas metodologías que han ido surgiendo desde la mitad del siglo pasado. No parece que sea posible mantener hoy en día que una metodología de enseñanza bien organizada y simple en su aplicación garantice el aprendizaje de una LE.

La práctica actual de enseñanza de lenguas está influenciada por los conceptos que actualmente se tienen sobre las lenguas y el lenguaje, los que se tienen sobre el aprendizaje con todos los condicionamientos intelectuales y emocionales y todos los recovecos procesuales que lo acompañan, y finalmente los que permiten entender este complejo fenómeno social que representa la enseñanza con sus condicionantes institucionales, culturales, sociales y los derivados de los individuos que intervienen en esta actuación.

Por todo ello la innovación meramente metodológica no ofrece respuesta al desafío que representa organizar la docencia de LE. La respuesta más plausible es sin duda alguna la de establecer principios que permitan organizar procedimientos didácticos de acuerdo con la variedad de factores que intervienen en la docencia de LE. Estos principios serán aceptados por los componentes de la profesión si pueden mediatizar los conocimientos generados en disciplinas relevantes (lingüística, psicología, pedagogía, etc.) y pueden ayudar a reconsiderar los ingredientes de la práctica docente.

Por otro lado, propuestas innovadoras y reflexivas tienen que ir produciéndose para poder contrastar estos principios organizativos con la práctica de profesores y alumnos en las aulas y centros de enseñanza y poder reevaluar estos constructos teóricos que deben permitir que la práctica de enseñanza adquiera conciencia de su direccionalidad en la necesaria renovación pedagógica.

Por tanto esta colección quiere conjugar la publicación de libros de teoría aplicada a la didáctica de lenguas con otros que ofrezcan modelos razonables de actuación concreta en el aula. Esta colección pretende poner al alcance de los profesores de LE, de los formadores de profesores y de los estudiosos de lingüística aplicada, la información necesaria para desarrollar principios y conceptos útiles para todos los miembros de la profesión y al mismo tiempo propuestas concretas que permitan reflexionar sobre la enseñanza de LE y experimentar nuevos procedimientos y nuevas formas de organización de la docencia. Éstas serán por tanto las dos líneas de los títulos de esta colección.

Esperamos que ello contribuya al desarrollo profesional de este campo de la didáctica y enriquezca el debate sin simplificaciones, sin "modas" metodológicas, y sitúe el debate sobre la plausibilidad de la práctica en un contexto intelectualmente vivaz.

LOS DIRECTORES DE LA COLECCIÓN:
Miquel Llobera, María Teresa Turell y Javier Zanón

el currículo de español como lengua extranjera

Dedico este libro a mis padres

ÍNDICE

Introducción

Hasta los años 80 no comienzan a aplicarse los presupuestos del enfoque curricular a la enseñanza de las lenguas extranjeras, por cuanto este tipo de enseñanza había permanecido tradicionalmente sometido a la influencia del paradigma lingüístico y ajeno a los principios de la teoría de la educación. El currículo constituye un nexo de unión entre los principios que inspiran un proyecto educativo y la aplicación práctica de estos principios a lo largo de un proceso de toma de decisiones orientado hacia la resolución de problemas y abierto a modificaciones derivadas de la práctica docente. Desde la perspectiva de la enseñanza de las lenguas extranjeras, el enfoque del currículo permite entender el alcance de la relación entre los fundamentos teóricos que subyacen a una concepción particular sobre la naturaleza de la lengua y su aprendizaje, las decisiones relacionadas con la planificación de la enseñanza y la aplicación de estas decisiones en la clase. Frente al enfoque prescriptivo del método que pretende darlo todo resuelto de antemano, el enfoque curricular exige el compromiso y la colaboración de todos los que participan, directa o indirectamente, en el proceso de enseñanza y aprendizaje.

A pesar de la novedad que supone el concepto de currículo en la enseñanza de las lenguas extranjeras, hay que tener en cuenta que el desarrollo de los estudios lingüísticos en las últimas décadas había contribuido a que las aportaciones de la teoría de la educación pudieran producirse en un caldo de cultivo favorable. Así, ya desde los años 70, el desarrollo del concepto de *competencia comunicativa*, derivado del creciente interés por la dimensión del uso de la lengua y por los factores extralingüísticos que intervienen en la comunicación, había propiciado en el campo de la enseñanza de las lenguas extranjeras una revisión de los contenidos de los tradicionales programas gramaticales en favor de un análisis que pretendía reflejar, además de las categorías formales, las categorías relacionadas con los significados y con las intenciones de los hablantes. En este sentido, los programas *nocional-funcionales* suponen un primer paso en el intento de aproximar el enfoque de la enseñanza a las necesidades de los usuarios de la lengua. El denominado *enfoque comunicativo* acabaría desbordando el ámbito de la definición de los contenidos para constituir un *corpus* de ideas y principios que fundamentan un modo particular de entender qué significa enseñar y aprender una lengua extranjera.

De este modo, la aplicación del concepto de currículo, por una parte, y la experimentación práctica de los principios que fundamentan el enfoque comunicativo, por otra, permiten abordar hoy la enseñanza de las lenguas extranjeras desde una perspectiva más amplia y compleja, en la que puede apreciarse la relación entre los siguientes factores fundamentales:

- la necesidad de considerar la integración de los distintos componentes curriculares -objetivos, contenidos, metodología y evaluación- en el ámbito de la planificación de la enseñanza;

- la valoración de las variables individuales -factores cognitivos y afectivos- en el aprendizaje, así como la importancia de incorporar, mediante procedimientos de negociación y consulta, las necesidades y las expectativas de los alumnos al proceso de enseñanza y aprendizaje;

- la importancia de favorecer el desarrollo de la responsabilidad de los alumnos con respecto a su propio aprendizaje;

- la consideración del conocimiento comunicativo del alumno como parte de su desarrollo social y personal, con la consiguiente valoración de la dimensión sociocultural del currículo.

Estos factores son, precisamente, los que constituyen la base del modelo descriptivo que presento en este libro, a partir de la consideración de tres niveles de análisis: un nivel de fundamentación, que da cuenta de las bases teóricas del modelo relacionadas con la naturaleza de la lengua y su aprendizaje, así como de los factores sociales, culturales y educativos que determinarán las decisiones de los siguientes niveles; un nivel de planificación, que recoge el conjunto de decisiones y orientaciones que constituyen el plan o proyecto curricular; y un nivel de actuación, en el que se consideran los problemas derivados de la aplicación del plan curricular en un entorno determinado y a un grupo particular de alumnos.

La pretensión fundamental de este libro es, por tanto, ofrecer una visión de conjunto que permita al lector apreciar la relación entre fundamentos teóricos, planes de enseñanza y aplicaciones prácticas. Este planteamiento conlleva, desde luego, ciertas limitaciones. Por una parte, no cabe un desarrollo profundo de los aspectos relevantes de cada nivel de análisis, sino tan sólo un esbozo de los rasgos clave que permita entender la coherencia del conjunto. El lector interesado en profundizar en uno u otro aspecto habrá de recurrir a estudios especializados. Las orientaciones bibliográficas que presento al final de cada una de las dos partes del libro tienen como objetivo, precisamente, proporcionar pautas de lectura para facilitar la aproximación a temas particulares. Por otra parte, el planteamiento del libro puede llevar a que un mismo aspecto sea tratado en los tres niveles de análisis, si bien desde perspectivas diferentes. Así, por ejemplo, las tareas son analizadas en el nivel de fundamentación como un factor relacionado con el aprendizaje de la lengua, en el nivel de planificación como un procedimiento metodológico coherente con los principios del enfoque comunicativo, y en el nivel de actuación como una posible unidad de organización del programa de curso. De este modo, el lector no encontrará recogido en un mismo apartado el desarrollo de las ideas relacionadas con las tareas, sino una visión de las tareas desde la perspectiva de los diferentes niveles de análisis del currículo.

La primera parte del libro proporciona las bases para el desarrollo del modelo de análisis que presento en la segunda parte. Aunque el concepto de currículo ha sido ampliamente difundido en España a partir de la aplicación del Diseño Curricular Base del Ministerio de Educación y Ciencia, sigue resultando, en gran medida, extraño a los profesores que trabajan en la enseñanza de lenguas a adultos fuera del sistema educativo, razón por la cual dedico los dos primeros capítulos a considerar la aplicación del concepto de currículo en la enseñanza de las lenguas extranjeras. En el capítulo 3 presento un análisis de los factores que constituyen las bases de un modelo curricular comunicativo aplicable a diferentes situaciones de enseñanza. Ya en la segunda parte dedico el capítulo 4 a comentar algunos aspectos relacionados con la situación del español y de su enseñanza como lengua extranjera y presento una caracterización general de la versión en español de *Un nivel umbral* y del *Plan Curricular del Instituto Cervantes*, que constituyen, en mi opinión, dos referencias importantes desde la perspectiva de la planificación de la enseñanza del español como lengua extranjera. En el capítulo 5 adelanto los rasgos principales de los tres niveles de análisis del currículo a los que me he referido anteriormente y que desarrollo en los capítulos 6, 7 y 8.

En el texto aparecen con frecuencia elaboraciones de ideas y argumentos de autores especializados en cada una de las áreas de investigación y experimentación que concurren en la teoría del currículo. Cuando expongo o desarrollo el planteamiento de algún autor particular, doy entre paréntesis, generalmente al final del párrafo en el que haya tratado el asunto, la cita con el nombre del autor y la fecha del libro de referencia, de manera que el lector pueda contrastar o ampliar por sí mismo el argumento utilizado en la exposición. Cuando reproduzco una cita literal, ya sea en español, ya sea traducida, doy también el dato del autor y de la obra de referencia, con especificación del número de página de la que ha sido tomada. Todas las traducciones de las citas son mías, con la excepción de aquellos casos en los que cito la versión en español de una obra extranjera traducida. He incluido al final del libro un pequeño glosario en el que comento algunos de los términos que aparecen con más frecuencia en el texto. He intentado evitar, en lo posible, las siglas, con una única excepción: el Plan Curricular del Instituto Cervantes, que aparece citado como "PCIC". En aquellos casos en los que entiendo que puede servir de orientación para el lector, doy entre paréntesis y con cursiva, junto al equivalente en español, el término extranjero traducido.

Quiero dejar constancia de mi agradecimiento al Instituto Cervantes, que me ha permitido participar en la realización de un proyecto de enseñanza orientado por un enfoque precursor dentro del campo del español como lengua extranjera. Quienes hemos asumido la tarea de desarrollar y aplicar este proyecto en los tres últimos años debemos un reconocimiento muy especial a Ernesto Martín Peris, primer Director Académico del Instituto, que estableció las bases del plan de actuación y orientó con gran acierto nuestra labor en la línea más avanzada de investigación y experimentación didáctica. Agradezco, también, el apoyo de mis compañeros de la Dirección Académica, especialmente el de mis queridos Mayte Cabello e Isidoro Castellanos. Cualquier plan pedagógico, sea cual sea su naturaleza, se constituye fundamentalmente en la práctica de las aulas y son los profesores quienes, en el esfuerzo del día a día, tienen la última palabra en la enseñanza: a mis compañeros de los equipos docentes del Instituto Cervantes y, por extensión, a todos los profesores que luchan por la difusión del español, quiero dedicar también, de forma muy especial, la expresión más sincera de mi agradecimiento.

Álvaro García Santa-Cecilia.

I. Consideraciones generales sobre el currículo de lengua extranjera

De forma gradual a lo largo de los últimos treinta años, la enseñanza de las lenguas extranjeras ha ido adentrándose en territorios ajenos a los de la lingüística aplicada, en un afán por encontrar respuestas a algunos de los dilemas nunca resueltos por los modelos de descripción basados en el análisis contrastivo. Desde una primera orientación conductista en los años 60, caracterizada por la influencia de la lingüística estructural y por una visión del aprendizaje deudora de la experimentación psicológica basada en la teoría de estímulo y respuesta, los modelos de enseñanza de lenguas extranjeras evolucionaron hacia enfoques de corte racional y cognitivo, vinculados a la lingüística generativa. Recientemente, el enfoque cultural y científico centrado en el desarrollo individual ha puesto énfasis en los factores afectivos y en la importancia de considerar las variables individuales en el aprendizaje, con una visión de la lengua que pone el acento en la dimensión sociocultural.

En esta primera parte presento algunas consideraciones generales sobre la aplicación del concepto de currículo a la enseñanza de las lenguas extranjeras. El modelo que desarrollaré a lo largo de la segunda parte del libro se sustenta en los principios del denominado *enfoque comunicativo*, por lo que adelanto en el capítulo 3 algunas de las claves que fundamentan un modelo curricular basado en estos principios.

1. EL CONCEPTO DE CURRÍCULO Y SU APLICACIÓN A LA ENSEÑANZA DE LAS LENGUAS EXTRANJERAS

1.1 Rasgos definitorios del currículo

Aunque el concepto de currículo no es nuevo en la teoría de la educación, sólo recientemente ha comenzado a difundirse con carácter general entre los responsables de programas educativos y los profesores. En España, el término *curriculum* aparece ya en la Ley General de Educación a principios de los años 70, pero no llega a adquirir consistencia hasta el reciente Proyecto de Reforma de la Enseñanza del Ministerio de Educación y Ciencia y la publicación del denominado Diseño Curricular Base, que establece los criterios generales de actuación y las prescripciones que regulan las distintas asignaturas de las enseñanzas regladas y, entre ellas, las lenguas extranjeras. Muy recientemente, el Plan Curricular del Instituto Cervantes (1994) se ha sumado desde el campo de la enseñanza del español a este proceso de renovación pedagógica en torno a la idea de currículo entendido como marco general de decisión y de actuación.

Las primeras referencias al currículo como campo específico de estudio se remontan a principios de siglo, con los trabajos pioneros de Dewey y Parker en la Universidad de Chicago. Estos trabajos recogían una antigua preocupación -presente ya en el pensamiento clásico- por el sentido de la enseñanza, entendida como transmisión de conocimientos de generación en generación. Aunque Dewey (1916) sienta las bases del pensamiento experimental en el campo del currículo, los primeros estudios científicos sobre el tema fueron publicados en la década de los 20. En el segundo tercio del siglo se va consolidando el concepto de currículo al tiempo que se publican investigaciones y experiencias sobre el tema, hasta alcanzar en los años 70 un nuevo impulso con la preocupación por dotar a los estudios sobre el currículo de una fundamentación teórica que pudiera servir de base para mejorar y transformar la enseñanza. El conjunto de investigaciones, estudios y experiencias de carácter educativo que se ha desarrollado en las últimas décadas a partir de estas aportaciones teóricas y prácticas en torno al concepto de currículo ha llegado a constituir un ámbito específico de conocimiento dentro de la teoría general de la educación (Sancho 1990).

El término currículo ha llegado al español por influencia del inglés, al igual que otros términos latinos relacionados con el ámbito académico. En la forma en que lo utilizo en este libro, *currículo* y no *curriculum*, aparece recogido en la edición del Diccionario de la R.A.E. de 1992, con el significado de "plan de estudios". Sin embargo, incluso restringido su uso al campo de la enseñanza, el término currículo no tiene una única acepción. Beauchamp (1975; citado en Sancho 1990) establece tres formas reconocidas de uso de este término:

- El *curriculum* como campo de estudio, lo que incluye temas como el diseño del *curriculum*, su evaluación, los fundamentos básicos, la teoría y la investigación, las disciplinas cognitivas.

- El *curriculum* como sistema, o sistema curricular, entendido como el ámbito en el que se toman las decisiones de planificación escolar y se establece cómo ha de ser llevado a la práctica el *curriculum* en un contexto determinado.

- El *curriculum* como documento escrito que incluye distintos componentes, pero que básicamente es un plan educativo.

Desde luego, estas tres acepciones no son excluyentes; al contrario, una definición comprehensiva del currículo debería tener en cuenta todos los aspectos de cada una de ellas. Provisionalmente, y mientras vayamos presentando nuevas ideas sobre el asunto, podemos adelantar ya, más que una definición, un principio fundamental en todo lo relacionado con el currículo: el principio de coherencia. Johnson (1989), al analizar el currículo desde la perspectiva de las lenguas extranjeras, parte de la coherencia como principio que pone énfasis en la dependencia mutua de los distintos factores que intervienen en la situación de enseñanza y aprendizaje y en la necesidad de que las decisiones se adopten de forma complementaria y consistente a través de procesos de desarrollo y evaluación.

Uno de los investigadores más influyentes del siglo en todo lo relacionado con el currículo es R. Tyler, cuyo trabajo *Basic Principles of Curriculum and Instruction* (1949), que ha sido considerado la primera "biblia" sobre el tema (Nunan 1988a), proporciona un modelo para el desarrollo sistemático del currículo. Para Tyler, el desarrollo del currículo de cualquier materia debe basarse en la consideración de cuatro aspectos fundamentales: los fines y objetivos educativos que se pretende alcanzar; las experiencias educativas que deben realizarse para alcanzar esos fines y objetivos; los principios a partir de los cuales se organizarán las experiencias educativas; y los medios que permitirán comprobar si se han alcanzado los fines y objetivos previstos. Se trata de un modelo que concibe el currículo como una serie de pasos independientes que se suceden de modo lineal, de acuerdo con un planteamiento de la educación que se denomina *fines-medios.* A lo largo de los años 60 se produjeron las primeras críticas importantes a este modelo y se empezaron a desarrollar propuestas que ponían el énfasis en la interacción de los distintos componentes curriculares. La evaluación, por ejemplo, deja de ser concebida como el último paso del desarrollo curricular y se propone como un elemento integrado en el conjunto del currículo, por lo que debe estar presente a lo largo de todo el proceso.

Es en los años 70 cuando se producen los primeros intentos por conseguir que los estudios y experiencias relacionados con el currículo lleguen a tener un estatuto científico propio, con una adecuada fundamentación teórica y una base empírica suficiente para avalar los resultados de las propuestas de innovación pedagógica. En estos años, una de las obras más influyentes fue *An Introduction to Curriculum Research and Development,* de L. Stenhouse, que fue publicada en 1975. En la introducción de esta obra se lamentaba Stenhouse de la orientación de la reforma de los planes de estudios relacionados con la formación pedagógica en los *colleges* y escuelas universitarias de Ciencias de la Educación en Gran Bretaña desde mediados de los años 60. En opinión de Stenhouse, la formación pedagógica entendida como un campo indiferenciado se había sustituido, en gran medida, por la enseñanza de las disciplinas constitutivas, como la Filosofía, la Psicología y la Sociología, mientras las disciplinas de carácter propiamente pedagógico sólo habían logrado imponerse de modo parcial. Aunque este cambio de orientación logró incrementar, según reconoce Stenhouse, el rigor y el tono intelectual de los cursos de educación, hizo poco, sin embargo, por mejorar la práctica de la enseñanza. La necesidad de integrar los fundamentos teóricos de las ciencias de la educación con la reflexión derivada de la práctica docente constituye, para Stenhouse, la razón de ser del concepto de currículo, que cumpliría de este modo la función fundamental de "engranar" la teoría y la práctica de la educación. Así, como afirma Gimeno en el prólogo a la edición española del libro de Stenhouse (1987), el currículo se configura como un *proyecto* o *una propuesta de actuación* que responde en cada momento al conjunto de principios de carácter epistemológico, psicológico y educativo predominante y que pretende desarrollar estos principios a través de unas orientaciones metodológicas y con unos determinados materiales de enseñanza.

Tyler *(op. cit.)* había propuesto un enfoque que integrara las distintas posturas enfrentadas con respecto a la selección de los objetivos de la enseñanza: la postura de los progresistas, centrada en el análisis de los propósitos y las necesidades de los alumnos como sujeto de aprendizaje; la postura de los esencialistas, preocupados por la estructura interna de los contenidos de la enseñanza; y la postura de los sociólogos, que toma como punto de partida el análisis de los problemas y las características de la sociedad. Cada una de estas posiciones se centra en un factor clave del proceso educativo:

- el alumno como sujeto de aprendizaje;

- la sociedad, con sus valores y sus metas; y

- lo que se enseña, esto es, el contenido de cada disciplina.

Más adelante, al comentar los métodos de enseñanza y los sistemas de valores en relación con las lenguas extranjeras, tendremos ocasión de ver cómo el énfasis en uno u otro de estos factores ha propiciado una forma distinta de entender la enseñanza y el aprendizaje. Recientemente, Coll (1987), al considerar las fuentes del currículo, ha aplicado el planteamiento integrador de Tyler al análisis del currículo en su conjunto y ha puesto énfasis en la importancia de considerar, junto a los factores sociológicos, psicológicos y epistemológicos, otra importante dimensión del currículo: la experiencia pedagógica. Según este análisis, el currículo debe estar permanentemente abierto a las modificaciones y correcciones que se deriven de su aplicación práctica. En coherencia con este planteamiento, lo que podemos denominar *teoría del currículo* debe integrar aspectos de carácter teórico y consideraciones estrechamente relacionadas con la práctica de la enseñanza.

Stenhouse critica el enfoque del currículo que se centra sólo en el rendimiento o en los logros que los alumnos deben alcanzar al final de un curso y propone un modelo curricular basado en el proceso de enseñanza y aprendizaje tal como se desarrolla en la práctica de clase. Un currículo de este tipo debería, según Stenhouse, ofrecer lo siguiente:

A. En cuanto a proyecto:

1. Principios para la selección del contenido: qué es lo que debe aprenderse y enseñarse.
2. Principios para el desarrollo de una estrategia de enseñanza: cómo debe aprenderse y enseñarse.
3. Principios acerca de la adopción de decisiones relativas a la secuencia.
4. Principios a partir de los cuales diagnosticar los puntos fuertes y los débiles de los alumnos individualmente considerados y diferenciar los principios generales 1, 2 y 3 antes señalados, a fin de ajustarse a los casos individuales.

B. En cuanto a estudio empírico:

1. Principios a partir de los cuales estudiar y evaluar el progreso de los alumnos.
2. Principios a partir de los cuales estudiar y evaluar el progreso de los profesores.
3. Orientación en cuanto a la posibilidad de llevar a cabo el currículo en diferentes situaciones escolares, contextos relativos a alumnos, medio ambiente y situaciones de grupo entre los alumnos.
4. Información de la variabilidad de efectos en diferentes contextos y sobre diversos alumnos y análisis de las causas de la variación.

C. En relación con la justificación:

Una formulación de la intención o la finalidad del currículo que sea susceptible de examen crítico.
(Stenhouse 1987, 30)

En coherencia con este planteamiento, Stenhouse define el currículo como "una tentativa para comunicar los principios y rasgos esenciales de un propósito educativo, de forma que permanezca abierto a discusión crítica y pueda ser trasladado efectivamente a la práctica" *(op. cit., 29)*. Como observa Nunan (1988a), el modelo de proceso de Stenhouse aporta a la teoría del currículo algunos elementos de especial interés, que pueden resumirse en las tres siguientes ideas: se otorga un lugar central en el proceso curricular a lo que realmente ocurre en clase, frente a planteamientos anteriores centrados en lo que debería ocurrir; se reconoce el papel fundamental que corresponde al profesor en el proceso de desarrollo curricular; y se pone énfasis en la importancia de la reflexión y el análisis crítico de los profesores como factor fundamental para que pueda producirse una adecuada evolución del proceso curricular.

Lo que Stenhouse denomina "el arte del profesor" constituye, por tanto, un eje fundamental en el desarrollo del currículo y, a la inversa, el currículo se convierte en el medio a través del cual puede el profesor aprender su arte y aprender sobre la naturaleza de la educación. No son, por tanto, las decisiones de planificación curricular las que conducirán a la mejora de la calidad de la enseñanza sino la práctica de los profesores en el desarrollo del currículo. Esta práctica deberá ser el resultado de un ejercicio constante de pensamiento crítico por parte del profesor no sólo con respecto a los presupuestos del currículo sino también con respecto a lo que ocurre en clase.

A partir del enfoque curricular basado en el proceso, Gimeno *(en Stenhouse, op. cit.,)* ha puesto de relieve la función principal del currículo como marco para la resolución de problemas a través del análisis de la práctica:

> El *curriculum*, más que la presentación selectiva del conocimiento, más que un plan tecnológico altamente estructurado, se concibe hoy como un marco en el que hay que resolver los problemas concretos que plantea en situaciones puntuales y también concretas. La propia teoría del *curriculum* en sus desarrollos más recientes no se concibe como un esquema general donde se sistematizan problemas, aunque esto sea importante, sino como un análisis de la práctica, como una ayuda para descubrir lo que ocurre en la práctica. Teoría que necesariamente es consistente con la concepción del plan curricular como proyecto flexible, general, vertebrado en torno a principios que hay que modelar en situaciones concretas.
> *(Gimeno, en Stenhouse 1987, 18)*

De todo lo expuesto hasta ahora podemos concluir que el currículo está constituido por una dimensión teórica y otra práctica fuertemente imbricadas entre sí y comprende una serie de aspectos distintos pero estrechamente relacionados. Estos aspectos se pueden agrupar en las tres siguientes áreas de estudio:

- la consideración de los valores educativos predominantes en cada momento histórico y la visión de la enseñanza y el aprendizaje que se deriva de estos valores;

- las investigaciones relacionadas con los distintos componentes del currículo -los objetivos, los contenidos, la metodología y la evaluación- y las decisiones que constituyen el ámbito de la planificación de la enseñanza en todo proyecto educativo; y

- el análisis de los procesos a través de los cuales se lleva a cabo en la práctica el desarrollo y la evaluación de cualquier plan de actuación pedagógica.

A estas tres áreas corresponden, respectivamente, los tres siguientes niveles de análisis, que articulan, como veremos, la información que se presenta en la segunda parte de este libro:

- los fundamentos teóricos del currículo, así como el estudio de los factores del entorno en el que se desarrollará el currículo (el *nivel de fundamentación*);

- las decisiones relacionadas con la planificación de los componentes curriculares (el *nivel de decisión*); y

- la aplicación del currículo, esto es, el conjunto de actuaciones que se llevan a cabo al poner en práctica las decisiones de planificación curricular (el *nivel de actuación*).

1.2 El currículo y la enseñanza de las lenguas extranjeras

En los últimos años, la aplicación de los principios de la teoría curricular a la realización de proyectos educativos ha ido contribuyendo de forma decisiva al restablecimiento del necesario equilibrio entre la teoría y la práctica de la enseñanza, al tiempo que ha dotado a los programas escolares de instrumentos de carácter pedagógico que permiten garantizar la eficacia y la coherencia de las decisiones que se adoptan a lo largo del proceso de enseñanza y aprendizaje. Sin embargo, y a pesar de los beneficiosos frutos recogidos en este ámbito de la teoría de la educación, la enseñanza de las lenguas extranjeras ha permanecido, hasta muy recientemente, ajena a cualquier orientación o planteamiento de carácter curricular.

Esta falta de atención a los temas relacionados con el desarrollo del currículo en el campo de la enseñanza de las lenguas extranjeras tiene, a juicio de Rodgers (1989), dos causas fundamentales. La primera es la tendencia tradicional a considerar el aprendizaje de las lenguas extranjeras, incluso en la enseñanza formal de los colegios e institutos, como algo diferente al aprendizaje de otras asignaturas del currículo escolar. De hecho, la bibliografía especializada en temas relacionados con el desarrollo del currículo en otras materias, incluso en las de carácter humanístico, ha sido, en opinión de Rodgers, irrelevante para los intereses del profesor de lengua extranjera. La segunda causa tiene que ver con el desproporcionado predominio del paradigma lingüístico sobre el educativo en la enseñanza de las lenguas extranjeras, lo que ha supuesto la aplicación a esta enseñanza de los presupuestos teóricos de la lingüística aplicada en detrimento del análisis de los factores de carácter educativo que intervienen en todo proceso de enseñanza y aprendizaje. De entre las muchas razones que pueden explicar este predominio, Rodgers *(op. cit.)* pone énfasis en el mayor prestigio académico del que gozan los lingüistas con respecto a los educadores y señala que, dado que los temas relacionados con el desarrollo curricular se tratan en los estudios de carácter educativo más que en los estudios lingüísticos, han sido con frecuencia ignorados por aquellos especialistas en lingüística aplicada que se han interesado por la enseñanza de las lenguas extranjeras.

El predominio del paradigma lingüístico supuso, además, la fragmentación de los estudios que se han desarrollado en las últimas décadas sobre la enseñanza de lenguas, debido a los diferentes grupos de interés que se fueron constituyendo en torno a distintos aspectos del proceso de enseñanza y aprendizaje. Así, en Europa, durante los años 60 y principios de los 70, el foco de atención de buena parte de los investigadores y de los promotores de proyectos educativos se dirigió hacia la especificación de los contenidos de la enseñanza a partir de criterios lingüísticos. Aunque el desarrollo de los programas denominados *nocional-funcionales*, que tenían en cuenta factores relacionados con el uso social de la lengua, supuso una ampliación del enfoque, el criterio de análisis o de organización de los inventarios de contenidos siguió siendo predominantemente lingüístico y ajeno, en gran medida, a consideraciones de carácter metodológico. Por el contrario, otra corriente de investigación, sobre todo en Estados Unidos, se centraba por aquellos mismos años en el análisis de factores metodológicos sin considerar aspectos del currículo como la especificación de los contenidos o la evaluación.

Hasta principios de los años 80 no se perciben los primeros síntomas de cambio en esta situación. Johnson (1989) analiza la evolución de la lingüística aplicada, como base teórica tradicional de la enseñanza de las lenguas extranjeras, en los últimos treinta años, y señala en esta evolución tres grandes etapas, cuyos rasgos fundamentales son los siguientes (Johnson, *op. cit.*, Introducción, xi-xii):

- La primera etapa, caracterizada como de "revolución comunicativa", refleja el esfuerzo de los investigadores por demostrar la inadecuación, en la teoría y en la práctica, de lo que Johnson denomina el *ancien régime* de la enseñanza de las lenguas extranjeras. La lingüística aplicada se enfoca hacia nuevas ciencias lingüísticas emergentes, como la psicolingüística o la sociolingüística, emancipadas ya del pasado estructuralista, pero ajenas a los presupuestos y a los instrumentos de análisis de la teoría general de la educación.

- La segunda etapa se caracteriza por el esfuerzo que se dedica a adecuar el planteamiento de los distintos ámbitos de planificación de la enseñanza -los objetivos, los contenidos, la metodología y la evaluación- al concepto de *competencia comunicativa* y a las investigaciones sobre los procesos de uso y de adquisición de nuevas lenguas. Es la época del florecimiento de cientos de "métodos" de enseñanza, con aportaciones a veces muy sofisticadas desde un punto de vista tecnológico, y de la proliferación de estudios sobre temas como el análisis de las necesidades de los alumnos, el diseño de materiales didácticos, la interacción en clase, etc., a partir de presupuestos más acordes con la naturaleza social de la lengua, pero con escasa vinculación entre sí, por lo que no logran proporcionar una visión integrada de las diferentes áreas relacionadas con la enseñanza de las lenguas.

- La tercera etapa, que Johnson sitúa a partir de los años 80, se caracteriza por el hecho de que se empieza a percibir un creciente interés por la aplicación de las ideas relacionadas con la teoría curricular a la enseñanza de las lenguas extranjeras. El currículo es entendido como un marco de actuación que permite relacionar los distintos ámbitos de planificación con la práctica de la enseñanza, al tiempo que promueve el contacto de la enseñanza de las lenguas con los principios de la teoría general de la educación. Superado el "fervor ideológico" y el "utopismo especulativo" de las etapas anteriores, se inicia una fase de consolidación e integración, con un nuevo sentido del realismo que pretende poner orden en el caos en el que había sucumbido buena parte de la denominada "metodología comunicativa".

En la década de los 80 se produce, en efecto, un auge de los estudios que responden al enfoque integrador de los planteamientos curriculares en el campo de la enseñanza de las lenguas extranjeras. Stern (1983), Yalden (1983), Richards (1990), Dubin y Olshtain (1986), Nunan (1988a), Johnson (1989), son algunos nombres representativos de esta tendencia, que se prolonga en los 90, y que responde al criterio de integración y realismo apuntado por Johnson. Se insiste cada vez con mayor convicción en que la enseñanza y el aprendizaje de la lengua extranjera debe enfocarse, con una visión amplia y comprehensiva, desde una perspectiva curricular, lo que permitirá dar una respuesta coherente a los problemas que ha originado la separación tradicional entre las intenciones de los proyectos de enseñanza y la realidad de lo que ocurre en las aulas.

El currículo, al fin y al cabo, es un instrumento al servicio de todos los que participan directa o indirectamente en la enseñanza y el aprendizaje de la lengua y tiene como objetivo principal facilitar la integración y la coherencia de las decisiones que se adoptan y de las actuaciones que se llevan a cabo. En el currículo cobra sentido el esfuerzo que muchos realizan en ámbitos distintos: los investigadores, que nos ponen al día de los avances científicos en campos como la lingüística aplicada, la adquisición de las lenguas, la psicolingüística, la sociolingüística, la pragmática, etc.; los responsables de programas de difusión lingüística y cultural, que establecen las bases para que los proyectos de enseñanza se puedan realizar; los responsables de la elaboración de los programas de lenguas en instituciones oficiales o en centros privados; los equipos docentes, que han de adecuar esos programas a unas circunstancias concretas -el entorno sociocultural, las características de los alumnos, los recursos disponibles, las relaciones internas con otros responsables del centro de enseñanza, etc.-; los administradores de los centros de enseñanza, que deben compaginar el criterio de productividad con el de calidad de la enseñanza; los editores, que interpretan las aportaciones de los investigadores y trasladan a los materiales didácticos las concepciones que predominan en cada momento; los profesores, que se relacionan con grupos humanos en los que factores como la motivación, el afecto, el reparto de poder, etc. son fundamentales; los alumnos, con sus expectativas, intereses, actitudes, etc.

Si se consolidan los resultados de las propuestas pedagógicas que se están desarrollando en la actualidad, podrá alcanzar la enseñanza de las lenguas extranjeras un "estatuto" propio, determinado por dos factores fundamentales que adquieren plena coherencia desde la perspectiva del currículo: el equilibrio entre la dimensión lingüística y la pedagógica, y la voluntad de integrar el ámbito de la planificación con la proyección práctica que implica todo proceso de enseñanza y aprendizaje. De hecho, estos dos aspectos constituyen el gran dilema de la mayoría de los profesores de lenguas extranjeras. Por una parte, el peso de la herencia lingüística ha de ir cediendo ante la evidencia de que el alumno y el aprendizaje son los personajes principales de la obra, y que en función de ellos han de desarrollarse los programas de enseñanza. Por otra, el afán por dar respuesta a los problemas que suscita la práctica de la profesión y las escasas oportunidades de formación en la especialidad de las que disponen, empuja a los profesores hacia la búsqueda de soluciones que, con frecuencia, no derivan de su propia reflexión sino que se les presentan ya dadas en forma de manuales y materiales didácticos que han constituido tradicionalmente el verdadero currículo. Los instrumentos de análisis crítico de los que dispone el profesor con respecto a su propia labor docente se reducen muchas veces a una serie de máximas pedagógicas que sintetizan ideas aceptadas por todos pero que no derivan de la propia experiencia docente. De este modo, la experimentación en clase, cuando no se elude completamente, se realiza con frecuencia sin fundamentación teórica o sin objetivos pedagógicos claros, lo que constituye una fuente de desorientación y desmotivación profesional.

En definitiva, el interés por aplicar el concepto de currículo al campo de la enseñanza de las lenguas extranjeras responde precisamente al intento de constituir una especialidad de carácter multidisciplinar que pueda desarrollarse a partir de fundamentos propios. Esta especialidad deberá poner en relación la teoría y la práctica de la enseñanza en un proceso dinámico que permita ir adoptando las soluciones más adecuadas en cada caso concreto a partir de unos principios generales que estén abiertos a la crítica en función de los resultados de la experiencia.

2. MÉTODOS DE ENSEÑANZA Y MODELOS CURRICULARES

2.1 Métodos, enfoques, sistemas de valores

Durante siglos, el afán por encontrar un procedimiento que, de forma económica y eficaz, facilitara el aprendizaje de las lenguas extranjeras ha movido el interés de los investigadores y de los docentes hacia la búsqueda de soluciones que incorporaran los avances del momento en el ámbito científico con el máximo aprovechamiento de los recursos disponibles. En la historia de la enseñanza de las lenguas se ha considerado frecuentemente que el éxito de esta empresa dependía, ante todo, del desarrollo y la correcta aplicación de un método efectivo que lograra resolver de una vez por todas los numerosos problemas que plantea el aprendizaje de una nueva lengua. En las últimas décadas, distintos movimientos con una u otra denominación y a partir de diversos presupuestos lingüísticos y psicopedagógicos, llegaron incluso a pensar que habían logrado encontrar el anhelado *supermétodo* que provocaría el aldabonazo definitivo en la búsqueda de una solución a este problema. Aunque ninguna de estas iniciativas pueda arrogarse el mérito de haber conseguido su objetivo, los aciertos y los errores de cada una de ellas nos han permitido ampliar el cúmulo de conocimientos y experiencias disponible hasta hoy en el campo de la enseñanza de las lenguas extranjeras. Sin embargo, el énfasis con el que se han presentado en fechas todavía recientes muchos de estos métodos y el afán por controlar todas las variables del aprendizaje mediante pautas rígidas o a través de una tecnología sofisticada, han provocado en los usuarios una reacción de desconfianza hacia el mismo concepto de *método* entendido como panacea universal para los problemas de la enseñanza y el aprendizaje de las lenguas. Esta reacción ha desvirtuado el sentido del término, por lo que conviene centrar su significado y ponerlo en relación con otros como *enfoque, diseño* o *procedimiento*. El análisis de los sistemas de valores educativos y culturales sobre los que se sustentan los métodos nos permitirá entender mejor la razón de ser de los cambios de orientación de las propuestas pedagógicas en la enseñanza de las lenguas.

Richards y Rodgers (1986) han hecho repaso de los principales enfoques y métodos de enseñanza de lenguas a partir de un modelo de análisis que modifica en parte los conceptos que había establecido Anthony (1963) a principios de los años 60. Según el modelo de Richards y Rodgers, todo método (*method*) de enseñanza puede ser descrito a partir del análisis de tres elementos constitutivos: el enfoque (*approach*), el diseño (*design*) y el procedimiento (*procedure*). El enfoque se refiere a las teorías sobre la naturaleza de la lengua y sobre el aprendizaje de la lengua que constituyen la fuente de los principios y las prácticas de la enseñanza. Tiene que ver, por tanto, con los aspectos lingüísticos y psicolingüísticos que configuran las distintas teorías. Por su parte, el diseño del sistema de enseñanza considera los siguientes aspectos: los objetivos que el propio método establece; la forma en que se seleccionan y organizan los contenidos; los tipos de actividades de enseñanza y de aprendizaje; el papel que corresponde a los alumnos; el papel que corresponde a los profesores; el papel que corresponde a los materiales de enseñanza. Finalmente, el procedimiento tiene que ver con las prácticas y las técnicas a través de las cuales se traslada a la clase el enfoque y el diseño de un método determinado. Como advierten los propios autores (*op. cit.*), muy pocos métodos son explícitos con respecto a estas tres dimensiones, por lo que con frecuencia hay que hacer inferencias de una a otra para disponer de una visión completa del método que se esté analizando.

El modelo propuesto por Richards y Rodgers constituye un instrumento de análisis especialmente útil para entender la evolución de los distintos métodos de enseñanza de lenguas y puede facilitar la reflexión crítica de los profesores cuando han de enfrentarse a nuevos programas, actividades o materiales. Aunque los mismos términos del modelo pueden ser utilizados por otros autores con acepciones diferentes y no existe acuerdo general sobre su utilización, creo que el modelo en sí puede resultar útil como forma de análisis en la mayoría de los casos; así, por ejemplo, el denominado *enfoque por tareas*, muy presente hoy en las preocupaciones de los profesores de lenguas, toma como eje de su concepción un aspecto que en el modelo de Richards y Rodgers pertenece al *diseño* del sistema, concretamente al tipo de actividades que se organizan en clase; pero no es posible entender esta propuesta de *diseño* sin una reflexión sobre las aportaciones teóricas que se han producido en los últimos años en todo lo relacionado con los factores psicolingüísticos implicados en el aprendizaje, esto es, sin tener en cuenta una teoría sobre el aprendizaje que pertenece, propiamente, *al enfoque*. En definitiva, más que el valor de los términos, interesa el sentido del modelo propuesto en la medida en que proporciona una visión comprensiva que puede resultar enormemente útil como instrumento de análisis crítico.

Las prescripciones establecidas para el desarrollo de los distintos métodos pueden ser muy diversas. Así, mientras en algunos casos se aboga por el énfasis en la práctica oral como base para establecer los modelos lingüísticos básicos, en otros se recomienda que se aplace el desarrollo de la producción oral hasta que el alumno haya desarrollado la suficiente competencia receptiva en la lengua, y en otros se aconseja la memorización de diálogos y textos. En todo caso, los métodos incluyen generalmente la descripción de lo que el profesor y los alumnos deben hacer en clase: en el caso del profesor, especifican qué tipo de material de enseñanza debe utilizar y cómo y cuándo lo utilizará; en el caso de los alumnos, el tipo de actitud que deberán tener con respecto al aprendizaje. Junto a esto, los métodos suelen establecer el papel que corresponde a los profesores, a los alumnos y a los materiales de enseñanza (Richards y Rodgers 1986).

Con frecuencia, el afán por demostrar las virtudes del método en sí ha impedido considerar otros factores fundamentales en el proceso de enseñanza y aprendizaje, como la espontaneidad de la comunicación que se desarrolla en la clase en circunstancias reales o las posibilidades de creatividad personal del profesor a partir de la interacción con los alumnos. Swaffar, Arens y Morgan (1982; citado en Richards 1990) consideran que es dudoso que pueda afirmarse con rotundidad que quien aplica un método suscribe de hecho los principios que lo inspiran. A este respecto, cabe preguntarse si los profesores que trabajan con materiales creados para un método concreto reflejan realmente en la práctica de clase la filosofía que subyace en ese método. Para Swaffar *et al. (op. cit.)* muchas de las distinciones que se utilizan para contrastar métodos, especialmente aquellas que se basan en las actividades de clase, no son eficaces, dado que las etiquetas que se asignan a las actividades de enseñanza se refieren a una serie de prácticas que son utilizadas de modo general por todos los profesores, por lo que las diferencias entre los métodos principales deben buscarse tan sólo en el orden jerárquico que se asigna a esas actividades.

Existen, como vemos, distintas formas de aproximarse al problema de la enseñanza y el aprendizaje de las lenguas, y los métodos constituyen, en definitiva, intentos de articular en un todo coherente aspectos que pertenecen a distintos planos: las teorías, los programas y planes de enseñanza, las aulas. Los métodos evolucionan en la medida en que se van produciendo cambios en uno u otro plano. Así, en lo que hace a los fundamentos teóricos, una nueva ciencia como la Sociolingüística proporcionó en su día las claves para que fueran tomadas en consideración las necesidades de los alumnos en función del uso social de la lengua. Por su parte, los programas y los planes de enseñanza, al tener que dar respuesta a problemas relacionados con la selección y la organización de los contenidos en contextos educativos, han ido introduciendo cada vez con más fuerza la dimensión pedagógica en la formación del profesor de lengua extranjera. Así mismo, la preocupación por lo que realmente ocurre en clase ha ido sustituyendo las prescripciones académicas ajenas a la realidad y ha desplazado el eje del currículo hacia el alumno.

Los métodos, por tanto, van cambiando en función de distintas variables. Sin embargo, en opinión de Kelly (1969), no hay nada realmente nuevo con respecto a la enseñanza de las lenguas:

> El corpus de ideas accesible a los profesores de lenguas no ha variado, básicamente, en 2.000 años; lo que varía de generación en generación es la parte de ese corpus que se acepta, así como la forma en que se presentan las ideas.
> *(Kelly 1969, 363; citado en Clark 1987, 101)*

Para Kelly, en la historia de la enseñanza de las lenguas pueden describirse tres distintos enfoques, que han tendido a resurgir una y otra vez en diferentes ámbitos y momentos, de acuerdo con los valores predominantes en cada época y con el énfasis que se ponga en unos u otros aspectos:

- el enfoque social, con el énfasis en lo comunicativo;

- el enfoque artístico-literario, con el énfasis en lo cultural; y

- el enfoque filosófico, con el énfasis en el análisis lingüístico.

En una línea de reflexión similar, aunque con una categorización diferente, Clark (1987) hace repaso de las distintas filosofías que han inspirado la enseñanza de las lenguas a partir de los sistemas de valores educativos predominantes en cada momento, y establece la siguiente clasificación:

HUMANISMO CLÁSICO *(CLASSICAL HUMANISM)*. Es elitista y se centra en las capacidades intelectuales y en la transmisión de conocimientos de una generación a otra. Sobre estos principios se fundamentan modelos curriculares de lengua extranjera basados en los contenidos de enseñanza, con actividades de clase centradas en el estudio y la práctica de la gramática, el aprendizaje de vocabulario, la traducción y el estudio de textos literarios.

RECONSTRUCTIVISMO *(RECONSTRUCTIONISM)*. Pretende el cambio social a través del sistema educativo, por lo que propone un consenso con respecto a los objetivos y una rigurosa planificación para lograrlos. El modelo curricular que se deriva de ello está, por tanto, centrado en los objetivos. Los contenidos se derivan de un análisis de las necesidades de los alumnos. Las actividades de clase giran alrededor de la práctica y el aprendizaje de frases de uso frecuente y se promueve el uso fluido de la lengua en diálogos contextualizados a partir de las situaciones previstas en el programa.

PROGRESISMO *(PROGRESSIVISM)*. Se centra en el desarrollo del individuo y promueve procesos de aprendizaje natural a través de distintas fases de desarrollo y la capacidad de aprender a aprender. De estos principios se deriva un modelo curricular centrado en el proceso que permite a los alumnos negociar los objetivos, el contenido y la metodología. Las actividades son de resolución de problemas y los alumnos participan en la interpretación, expresión y negociación de significados.

Las críticas que han recibido estos tres sistemas de valores, desde distintos puntos de vista, revelan, según Clark, que la adhesión a cualquiera de ellos en su versión extrema es contraproducente, por lo que parece adecuado seleccionar los aspectos positivos de cada uno de ellos y reconciliarlos en un sistema educativo que respete y desarrolle las tradiciones del pasado y considere las diferencias entre los individuos con objeto de proporcionar un tipo de educación más completa y satisfactoria para todos. No cabe, por tanto, hablar de un método definitivo de enseñanza:

> [...] ningún método de enseñanza parece tener una superioridad inherente que le permita lograr de forma plenamente satisfactoria todos los resultados que se pretenden. Un método global de gramática-traducción que se base en la comprensión consciente de la gramática y el vocabulario permitirá desarrollar habilidades para construir oraciones a partir de una serie de reglas, pero no la habilidad de desenvolverse en situaciones reales de comunicación. Un método global reconstructivista que fomente la práctica separada de determinadas destrezas y la simulación en clase de situaciones concretas de comunicación, permitirá al alumno desenvolverse en ese tipo de situaciones, pero no en otras. Un método global progresivo basado en el desarrollo espontáneo de la comunicación en clase, con escasa intervención del profesor, conducirá a los alumnos hacia un tipo de expresión con cierta fluidez, pero poco correcta desde un punto de vista formal.
> *(Clark 1987, 102)*

Clark concluye que, ante la ausencia de estudios convincentes que demuestren la superioridad de un método con respecto a otros, parece oportuno centrarse en la selección de los procedimientos pedagógicos que sean más adecuados para la realización de actividades de aprendizaje en contextos particulares, lo que permitirá establecer un equilibrio entre distintos procedimientos en función de las características de cada tipo de alumnado. Esta conclusión de Clark es pertinente a la hora de considerar las características básicas de cualquier modelo de enseñanza. No tiene sentido hablar de un método único, aislado de contexto. Lo que sea eficaz para un grupo de alumnos puede no serlo para otro y, en todo caso, la decisión sobre qué procedimientos son adecuados y cuáles no en cada momento no puede tomarse antes o al margen de las circunstancias concretas en las que se desarrolla la enseñanza. Las propuestas de innovación pedagógica más recientes insisten en la idea de que las actividades de práctica controlada, centradas en aspectos formales de la lengua, han de tener cabida en el proceso de enseñanza y aprendizaje junto a las actividades que podemos denominar comunicativas, centradas en el significado y orientadas a desarrollar la fluidez más que la corrección. La complementariedad que establece la teoría de la adquisición de lenguas entre el concepto de aprendizaje y el de adquisición ha servido de base para el desarrollo de este planteamiento. Por lo demás, al insistir en la importancia de considerar las circunstancias reales en que se desenvuelve la enseñanza, retomamos la idea de la doble vertiente, de planificación y de práctica, o de decisión y de actuación, que, como he comentado ya, constituye un problema fundamental de la teoría del currículo.

No es fácil, sin embargo, la reconciliación en la enseñanza entre la dimensión formal y la comunicativa de la lengua, ni tampoco entre los planes pedagógicos y la realidad del aula. Con respecto al primer dilema consideraré en el próximo capítulo distintas propuestas que han buscado el equilibrio de las dos dimensiones. La diferenciación entre método y currículo, de la que me ocuparé en seguida, nos permitirá determinar el alcance de ambos conceptos en relación con el segundo dilema planteado. En todo caso, conviene llamar la atención sobre el planteamiento ecléctico de Clark, que nos ayuda a entender que el progreso de las ideas no se basa en el rechazo o la descalificación absoluta de otras, y que los sistemas de valores educativos cambian en función de fuerzas sociales y culturales no previsibles, pero no hacia un modelo perfecto o definitivo, sino en todo caso hacia una visión más amplia o, si se me permite, más completa.

Muchos ven en el sistema de valores que hoy predomina una exacerbación del individualismo; entiendo que hay que ver también otra dimensión relacionada: el respeto al individuo. En esta premisa se basan muchas propuestas que se desarrollan actualmente en distintos ámbitos científicos. Los planes y los programas de enseñanza de lenguas consideran hoy que el alumno tiene unos intereses personales, unas expectativas propias que pueden coincidir o no con las de otros, pero que habrán de tenerse en cuenta a la hora de desarrollar cualquier modelo de enseñanza. El "arte" del profesor del que hablaba Stenhouse deberá considerar la importancia del diálogo con los alumnos y la valoración del aprendizaje individual como eje de la educación. Algunas propuestas recientes ponen en cuestión la idea de un plan de enseñanza con objetivos y contenidos previamente establecidos, en la medida en que es frecuente la disfunción entre los objetivos a los que da prioridad el alumno y los que establece la institución docente; esto se opone abiertamente al modelo reconstructivista que analiza Clark. En su versión extrema, supondría negar el valor de la planificación de la enseñanza. En la segunda parte de este libro volveré sobre esto al considerar la posibilidad de reconciliar la idea de un currículo negociado con la existencia de unos objetivos y unos contenidos previamente determinados, de manera que puedan armonizarse la visión reconstructivista y la progresista de Clark. Por otra parte, he aludido antes a las propuestas del enfoque por tareas, en la mayoría de las cuales se discute el papel de la gramática, eje del planteamiento humanista clásico, sobre la base, también reconciliadora, de combinar las llamadas tareas comunicativas con las pedagógicas o de aprendizaje, en las que los tradicionales ejercicios gramaticales cobran sentido en función de objetivos últimos de carácter comunicativo.

2.2 Método y currículo

El afán por encontrar en el método la respuesta a todos los problemas relacionados con la enseñanza y el aprendizaje de las lenguas extranjeras responde a una visión que se limita al análisis del mero hecho de enseñar, pero que no percibe el complejo entramado de relaciones en que se ven envueltos los que podemos denominar *actos de enseñanza.* Si concebimos la enseñanza como la aplicación de un método que se impone a los profesores y a los alumnos a partir de unos determinados presupuestos teóricos, ignoramos los factores que intervienen en la práctica real de clase y corremos el riesgo de encorsetar la creatividad del profesor o la espontaneidad de los alumnos en función de unos principios que no se sustentan en la experiencia compartida sino en un análisis externo que conlleva una visión estática de lo que significa enseñar y aprender una lengua (Richards 1990). Las limitaciones del concepto de *método* derivan, por tanto, de un problema intrínseco: su visión reducida del complejo fenómeno de la enseñanza y el aprendizaje, y su afán de establecer de forma apriorística el alcance de variables que sólo pueden ser ponderadas a partir de los resultados que va proporcionando la experiencia.

Si en lugar de intentar adecuar la conducta de los profesores y los alumnos a las prescripciones de un método concreto, procedemos de modo inverso, esto es, partimos de la observación de los procesos de enseñanza y aprendizaje para derivar los principios metodológicos y las prácticas de enseñanza de lengua más adecuadas, podremos evitar los desajustes que acabo de denunciar y desarrollar la enseñanza sobre unas bases realistas. Richards *(op. cit,)*, a partir de este planteamiento, propone una metodología de la enseñanza "orientada hacia el proceso". La idea central es que la investigación sobre las estrategias que utilizan en clase los profesores y los alumnos constituye un componente esencial del proceso de enseñanza. Para Richards, esta investigación debe referirse, por una parte, al proceso de enseñanza, con el análisis de las estrategias que los profesores utilizan para el desarrollo de la clase, y, por otra, al proceso de aprendizaje, con la consideración de las estrategias de los alumnos con respecto al uso y al aprendizaje de la lengua. Las estrategias de los profesores incluyen aspectos como la forma de organizar y controlar la interacción entre los alumnos, el modo en que se estructuran las actividades propuestas -por ejemplo, si hay claridad en los objetivos y en la secuencia de los pasos que los alumnos han de seguir-, el tipo de actividades que se proponen -de comprensión, de análisis, de síntesis, de evaluación, etc.-, o la forma de organizar a los alumnos en grupos para que las actividades se puedan llevar a cabo con eficacia. Por lo que respecta a las estrategias que los alumnos utilizan en el proceso de aprendizaje, la investigación habrá de centrarse en las operaciones cognitivas, los procesos o los procedimientos que cada alumno desarrolla para aprender la lengua. No es fácil, sin embargo, obtener información solvente sobre las estrategias de los alumnos, aunque el desarrollo de técnicas adecuadas para conocer cuáles son los procesos internos que llevan a determinados alumnos a un aprendizaje más eficaz constituye hoy día un ámbito de investigación fundamental en el campo de la metodología. La información que obtenemos del análisis de las estrategias de los profesores y los alumnos, al estar centrada en la realidad de lo que ocurre en clase, proporciona una respuesta más eficaz y realista al problema de la enseñanza que el tradicional planteamiento de los métodos.

A partir del análisis de las estrategias de los profesores y de los alumnos podremos llegar a establecer una serie de principios metodológicos que proporcionarán una orientación fiable a la hora de considerar un plan de actuación pedagógica. No se trata, sin embargo, como advierte Richards, de sustituir los principios del método por estos otros, sino de entender el papel central que corresponde a la investigación de lo que ocurre en clase en el proceso de enseñanza y aprendizaje. En todo caso, lo que importa destacar es que, desde la perspectiva del currículo, las decisiones relacionadas con la metodología no pueden reducirse a la mera selección de un método. Si entendemos que la metodología evoluciona con la propia dinámica del proceso de enseñanza y aprendizaje, no podemos determinarla previamente e imponerla a los profesores y a los alumnos. Esto no quiere decir, sin embargo, que se renuncie a principios y orientaciones que puedan servir de base para el desarrollo de los procedimientos metodológicos más adecuados en cada contexto.

En el apartado 1.1, al comentar los niveles de análisis del currículo, he aludido a los componentes del ámbito de la planificación -objetivos, contenidos, metodología y evaluación- en relación con lo que he denominado nivel de decisión. En este nivel, la metodología es, por tanto, un componente más de la planificación curricular y se limita a establecer principios, orientaciones o propuestas que sean coherentes con los fines y los objetivos generales del currículo. Para Richards y Rodgers (1986) la elección de un método particular podría estar justificada en este nivel sólo en el caso de que hubiera una clara coincidencia entre los objetivos del currículo y los objetivos del método. No es frecuente, sin embargo, que una coincidencia de este tipo se produzca, por lo que Richards y Rodgers *(op. cit.)* proponen optar por un eclecticismo fundado, esto es, por la selección de procedimientos de diferentes métodos que, en conjunto, puedan relacionarse de modo coherente con los objetivos del currículo. Si, por el contrario, se recurre a un tipo de eclecticismo en virtud del cual se seleccionan técnicas, actividades o procedimientos que no guardan relación con los objetivos curriculares, el riesgo de fracaso es evidente. No obstante, aunque optemos por un eclecticismo fundado, esto es, coherente con los objetivos del currículo, la necesidad de corroborar en la práctica del aula la eficacia de las estrategias de profesores y alumnos es un principio que no debemos ignorar si pretendemos integrar adecuadamente la metodología en el conjunto de decisiones y actuaciones que constituyen el currículo.

Las decisiones que se adoptan en la planificación de la enseñanza son llevadas a la práctica en el nivel de actuación, al que corresponden los procesos a través de los cuales se desarrolla el currículo. En este nivel la metodología ha de ser entendida como un proceso en el que entran en juego las estrategias de enseñanza de los profesores y las estrategias de aprendizaje de los alumnos. Así, a partir de los principios, orientaciones y propuestas del nivel de decisión, los profesores establecen el plan pedagógico, con la selección y organización de las actividades que vayan a realizarse en clase, teniendo en cuenta las características de los alumnos y los fines y objetivos del currículo. La práctica de clase permitirá corroborar, modificar o rechazar las orientaciones y las propuestas planificadas. Como hemos visto, la investigación sobre las estrategias de los profesores y de los alumnos es la mejor fuente para establecer las propuestas de actuación, que serán revisadas continuamente a lo largo del proceso de enseñanza y aprendizaje.

Metodología como ámbito de planificación curricular en el nivel de decisión y metodología orientada hacia el proceso en el nivel de actuación son, por tanto, dos perspectivas de análisis relacionadas y complementarias, pero que no agotan, en ninguno de esos niveles, las dimensiones del currículo. Así, en lo que hace a la planificación, la selección de los objetivos de aprendizaje y de los contenidos de enseñanza, así como la determinación de los procedimientos de evaluación que han de llevarse a cabo, constituyen, junto con la metodología, el conjunto de decisiones que servirán de base para el desarrollo del currículo. Estas decisiones son corroboradas o modificadas al aplicar el currículo a un entorno concreto de actuación, en el que desempeñan un papel fundamental factores como las prescripciones administrativas, los recursos disponibles, las circunstancias ambientales o las expectativas de la sociedad o de los alumnos con respecto al currículo.

2.3 Modelos curriculares

La evolución del concepto de currículo, tal como ha quedado planteada en el apartado 1.1 mediante el contraste de las propuestas de Tyler y de Stenhouse, ha permitido advertir una primera diferencia de enfoque entre aquellos modelos centrados en la consecución de unos objetivos previamente determinados y aquellos otros que ponen énfasis en la relación entre los planes establecidos y el proceso mediante el cual se lleva a cabo en la práctica el desarrollo de esos planes. Los primeros modelos están más preocupados por la presentación de los principios en que se basan y por los resultados de la enseñanza; los segundos, más equilibrados, se preocupan tanto por la concreción de las intenciones educativas como por la realización práctica de estas intenciones y el seguimiento del proceso. Podemos decir, para simplificar, que los primeros son modelos *centrados en el resultado* -si trasladamos literalmente al español la terminología especializada del inglés podríamos llamarlos modelos *de producto*- y los segundos son modelos *centrados en el proceso*.

Coll (1987) ha estudiado las relaciones entre un modelo y otro a partir de la diferenciación entre sistemas educativos cerrados y abiertos. En los sistemas cerrados, los objetivos, los contenidos y las estrategias de enseñanza y de aprendizaje están determinados de antemano, de manera que la enseñanza es idéntica para todos los alumnos y las variaciones en función del contexto son mínimas. En los sistemas abiertos, por el contrario, se concede gran importancia a las diferencias individuales y a las características particulares del entorno social y cultural en el que se aplica el programa de enseñanza. En los sistemas cerrados el progreso en el aprendizaje se concibe como un proceso lineal y acumulativo, los contenidos se organizan sin buscar relaciones mutuas y la evaluación se centra en el grado en que los alumnos alcanzan los objetivos establecidos. Los sistemas abiertos, sin embargo, definen los objetivos en términos generales para dar cabida a las modificaciones que provengan de la práctica, proponen actividades que fomenten la relación entre los contenidos y dirigen la evaluación hacia la observación del proceso de aprendizaje. Sin perjuicio de que, como advierte Coll *(op. cit.)*, esta descripción pueda resultar demasiado esquemática y maniquea, en la medida en que atribuye los rasgos positivos a los sistemas abiertos y los negativos a los cerrados, puede resultar útil como instrumento de análisis a la hora de aplicar estos rasgos a los modelos curriculares. Así, los modelos curriculares centrados en el resultado estarían próximos a los sistemas educativos cerrados y los modelos curriculares centrados en el proceso se asociarían a los sistemas abiertos. Los niveles de análisis que he adelantado en el capítulo anterior responden a un enfoque abierto y centrado en el proceso, que es el que está en la base de la concepción curricular que presento en este libro. Desde este punto de vista, el currículo no se limita a establecer un plan en el que se concretan unos fines generales coherentes con un sistema de valores educativos, sino que pretende proporcionar también orientaciones e instrumentos para aquellos que han de llevar a la práctica el plan propuesto. Estas orientaciones e instrumentos pueden responder, sin embargo, a distintos enfoques, según el énfasis que pongamos en uno u otro factor del proceso de enseñanza y aprendizaje:

- Si ponemos el énfasis en lograr que los alumnos alcancen unos objetivos previamente determinados, nuestra preocupación será organizar el proceso de enseñanza y aprendizaje mediante el desarrollo de planes en los que queden detallados los distintos pasos que debe seguir la progresión del aprendizaje de los alumnos. En el caso del aprendizaje de una lengua, se trataría de ir desarrollando habilidades o aspectos de las destrezas lingüísticas que permitirían más adelante al alumno desenvolverse en intercambios comunicativos.

- Si nos centramos en la situación de enseñanza y aprendizaje y en la interacción que se produce entre el profesor y los alumnos, no podremos delimitarlo todo de antemano, dado que la práctica de clase será la que determine las condiciones del propio proceso. De este modo, el profesor dispone de un margen de maniobra para orientar su práctica docente en función de una serie de circunstancias no previsibles.

- Si nos centramos en el profesor, y consideramos que la enseñanza debe ser el resultado del análisis de la práctica docente que el propio profesor lleve a cabo, concurrirán en el proceso la dimensión investigadora y la docente, de manera que el profesor irá elaborando su propia teoría curricular a partir de la comprobación de hipótesis en su práctica docente.

Creo que los tres enfoques pueden ser considerados en una visión global del proceso de enseñanza y aprendizaje, siempre y cuando se integren adecuadamente. La planificación secuenciada de las actividades, incluso cuando se trata de aspectos pormenorizados, puede cobrar sentido cuando se realiza en función de objetivos últimos significativos para el alumno y siempre que el alumno conozca desde el principio esos objetivos. Esta planificación ha de ser, en todo caso, flexible, y deberá adecuarse a las circunstancias concretas de cada situación de enseñanza y aprendizaje. La importancia de la función del profesor queda destacada si añadimos a su responsabilidad docente el reconocimiento de su capacidad para ser creativo con respecto a su propia enseñanza a partir de la investigación en la acción. Entiendo que este último aspecto es viable dentro de una concepción abierta del currículo; al fin y al cabo, en materia de educación, el progreso de las ideas es en gran medida resultado de los hallazgos de la experiencia. El reconocimiento de la dimensión investigadora de los profesores en su práctica docente es plenamente coherente con una concepción curricular que concibe la planificación más como propuestas, procedimientos y orientaciones que como constricciones fijas e inamovibles.

El interés que existe desde los años 80 por el concepto de currículo aplicado a la enseñanza de las lenguas extranjeras ha propiciado la aparición de propuestas y modelos curriculares en los que confluyen experiencias de innovación pedagógica y planteamientos teóricos provenientes de las ciencias lingüísticas, de la teoría sobre la adquisición de lenguas y de la teoría de la educación en general. La bibliografía sobre asuntos relacionados con el currículo de lengua extranjera, sobre todo con respecto a la enseñanza del inglés, ha ido adquiriendo consistencia en los últimos años, lo que nos permite disponer de una base de reflexión suficiente. Algunos modelos propuestos tienen la virtud de la claridad y presentan de forma sistemática las bases que fundamentan el currículo y las características de cada uno de sus componentes a partir de un esquema conceptual comprehensivo y bien descrito. Un ejemplo a este respecto lo constituye el modelo de Dubin y Olshtain (1986). Otros enfocan los problemas relacionados con el currículo desde una perspectiva determinada, que confiere sentido al planteamiento general. Éste es el caso del currículo centrado en el alumno -en el aprendiz, si traducimos literalmente del inglés [1]- de Nunan (1988a). Otros modelos, como el de Johnson (1989), prefieren un enfoque comprehensivo y conciben el currículo como un conjunto coherente de procesos de toma de decisiones que se desarrolla en diferentes niveles.

(1) Otros autores traducen este término por *aprendiente*.

• Dubin y Olshtain fundamentan su modelo en un análisis previo de los factores que constituyen la base del currículo de lengua extranjera. Para ello parten de una primera fase de investigación sobre asuntos esenciales para el posterior desarrollo del currículo. La metodología de la investigación consiste en encontrar respuestas precisas a las siguientes preguntas básicas:

¿Quiénes son los alumnos?
¿Quiénes son los profesores?
¿Por qué es necesario el currículo?
¿Dónde se pondrá en práctica el currículo?
¿Cómo se pondrá en práctica el currículo?

Para responder a estas preguntas es necesario considerar aspectos como la actitud que la sociedad receptora del currículo tenga con respecto a la nueva lengua, la función que desempeña la nueva lengua en esa sociedad -en el nivel educativo, en el mercado de trabajo, etc.-, o las circunstancias políticas, económicas y culturales del lugar en el que vaya a desarrollarse el currículo. Una vez obtenidos los datos de la investigación, se interpretarán los resultados con objeto de establecer los fines generales del currículo, determinar si existe o no uniformidad en los intereses del alumnado y considerar el modo en que puede adecuarse mejor el nuevo currículo a las características sociales y educativas del entorno. Para la descripción de las características del currículo, Dubin y Olshtain parten de una diferenciación previa entre currículo y *syllabus*. El currículo es, en esencia, la fundamentación básica para la toma de decisiones y contiene la descripción de unos objetivos generales que derivan de una visión particular sobre la naturaleza de la lengua, sobre la naturaleza del aprendizaje de la lengua y sobre los principios educativos y culturales predominantes. Por su parte, el *syllabus* traslada la filosofía del currículo a un plan detallado de enseñanza que variará en función del tipo y del nivel del alumnado; de modo que, a partir de un mismo currículo, pueden derivarse diferentes *syllabus*. El currículo es, por tanto, una declaración de principios, mientras que el *syllabus* especifica los detalles de un curso concreto. La relación entre los objetivos generales del currículo y los objetivos específicos del *syllabus* es fundamental para garantizar la coherencia del modelo, por lo que las decisiones del *syllabus* con respecto a la selección del contenido lingüístico, los medios para llevar a cabo la enseñanza y la especificación de los resultados esperables se adoptarán a partir de las concepciones que constituyen los fundamentos del currículo.

• Nunan adopta una perspectiva de análisis que considera al alumno como el eje del currículo, y desde esta perspectiva interpreta los problemas relacionados con cada uno de los distintos componentes curriculares. Las bases teóricas del "currículo centrado en el alumno" provienen de los estudios sobre el aprendizaje de los adultos. Según estos estudios, los adultos están profundamente influidos por sus pasadas experiencias de aprendizaje, sus circunstancias presentes y sus proyectos de futuro, por lo que se muestran menos interesados en "aprender por aprender" que en aprender para alcanzar algún objetivo vital inmediato o no muy distante. Al trasladar esta conclusión al campo del aprendizaje de lenguas, Nunan considera que el currículo centrado en el alumno parece responder mejor a los principios del aprendizaje de los adultos que el currículo centrado en el contenido de la enseñanza. Un principio básico de la filosofía del currículo centrado en el alumno es que resulta imposible enseñar en clase a los alumnos todo lo que necesitan saber, por lo que el tiempo de clase debe emplearse del modo más eficaz posible para enseñar los aspectos de la lengua que los propios alumnos estimen más urgentes y necesarios, de manera que pueda incrementarse la motivación por el estudio. Junto a la enseñanza de destrezas lingüísticas se fomentará el desarrollo de destrezas de aprendizaje como las siguientes: proporcionar a los alumnos estrategias de aprendizaje eficaces; ayudar a los alumnos a que identifiquen sus formas preferidas de aprendizaje; desarrollar las destrezas necesarias para negociar el currículo; alentar a los alumnos para que establezcan sus propios objetivos, así como metas y plazos realistas; desarrollar la capacidad de los alumnos para que evalúen sus propios resultados. Hay que tener en cuenta que el currículo centrado en el alumno implica currículos diferentes para diferentes alumnos. No puede esperarse gran participación en la planificación del currículo por parte de alumnos con poca experiencia sobre la lengua y el aprendizaje; por tanto, con alumnos poco expertos es necesario que el profesor empiece tomando la mayoría de las decisiones. De este modo, el modelo de Nunan tiene en cuenta no sólo los procesos necesarios para desarrollar el currículo sino también aspectos como la especificación de los contenidos, las listas de opciones metodológicas, etc.

• Johnson construye su modelo a partir de la idea de que el currículo incluye un conjunto de procesos de toma de decisiones que han de relacionarse de forma coherente. Estos procesos de toma de decisiones no son fáciles de identificar y analizar y tienen que ver con preguntas como las siguientes:

¿Quién debe tomar las decisiones y quién las toma realmente?
¿Cómo se selecciona a quienes toman las decisiones y qué cualificación tienen?
¿Cuáles son sus puntos de referencia?
¿De qué recursos disponen en cuanto a tiempo, dinero, información y experiencia?

Los procesos llevan a unos resultados o productos, que generalmente se presentan en la forma de documentos de política de actuación, programas de enseñanza, programas de formación de profesores, materiales de enseñanza y actos de enseñanza y de aprendizaje. El modelo tiene en cuenta tres circunstancias que condicionan las decisiones que han de adoptarse. La primera tiene que ver con la política de actuación: si un currículo no logra alcanzar sus objetivos es difícil de justificar, aunque los participantes en los distintos procesos se hayan podido beneficiar en determinados aspectos. La segunda circunstancia está relacionada con consideraciones prácticas, como el tiempo y los recursos materiales y humanos: si no hay decisiones adecuadas con respecto a estos factores, es difícil que el proyecto tenga éxito. La tercera circunstancia atañe a quienes participan en el proceso curricular y a la forma en que estos participantes se relacionan: su función primordial es armonizar la política de actuación con las consideraciones prácticas, así como realizar y mantener, en cada fase de desarrollo, aquellos resultados de los procesos de toma de decisiones que sean compatibles y consistentes. Los niveles de decisión que el modelo establece son:

1. La planificación del currículo. Comprende todas aquellas decisiones que han de tomarse antes del desarrollo del proyecto.

2. La especificación de fines y medios. La especificación de los fines constituye los objetivos y la de los medios el método.

3. Desarrollo del programa. Comprende el entrenamiento de los profesores y la elaboración de los materiales.

4. Desarrollo de la clase. Consiste en los actos de enseñanza del profesor y los actos de aprendizaje de los alumnos.

Los tres modelos curriculares que acabo de comentar aportan desde perspectivas diferentes algunos datos de especial interés a la hora de considerar los criterios de elaboración y desarrollo de un proyecto curricular abierto. El modelo de Dubin y Olshtain pone énfasis en la importancia de asegurar la aplicación de los datos y los fundamentos teóricos que constituyen las bases del currículo al plan de actuación pedagógica que vaya a ponerse en práctica en un entorno determinado. Un proyecto educativo puede fracasar si no existe un análisis adecuado de la situación de enseñanza o si los principios en los que se fundamenta no son reflejados adecuadamente en los programas. La valoración que hace Nunan del alumno como eje del currículo nos lleva a reflexionar sobre la importancia de que los alumnos adultos establezcan sus prioridades con respecto al aprendizaje y participen activamente, mediante el diálogo con el profesor, en la determinación de los objetivos, los contenidos y la metodología del propio currículo. El principio de coherencia de Johnson nos obliga a enfocar con realismo las relaciones entre los objetivos generales del currículo y las limitaciones de tiempo y de recursos disponibles. Quienes participan en los procesos de toma de decisiones deben ponderar siempre ambos aspectos y no desentenderse de uno u otro a la hora de proponer o desarrollar planes concretos de actuación.

3. LAS BASES DE UN MODELO CURRICULAR COMUNICATIVO

3.1 Currículo y enseñanza comunicativa de la lengua

Es claro que el objetivo último de todos los métodos ha sido y es, en última instancia, lograr que los alumnos lleguen a ser capaces de comunicarse con la mayor fluidez posible en la nueva lengua. Sin embargo, sólo recientemente el análisis del concepto de comunicación se ha constituido en el eje de la reflexión que, desde la teoría y desde la práctica, ha buscado la forma de enfocar la enseñanza hacia el objetivo principal de desarrollar en el alumno lo que se ha denominado la *competencia comunicativa*. La necesidad de considerar la dimensión del uso social de la lengua como complemento necesario de la mera descripción gramatical fue puesta de manifiesto por Hymes (1971) en un análisis que pretendía ir más allá de la limitada visión que ofrecía el concepto chomskyano de *competencia lingüística*. Sin embargo, el concepto de *competencia comunicativa* propuesto por Hymes derivaba de un análisis de carácter sociolingüístico y se reducía al conocimiento de las normas y convenciones que rigen los actos de habla. En los últimos años, la ampliación del concepto de competencia comunicativa ha enriquecido el enfoque de Hymes al considerar, además del conocimiento de las normas y convenciones que rigen la comunicación, la capacidad del hablante para ser creativo con estas normas y convenciones e, incluso, para adaptarlas y modificarlas durante la comunicación. Esto supone el reconocimiento de que el desarrollo de los procesos psicolingüísticos en la comunicación constituye un factor clave en el aprendizaje de las lenguas extranjeras, que debe ser considerado y potenciado en el currículo.

En los años 70, la repercusión del concepto de competencia comunicativa en el campo de la enseñanza de lenguas suscitó el entusiasmo de los investigadores y de los especialistas. Desde un análisis de las necesidades comunicativas de los usuarios de la lengua, se desarrollaron descripciones de los contenidos de los cursos basadas en categorías nocionales (conceptos como tiempo, cantidad, ubicación, frecuencia) y categorías de función comunicativa (solicitar información, agradecer, denegar, etc.) que dieron origen a los llamados programas *nocional-funcionales* o *nociofuncionales*. De hecho, ha sido habitual en los últimos años la confusión terminológica entre la idea de *nociofuncionalismo* y la de *enfoque comunicativo*. Muchos autores han empleado y siguen empleando ambos términos indistintamente. En los últimos años, sin embargo, ha habido una tendencia hacia la diferenciación de ambos términos, en la medida en que el *nociofuncionalismo* se ha asociado a una forma de descripción y organización de los contenidos de los programas que se presentó como alternativa a los tradicionales programas gramaticales, mientras que lo que se conoce como enfoque comunicativo comprende, como veremos en seguida, un conjunto de principios que fundamenta una concepción particular de lo que significa enseñar y aprender una lengua extranjera. Más adelante, al tratar los problemas relacionados con los distintos componentes curriculares en el nivel de decisión del currículo, volveré con más detalle sobre este asunto. Johnson (1981) considera la relación entre conceptos como *nocional* o *funcional*, por una parte, y *comunicativo*, por otra, como la relación de los medios con respecto a un fin: el objetivo es enseñar la capacidad de comunicarse y para ello especificamos y organizamos el contenido de la enseñanza mediante un programa nociofuncional; pero este programa es sólo el vehículo para llegar a un destino, y un curso se considerará comunicativo no sólo por cómo estén organizados sus contenidos sino también por cómo sea su metodología. Así, es posible imaginar un curso nociofuncional que, debido a su metodología, no podamos denominar comunicativo; o, al contrario, un curso organizado sobre una base gramatical cuya metodología potencie el desarrollo de capacidades comunicativas, con lo que podría ser denominado, propiamente, comunicativo. En definitiva, se puede ser nocional-funcional sin ser comunicativo, y comunicativo sin ser nocional-funcional.

Desde el punto de vista de Richards y Rodgers (*vid. supra* epígrafe 2.1) la enseñanza comunicativa de la lengua constituiría un enfoque más que un método, ya que, si bien se trata de una enseñanza fundamentada en una base teórica razonablemente consistente, en los niveles de *diseño* y de *procedimiento* deja un espacio para la interpretación y la adaptación personal mucho más amplio de lo que la mayoría de los métodos suele permitir. El enfoque comunicativo supuso en los 70 un cambio de orientación importante con respecto a los métodos situacionales que habían predominado anteriormente en Europa. En el año 1971, un grupo de expertos comenzó a investigar la posibilidad de desarrollar cursos de lengua mediante un sistema en el que las actividades de aprendizaje eran organizadas en función de porciones o unidades, cada una de las cuales correspondía a un componente de las necesidades del alumno y era relacionada sistemáticamente con las demás unidades. El grupo trabajó a partir del análisis de las necesidades de los usuarios de lenguas en el ámbito europeo y utilizó como base la definición funcional del lingüista británico D.A. Wilkins, quien, dejando de lado la programación tradicional de elementos gramaticales y vocabulario, había realizado una descripción de los sistemas de significados que subyacen en los usos comunicativos de la lengua. El rápido desarrollo de la enseñanza comunicativa se debió, en gran medida, a la adopción de los principios que fundamentaban el nuevo enfoque por parte de los especialistas, los editores y las instituciones. A ello se unió la importante labor difusora del Consejo de Europa, que a lo largo de los años 70 acometió la publicación de una serie de documentos en los que el análisis comunicativo servía de base para la descripción de un primer nivel de competencia lingüística, denominado en español *nivel umbral* (Richards y Rodgers 1986).

Puede decirse, por tanto, que lo que se denomina enfoque comunicativo no constituye un método en sentido prescriptivo; se trata, más bien, de un conjunto de ideas y principios cuya fundamentación teórica proviene del análisis sociolingüístico y psicolingüístico aplicado a la enseñanza de lenguas extranjeras, así como de la teoría de la adquisición de lenguas y de la teoría de la educación. Sheils (1988), en una útil aportación a los más recientes trabajos del Consejo de Europa, describe una serie de rasgos característicos de la enseñanza comunicativa de la lengua. Esta descripción permite establecer un conjunto de ideas y principios que, sin afán de exhaustividad, puede invocarse como base de fundamentación del enfoque comunicativo (Sheils, *op. cit.*, 1-2):

• *Uso de la lengua con fines comunicativos*

La enseñanza comunicativa de la lengua pone énfasis en el desarrollo de la capacidad del alumno para realizar un uso adecuado y correcto de la lengua con el objetivo de comunicarse de forma efectiva. Esto supone que se da prioridad a la comprensión, negociación y expresión de significados y que el aprendizaje de estructuras gramaticales y vocabulario sirve a tal fin. Este enfoque se ve reflejado en un número creciente de programas y libros de texto organizados en torno a categorías de significado que indican lo que el alumno ha de ser capaz de *hacer* en la nueva lengua.

El énfasis en la dimensión del uso de la lengua se corresponde, como veremos con más detalle en 6.1, con una preocupación mayor por los aspectos relacionados con los intercambios comunicativos en la teoría lingüística. Desde la perspectiva de la enseñanza de las lenguas extranjeras, el énfasis en la dimensión del uso social de la lengua ha llevado a un enfoque de la descripción de la lengua que parte del análisis de las necesidades comunicativas del hablante, como acabo de comentar a propósito de los programas nociofuncionales.

• *Enseñanza centrada en el alumno*

El enfoque comunicativo está esencialmente centrado en el alumno y pretende estimular su interés por el aprendizaje. Para lograrlo, pone énfasis en aquellos temas que tienen especial interés para el alumno, a quien se le ofrece la oportunidad de seleccionar textos y tareas relacionados con los fines y con los objetivos del programa. El alumno desarrolla su capacidad comunicativa mediante la realización de tareas significativas, representativas de actividades de la vida real y accesibles. El éxito en la realización de estas tareas proporciona satisfacción al alumno y contribuye a que aumente la confianza en sí mismo.

En la segunda parte del libro me ocuparé con mayor detalle del alcance de las tareas, entendidas como un procedimiento metodológico que permite involucrar a los alumnos en procesos que estimulan el desarrollo de estrategias de comunicación y de aprendizaje.

• *Desarrollo de la competencia comunicativa*

El concepto de competencia comunicativa se ha ido enriqueciendo con las aportaciones de nuevos autores desde la primera descripción de Hymes, hasta constituir un concepto complejo, compuesto por una serie de competencias relacionadas entre sí. Los distintos aspectos que consideraré en los próximos epígrafes de este capítulo tienen que ver, básicamente, con el desarrollo de estas distintas competencias. Como observa Sheils, es importante que los programas y los libros de texto que promueven el desarrollo de la capacidad del alumno para comunicarse tengan en cuenta los componentes o competencias que constituyen esta capacidad:

(a) la *competencia gramatical*, que se refiere a lo que Chomsky denomina competencia lingüística, y que consiste en el dominio de la gramática y el léxico;

(b) la *competencia sociolingüística*, que se refiere al contexto social en el que se produce la comunicación y que incluye el tipo de relación entre las personas, la información que comparten y la intención comunicativa de su interacción;

(c) la *competencia discursiva*, que se refiere tanto a la interpretación de las relaciones que se producen entre los elementos del mensaje como a la relación del mensaje con el resto del discurso;

(d) la *competencia estratégica*, que se refiere a la capacidad de los usuarios de la lengua para iniciar, terminar, mantener, corregir y reorientar la comunicación;

(e) la *competencia sociocultural*, que tiene que ver con el desarrollo de un cierto grado de familiaridad con el contexto sociocultural en el que se usa la lengua;

(f) la *competencia social*, que tiene que ver con el deseo y la confianza del alumno para relacionarse con otros, así como con la capacidad para desenvolverse en situaciones sociales.

• *Énfasis en las necesidades del alumno y en el significado*

El desarrollo de la capacidad comunicativa ha de estar relacionado con las necesidades de los alumnos, quienes han de saber cómo expresar sus propios significados en clase al compartir sus experiencias, sus opiniones, sus sentimientos, etc., así como al llevar a cabo la organización, el desarrollo y la evaluación de actividades de aprendizaje. Así, este aspecto pone énfasis en la importancia de tener en cuenta las necesidades y las expectativas del alumno. Si las actividades propuestas en clase están muy alejadas de lo que interesa al alumno o si la forma en que se realizan las actividades provoca algún tipo de rechazo o ansiedad, es fácil que se produzca una pérdida de motivación de consecuencias negativas para el aprendizaje, como vamos a ver con más detalle en 3.2, al comentar las variables cognitivas y afectivas del alumno. Sin embargo, no siempre resultará fácil al profesor involucrar al alumno en aspectos relacionados con el propio proceso de aprendizaje, dado que puede desconocer, en gran medida, lo que significa aprender una lengua extranjera, o bien, como veremos, puede tener ideas preconcebidas, diferentes a las del profesor, sobre la forma en que debe desarrollarse la enseñanza y el aprendizaje.

En 8.3 me ocuparé con mayor detalle de los aspectos relacionados con el análisis de las necesidades de los alumnos y el interés de desarrollar procedimientos de negociación y consulta en clase.

• *Importancia de la dimensión sociocultural*

Como advierte Sheils, los alumnos necesitan estar preparados para usar la nueva lengua fuera de clase; por ejemplo, para relacionarse con hablantes de la lengua que aprenden, para escribir cartas, etc. En estas experiencias los alumnos deben reconocer las similitudes y las diferencias entre sus propias ideas, valores y conceptos y los de la cultura del grupo social de la nueva lengua, de modo que la comunicación se vea facilitada por un adecuado entendimiento intercultural. La dimensión sociocultural no ha sido tratada, sin embargo, adecuadamente en los programas de lenguas y, de hecho, el desarrollo de procedimientos eficaces para facilitar el acceso a una cultura regida por normas y valores a veces muy alejados de los propios, constituye todavía un reto importante en la enseñanza de lenguas extranjeras. Volveré sobre ello en 3.5, a propósito de la dimensión sociocultural del currículo comunicativo.

• *Desarrollo de la autonomía*

He comentado ya la dificultad que supone, en muchos casos, involucrar al alumno en decisiones que tienen que ver con los objetivos o los procedimientos del propio aprendizaje. En los últimos quince años, los programas educativos han ido incorporando en sus planes y proyectos pautas de actuación relacionadas con el desarrollo de una mayor responsabilidad de los alumnos con respecto a su propio aprendizaje. El desarrollo de las estrategias de comunicación no puede disociarse, como veremos en 3.4, de la práctica de estrategias de aprendizaje adecuadas, en la medida en que la dimensión del uso de la lengua está vinculada por una relación de reciprocidad con la dimensión del aprendizaje. Así, los alumnos necesitan saber cómo desenvolverse cuando sus recursos lingüísticos no son del todo adecuados. También es importante que los alumnos desarrollen técnicas y procedimientos de estudio eficaces, y que dispongan de criterios que les permitan evaluar su propia actuación lingüística. La capacidad para identificar y resolver problemas de aprendizaje constituye, así mismo, otro importante factor en el desarrollo de la autonomía.

• *Respeto al individuo*

Al principio de esta primera parte he aludido al enfoque cultural y científico predominante en la actualidad, centrado en el crecimiento y el desarrollo individual, que pone énfasis en las variables afectivas que condicionan cualquier proceso de enseñanza y aprendizaje. El eje de los planes de enseñanza de lenguas se traslada, en virtud de este nuevo enfoque, desde el análisis de la propia lengua hacia la consideración de las características individuales de quien va a ser usuario de la lengua. Para Sheils, dado que una clase comunicativa ha de crearse a lo largo de un periodo de tiempo, es importante que llegue a crearse un clima de confianza y de apoyo en el que el alumno se sienta involucrado sabiendo que se le respeta como individuo con sus propios puntos de vista, intereses, potencialidades, carencias y estilo de aprendizaje. Esto implica, desde luego, un importante cambio en la función del profesor, como veremos en 7.3, que deja de ser un modelo de actuación situado en un plano de superioridad con respecto al alumno. La clase comunicativa se caracteriza, en opinión de Sheils, por un espíritu de cooperación en el que aprender la nueva lengua es una experiencia socialmente compartida.

Un currículo que pretenda responder al enfoque comunicativo deberá construirse sobre unas bases coherentes con estos principios. Cualquiera de los tres modelos que he comentado en el último apartado del capítulo anterior podría presentarse, en un primer análisis, como ejemplo de currículo comunicativo, en la medida en que este concepto implica el reconocimiento de que la enseñanza de la lengua extranjera debe dedicar atención no sólo a la dimensión formal de la lengua sino también al uso de la lengua como vehículo de comunicación; sin embargo, como acabamos de ver, el enfoque comunicativo se fundamenta en una serie de principios que van más allá del análisis y la descripción de las categorías de uso de la lengua. No basta con establecer un programa que responda a las necesidades comunicativas de los usuarios. Los principios del enfoque comunicativo pueden ser considerados, desde el punto de vista del currículo, como una serie de *intenciones* generales que deberán verse reflejadas a lo largo del desarrollo del propio currículo, esto es, tanto en la planificación de los distintos componentes curriculares como en la aplicación del plan a un contexto específico de actuación. Lo que caracterizará, por tanto, a un currículo como comunicativo tendrá que ver no sólo con las intenciones que se plasman en fines y propósitos generales, sino con las decisiones que se toman y con las actuaciones que se emprenden a lo largo del proceso de enseñanza y aprendizaje.

En el capítulo 6 de la segunda parte del libro presentaré, a propósito de la fundamentación del currículo comunicativo de español como lengua extranjera, las aportaciones más significativas de los investigadores que se han interesado por la dimensión comunicativa de la lengua, así como las bases de la reflexión teórica sobre un enfoque de la enseñanza y el aprendizaje de las lenguas extranjeras centrado en el desarrollo de la competencia comunicativa de los alumnos. En los siguientes apartados de este capítulo consideraré los principios de la enseñanza comunicativa de la lengua desde la perspectiva del currículo. En 3.2 comentaré la importancia de tener en cuenta las características individuales de los alumnos, de carácter cognitivo y afectivo, así como sus intereses, sus expectativas y sus estilos particulares, que constituyen, en conjunto, una contribución inicial que ha de ponerse en relación con las intenciones del currículo. La negociación entre el profesor y los alumnos, entendida como el intercambio de puntos de vista y el interés por buscar entre todos las soluciones a los problemas que plantea cada día el desarrollo del proceso de enseñanza y aprendizaje, es un procedimiento que, aunque no está exento de problemas, garantiza el principio fundamental del respeto al individuo y permite crear el clima más adecuado para que el aprendizaje de la lengua pueda realizarse de forma eficaz. En 3.3 expongo un nuevo enfoque de las relaciones entre los distintos componentes curriculares, derivado de la incorporación de los principios de la enseñanza comunicativa de la lengua. La importancia de capacitar al alumno para que se haga responsable de su propio aprendizaje, mediante la práctica de las estrategias adecuadas, es el objeto del apartado 3.4. Finalmente, en 3.5 me ocupo de la dimensión sociocultural del currículo, un aspecto que, hasta muy recientemente, no ha recibido un tratamiento adecuado en los planes de enseñanza de lenguas extranjeras.

3.2 Contribuciones iniciales de los alumnos y negociación

El desarrollo de la competencia comunicativa del alumno constituye, como hemos visto, el eje de las intenciones del currículo comunicativo. Esta competencia es entendida como el complejo formado por el conocimiento comunicativo - sistemas de reglas lingüísticas, sociolingüísticas y psicolingüísticas, así como las relaciones entre estos sistemas- y las habilidades comunicativas -interpretar, expresar y negociar significados- y es lo que, desde la perspectiva del currículo, se demanda al alumno. Hay que tener en cuenta, sin embargo, que el alumno, cuando inicia el proceso de aprendizaje de una lengua extranjera, no parte de cero. Ante todo, como usuario de su propia lengua, dispone ya de una experiencia personal sobre el uso de las convenciones que rigen la comunicación. Además, desde un principio, una serie de factores de carácter cognitivo -inteligencia, aptitud con respecto al aprendizaje, etc.- y afectivo -motivación, ansiedad, etc.- desempeñan un papel fundamental en el proceso de aprendizaje de la nueva lengua. El alumno dispone, por otra parte, de una visión personal de lo que significa aprender una lengua extranjera, derivada de su propia experiencia educativa, y tiene una serie de intereses, expectativas y necesidades, más o menos conscientes, en relación con la nueva lengua que aprende. Así, el alumno aporta al currículo una serie de contribuciones iniciales de importancia decisiva para el desarrollo del proceso de enseñanza y aprendizaje. Para responder a la serie heterogénea de variables individuales de los alumnos, el currículo deberá favorecer el que, mediante el diálogo entre profesores y alumnos, sea posible la adecuación de las intenciones generales a las necesidades y expectativas de quienes van a ser los usuarios de la nueva lengua.

Los factores individuales de carácter cognitivo y afectivo constituyen, como acabo de comentar, una parte del conjunto de las contribuciones iniciales del alumno. Gardner y MacIntyre (1992), desde su perspectiva de psicólogos, han investigado el papel que desempeñan las diferencias individuales en el aprendizaje de las lenguas extranjeras tomando en consideración distintos factores cognitivos y afectivos. Resumo a continuación los rasgos principales de los factores más importantes, a partir de la descripción de estos autores (Gardner y MacIntyre 1992, 211-220;

1993, 1-11):

(a) Factores cognitivos. Tienen que ver con distintos aspectos relacionados con la cognición. Los tres factores más importantes son:

- *Inteligencia.* Influye en si el alumno entenderá mejor o peor la enseñanza del profesor y en si lo hará de forma más rápida o más lenta.

- *Aptitud con respecto al aprendizaje de la lengua.* En los últimos años, la investigación ha dado prioridad a este factor con respecto al factor de inteligencia. Tiene que ver con la cantidad de tiempo que necesita el alumno para aprender un nuevo material o para desarrollar una determinada habilidad. Este factor es importante a la hora de determinar en qué medida los alumnos con habilidades comunicativas previas son capaces de transferir el nuevo material lingüístico a estas habilidades.

De este modo, las habilidades ya existentes actúan como una especie de "esponja cognitiva", que absorbe el nuevo material lingüístico. Las investigaciones que se han desarrollado en los últimos años con respecto a este factor coinciden en que la aptitud para la lengua comprende cuatro componentes: la habilidad de codificación fonética; la sensibilidad gramatical; las habilidades de memoria; la habilidad inductiva de aprendizaje de la lengua.

- *Estrategias de aprendizaje de la lengua.* Proporcionan los medios mediante los cuales los alumnos pueden facilitar el proceso de adquisición del material lingüístico. Estas estrategias pueden desarrollarse a partir de la experiencia previa del alumno y su uso requiere que el alumno esté motivado para aprender la nueva lengua. En el apartado 3.4 me ocuparé con más detalle de este factor.

(b) Factores afectivos. Se refieren a aquellas características de carácter emocional que influyen en cómo reaccionan los alumnos ante una determinada situación. Aunque se han identificado muchos diferentes factores afectivos con respecto a la situación de aprendizaje de la lengua, los más importantes pueden organizarse en dos grupos:

- *Actitudes y motivación.* Estos factores desempeñan un papel fundamental en la adquisición de lenguas extranjeras y se relacionan con aspectos como los índices de dominio de la lengua, el éxito en el aprendizaje del vocabulario, la persistencia en el estudio de la nueva lengua y la conducta en clase. La motivación parece ser el factor operativo en el proceso de aprendizaje de la lengua, si bien se trata de un factor complejo, que engloba aspectos distintos como el deseo de alcanzar un objetivo y el esfuerzo que se dedica a lograrlo.

- *Ansiedad y confianza en uno mismo.* La ansiedad es definida por Gardner y MacIntyre como la aprensión que experimenta un individuo cuando una determinada situación requiere el uso de una segunda lengua que no se domina. Se trata de la propensión de una personalidad estable a reaccionar de forma nerviosa cuando tiene que hablar, leer, oír o escribir en la lengua extranjera. Los estudios sobre los efectos negativos de este factor en el aprendizaje de la lengua extranjera han revelado que en los primeros estadios de aprendizaje la ansiedad no es significativa porque las experiencias negativas no constituyen todavía un afecto negativo o la expectativa de error que caracteriza la ansiedad; sin embargo, en estadios posteriores puede observarse una relación entre la ansiedad y las actuaciones del alumno. La antítesis de la ansiedad es la confianza en uno mismo y sus efectos con respecto al aprendizaje son positivos, lo que se refleja en buenas calificaciones académicas, una evaluación positiva del curso por parte del alumno o la motivación para usar la lengua extranjera fuera de clase. Un alto nivel de ansiedad se corresponde con una baja motivación para aprender la lengua, porque la experiencia se percibe como desagradable y penosa, mientras un alto nivel de motivación conlleva un bajo nivel de ansiedad, porque el alumno percibe la experiencia de forma positiva y tiende a tener éxito.

(c) Otros factores, como la edad o las experiencias de tipo sociocultural, que podrían tener implicaciones tanto cognitivas como afectivas.

De entre las variables individuales que constituyen las contribuciones iniciales de los alumnos, otro factor de gran trascendencia práctica en el proceso de enseñanza y aprendizaje es el constituido por las ideas y creencias de los alumnos con respecto a lo que significa aprender una lengua extranjera. A este respecto, Brindley (1984; citado en Nunan 1988a), mediante una serie de entrevistas con profesores y alumnos, ha llegado a la conclusión de que, hablando en términos generales, parece que existen dos series incompatibles de creencias por parte de los profesores y de los alumnos con respecto a la naturaleza de la lengua y la naturaleza del aprendizaje. Así, según Brindley (*op. cit.*), las ideas de los alumnos podrían expresarse en los siguientes términos:

El aprendizaje consiste en adquirir un cuerpo de conocimientos.
El profesor tiene esos conocimientos y el alumno no.
Los conocimientos están contenidos en un libro de texto o en otro tipo
de material escrito, y a partir de ahí se pueden revisar o practicar.

> El papel del profesor consiste en impartir esos conocimientos al alum-
> no mediante actividades como explicaciones, escritos y ejemplos. Al
> principio del curso se le dará al alumno un programa.
> Aprender una lengua consiste en aprender las reglas gramaticales de la
> lengua y el vocabulario mediante actividades como la memorización,
> la lectura y la escritura.
> *(Brindley 1984; citado en Nunan 1988, 94)*

Por otra parte, el punto de vista de los profesores podría expresarse del siguiente modo:

> El aprendizaje consiste en adquirir principios organizativos mediante
> la experiencia derivada del contacto directo.
> El profesor es alguien que proporciona información de carácter lin-
> güístico para que los alumnos trabajen en clase.
> La lengua puede encontrarse en cualquier parte -en la comunidad, en
> los medios de comunicación- y no sólo en los libros de texto.
> El papel del profesor es ayudar a los alumnos a que dirijan su propio
> aprendizaje, para lo cual les facilitará el acceso a la lengua mediante
> actividades como simulaciones e interacciones con los hablantes nati-
> vos.
> Para los alumnos, aprender una lengua consiste en formular hipótesis
> sobre la lengua a la que son expuestos, hipótesis que son constante-
> mente modificadas en función del modelo.
> *(Brindley, ibid.)*

Las diferencias entre las creencias de los profesores y de los alumnos son obvias y apuntan, por una parte, a la influencia que ejercen sobre los alumnos sus experiencias previas de aprendizaje, y, por otra, a la influencia sobre los profesores de las recientes tendencias sobre el enfoque comunicativo de la enseñanza y el aprendizaje. En opinión de Nunan (1988a), estas diferencias pueden influir en la efectividad de las estrategias de enseñanza y deben tenerse en cuenta en el desarrollo y en la aplicación de la metodología comunicativa.

Un buen conocimiento por parte del profesor de los diferentes estilos de aprendizaje de sus alumnos será un factor de gran ayuda a la hora de acometer cualquier actuación pedagógica. Una consideración sistemática de distintos aspectos relacionados con las opiniones y las actitudes de los alumnos con respecto a las diferentes propuestas metodológicas que se desarrollan en clase o con respecto a la misma marcha del curso puede ser especialmente útil. En relación con este aspecto, presento a continuación un breve cuestionario utilizado en el primer trimestre de

1992 por la Dirección Académica del Instituto Cervantes para obtener una primera impresión sobre los diferentes estilos de alumnado de sus centros docentes:

ESTILO DE APRENDIZAJE DEL ALUMNADO
(Instituto Cervantes, Dirección Académica. Primer trimestre de 1992)

Describa el estilo general de aprendizaje del alumnado de su centro, ponderando en una escala del 5 al 1 las siguientes características:

1.- Grado de aceptación de innovaciones didácticas.

alto 5 4 3 2 1 *nulo*

2.- Orientación del aprendizaje, por la formación previamente recibida (tendencia hacia un modelo centrado en la corrección formal, o, en el extremo opuesto, en la fluidez de expresión).

corrección 5 4 3 2 1 *fluidez*

3.- Índice de abandonos (proporción de alumnos que no finalizan el curso emprendido).

alto 5 4 3 2 1 *nulo*

4.- Perseverancia para alcanzar objetivos (independientemente de que haya o no haya asistencia regular a clase).

mucha 5 4 3 2 1 *ninguna*

5.- Regularidad de asistencia a clase.

grande 5 4 3 2 1 *nula*

6.- Motivación para aprender el español.

mucha 5 4 3 2 1 *ninguna*

7.- Metas propias (grado de definición personal de lo que se quiere conseguir mediante el aprendizaje del español).

definidas 5 4 3 2 1 *no definidas*

8.- Facilidad para aprender el español.

grande 5 4 3 2 1 *nula*

9.- Grado de dependencia del profesor.

grande 5 4 3 2 1 *nulo*

10.- Grado de autonomía en el aprendizaje fuera de aula.

grande 5 4 3 2 1 *nulo*

Otra variable importante de las contribuciones iniciales de los alumnos al currículo es la relacionada con sus expectativas e intereses particulares con respecto al aprendizaje de la nueva lengua. El factor afectivo de la motivación es fundamental en este caso y está estrechamente relacionado con circunstancias que tienen que ver con el entorno. En una situación en la que el hablante necesita la nueva lengua para desenvolverse en la comunidad y satisfacer sus necesidades básicas los objetivos serán perentorios y estarán relacionados con situaciones prácticas de la vida cotidiana. Por el contrario, en una situación en la que el alumno aprende la lengua en su propio entorno sociocultural, los objetivos con respecto a la nueva lengua se dilatan en el tiempo. Así, las expectativas de los alumnos son diferentes en cada caso y están sujetas a cambios en el curso del tiempo. El currículo deberá desarrollarse desde el presupuesto de la heterogeneidad y deberá ser suficientemente flexible para permitir cambios y modificaciones. No obstante, como advierten Breen y Candlin (1980), las expectativas de los alumnos pueden ser educadas. Para que esto ocurra, ha de capacitarse a los alumnos para que puedan expresar sus propios objetivos, explorarlos y conocer las fuentes de las que provienen. Esto exige, desde luego, un enfoque del currículo que parta del respeto a las características individuales de los alumnos y que considere el análisis de las necesidades individuales como un paso previo a la hora de tomar cualquier decisión.

De todo lo anterior podemos deducir que el desarrollo de la competencia comunicativa no puede ser un objetivo abstracto del currículo, considerado al margen de los factores cognitivos y afectivos de los alumnos, sus ideas y creencias o sus expectativas e intereses particulares con respecto a la lengua y el aprendizaje. La planificación curricular deberá proporcionar un conjunto de informaciones y orientaciones generales -unos objetivos de ciclo, unos inventarios de contenidos, unas orientaciones metodológicas, unos criterios de evaluación- que deberá ser puesto en juego en un curso concreto y con respecto a un grupo particular de alumnos que tienen características, expectativas e intereses que no pueden ser ignorados, sino que, por el contrario, constituyen la razón de ser del propio currículo. Como afirma Piepho (citado en Sheils 1986, 2):

> El medio es el mensaje. Las interacciones que se producen en la enseñanza y que se manifiestan en el proceso de comprender o equivocarse, en los ensayos y en los errores, en la negociación de los significados y en la significación de los temas, de los textos, de los sentimientos, las diferencias de percepción de cada individuo, la toma de conciencia, la cognición, la opinión o la actitud, *constituyen* la razón más poderosa e importante para hablar, leer, oír, escribir, o para intercambiar argumentos y opiniones.

Al igual que ocurre en las relaciones interpersonales, en las que los participantes en un intercambio comunicativo negocian los significados a partir de la interpretación de lo que el interlocutor quiere decir y la expresión de las propias ideas e intereses, el currículo deberá desarrollarse a partir de la negociación entre sus propias intenciones y las contribuciones iniciales de los alumnos. La idea misma del aprendizaje se convierte, de este modo, en un objetivo principal del currículo. El proceso de enseñanza y aprendizaje tiene que dar oportunidades a los alumnos para que expresen sus propias expectativas y necesidades, de manera que, al involucrarse personalmente en el proceso de aprender la lengua, puedan obtener mayor rendimiento de sus capacidades. Como apuntan Breen y Candlin (*op. cit.*), el alumno no va a aprender nada a menos que tenga una idea de qué es lo que está intentando conseguir.

En el currículo comunicativo, este enfoque de la negociación constituye el eje del proceso de toma de decisiones con respecto a los distintos componentes curriculares: los objetivos, los contenidos, la metodología y la evaluación. Así, la consideración de las necesidades expresadas por los alumnos es un factor clave a la hora de establecer los objetivos del programa de curso. La selección de los contenidos no se realiza ya a partir de un análisis de la propia lengua sino en función de las actividades que se desarrollan en clase, con lo que la separación de la metodología y los contenidos pierde sentido en la práctica. La evaluación deja de ser el final del proceso y se convierte en un instrumento que relaciona y da sentido a los demás componentes curriculares. A continuación, se presenta de forma gráfica el juego de relaciones entre las intenciones del currículo, las contribuciones de los alumnos y la negociación como concepto clave de cohesión curricular:

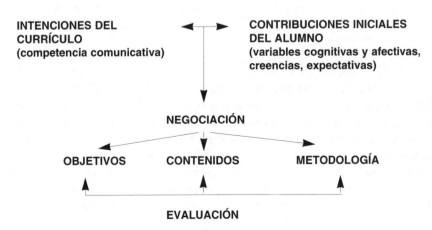

Los principios básicos del enfoque comunicativo que he comentado anteriormente pueden, así, trasladarse a la práctica en el proceso de enseñanza y aprendizaje sobre la base del diálogo y el intercambio de intereses y de puntos de vista. Sin embargo, este espíritu de negociación, sin duda deseable y estimulante para los profesores y los alumnos, no siempre está presente en las interacciones que se producen en la clase. Ya hemos visto que las creencias del alumno sobre su propio papel pueden diferir notablemente de las ideas que constituyen los presupuestos didácticos del profesor. Si nos centramos en aspectos metodológicos, podemos encontrarnos con una situación en la que los alumnos tienen una visión sobre el aprendizaje de la lengua que responde a principios "tradicionales" más que "comunicativos", lo que puede ser causa de un distanciamiento con respecto al profesor que dificulte cualquier intento de negociación. A este respecto, Nunan (1988a) se plantea lo siguiente:

> ¿Qué ocurre cuando un profesor descubre que sus alumnos suscriben principios "tradicionales" más que "comunicativos"? El profesor, vinculado a la metodología comunicativa y a la filosofía del currículo centrado ·en el alumno, se encuentra en un dilema. Por una parte, puede ignorar los deseos de los alumnos y adoptar una posición de superioridad insistiendo en las actividades comunicativas. Si lo hace, abandonará cualquier posibilidad de que el currículo esté centrado en el alumno. Por otra parte, puede abandonar sus principios comunicativos y permitir que los alumnos se involucren en actividades como la memorización de reglas gramaticales, que no son adecuadas, en su opinión, para el desarrollo de destrezas comunicativas. (Por supuesto, el dilema se complica en la medida en que no tenemos evidencia empírica concluyente sobre si las actividades "no comunicativas" como el aprendizaje de reglas gramaticales facilitan o no el desarrollo de destrezas comunicativas).
> *(Nunan 1988a, 95)*

No es posible pensar en una solución única al dilema que plantea Nunan. Quizá lo más razonable desde el punto de vista del profesor sea proponer, en un principio, actividades más próximas a las ideas de los alumnos y, paulatinamente, ir introduciendo otras de tipo comunicativo. En todo caso, es importante que exista en todo momento información por parte del profesor con respecto a las actividades que propone, de manera que puedan ponerse de relieve los principios a los que responden. He comentado antes que las expectativas de los alumnos pueden ser educadas; quizá pueda considerarse también una evolución negociada de las prácticas metodológicas. Entiendo que esto exige por parte del profesor una sensibilidad especial y una gran dosis de confianza en sí mismo. Sólo si el profesor entiende la razón de ser de lo que está proponiendo en clase podrá desenvolverse en su papel de *negociador* del currículo. Esto pone de manifiesto la importancia de un nivel de fundamentación curricular que proporcione información a los profesores sobre las bases teóricas que sustentan los principios de determinadas prácticas pedagógicas. Esta fundamentación teórica con respecto a la práctica requiere un enfoque amplio de la dimensión profesional del profesor, que desborda los límites del "aquí y ahora" de la clase. Desde la perspectiva de los alumnos, nos encontramos, además, con el problema de que no suelen verse a sí mismos en un papel de consulta y negociación. Como observa Nunan (*op. cit.*), este hecho pone de relieve un tema central desde la perspectiva del currículo: para que los alumnos puedan tomar parte en el proceso curricular, especialmente para que puedan tomar decisiones apropiadas sobre metodología, es necesario enseñarles qué significa aprender una lengua extranjera. De este modo, el currículo habrá de responder a un doble objetivo. Por una parte, deberá proveer todo lo necesario para que pueda desarrollarse la enseñanza de la lengua; por otra, deberá atender a la enseñanza de las destrezas de aprendizaje. En el próximo apartado me ocuparé de la integración de los componentes curriculares, que permitirá responder al primero de estos objetivos. En 3.4 comentaré, a propósito del segundo objetivo, la importancia del desarrollo de estrategias de aprendizaje por parte de los alumnos.

3.3 Integración de los componentes curriculares

En el capítulo 1 he comentado el modelo de R. Tyler como precursor de un enfoque que concibe el currículo como una serie de pasos independientes que se suceden de modo lineal, de acuerdo con un planteamiento de la educación que se denomina *fines-medios*. Según este planteamiento, el proceso de planificación curricular se inicia con el establecimiento de una serie de objetivos prescriptivos, en función de los cuales se seleccionan los contenidos necesarios. A continuación, se diseña un conjunto de experiencias de aprendizaje que permitirán poner en juego los contenidos. Y, finalmente, la evaluación del proceso nos indica en qué medida se han alcanzado los objetivos previstos. Este modelo fue el predominante por lo menos hasta los años 70 y goza todavía de buena salud, debido a su consistencia lógica y a su fácil traslación a planes y programas pedagógicos. Sin embargo, si consideramos este esquema desde la perspectiva de la enseñanza de las lenguas extranjeras y en relación con los principios de la enseñanza comunicativa de la lengua, advertiremos en seguida que presenta importantes limitaciones en distintos aspectos. La derivación lineal de los distintos componentes curriculares convierte el proceso de planificación curricular en un desarrollo mecánico, que deja de lado a los protagonistas del proceso de enseñanza y aprendizaje, esto es, el profesor y el alumno, y que no considera las relaciones mutuas entre los distintos componentes curriculares. Los principios del enfoque comunicativo ponen énfasis, como hemos visto, en un tipo de enseñanza centrada en el alumno y en el análisis de sus necesidades comunicativas. Los factores afectivos y cognitivos de los alumnos, así como sus ideas con respecto al aprendizaje, se relacionan mediante procesos de negociación con las intenciones generales del currículo. Frente a cualquier enfoque prescriptivo, el currículo comunicativo se fundamenta en el diálogo entre el profesor y los alumnos, lo que supone que la planificación curricular no agota el proceso de toma de decisiones. Esto no quiere decir que no exista una definición de objetivos previa al inicio del curso o una selección de contenidos y un repertorio de procedimientos metodológicos. El proceso de planificación curricular existe, pero concebido como un primer nivel de concreción en el que se establecen pautas generales, instrumentos, ideas, propuestas, orientaciones, criterios de actuación. El profesor y los alumnos son los encargados de desarrollar, a partir de esa serie de elementos, un proceso común de enseñanza y aprendizaje que sea satisfactorio para ambas partes y que permita alcanzar el objetivo último de la competencia comunicativa.

La voluntad de integración de los distintos componentes curriculares es, por tanto, una consecuencia de los principios que inspiran la enseñanza comunicativa de la lengua. Ya no son los objetivos y los contenidos del programa, derivados del análisis de la lengua, los que gobiernan el proceso de planificación curricular. La consideración de las necesidades individuales de los alumnos traslada el acento desde el análisis lingüístico a la descripción de aquellas actividades significativas que permitan desarrollar la competencia comunicativa en sus distintas facetas. Los programas tradicionales partían de la creencia de que una buena descripción y organización de los contenidos gramaticales y léxicos, a partir del criterio de la mayor o menor complejidad estructural, bastaba por sí sola para garantizar el éxito en la enseñanza. Como ya he comentado, desde el análisis sociolingüístico se propuso una ampliación del enfoque a través de los programas nocional-funcionales, que se presentaban como comunicativos en la medida en que respondían a una consideración de las necesidades de comunicación de los usuarios de la lengua.

Las limitaciones de los programas gramaticales derivaban, precisamente, de su propia visión sobre la naturaleza de la lengua y el aprendizaje, centrada en el análisis del sistema lingüístico y ajena a la consideración de otros factores. Así, el principio de que las estructuras gramaticales más sencillas se aprenden con más facilidad que las estructuras más complejas no concuerda con los resultados de las investigaciones de la teoría de la adquisición de lenguas, que relacionan el problema de la adquisición de las estructuras gramaticales con la dificultad de procesamiento psicolingüístico. Por otra parte, el control con respecto a la complejidad gramatical de las muestras de lengua que eran suministradas al alumno traía consigo un problema de falta de naturalidad en los ejemplos de la "lengua real", como los diálogos. La dificultad de los alumnos para transferir las estructuras aprendidas a situaciones reales de comunicación se hacía más acusada por la falta de atención a los factores contextuales y extralingüísticos.

Los programas nocio-funcionales, desde el análisis de las intenciones comunicativas -las funciones- y los significados conceptuales -las nociones- intentaron dar respuesta al dilema que planteaba la consideración de una diversidad de factores, situacionales, contextuales y extralingüísticos, a la hora de establecer la organización de los contenidos de enseñanza. El problema de encontrar una fórmula que permita establecer planes pedagógicos en los que las dimensiones "comunicativa" y "formal" puedan desarrollarse de forma coherente constituye, todavía hoy, un reto difícil de afrontar tanto en el plano teórico como en el práctico. Distintos enfoques y métodos de enseñanza se han preocupado por describir el sistema de relaciones entre la práctica controlada, derivada del análisis sistemático de la lengua, y el aprendizaje asistemático basado en la propia experiencia. Así, el contraste entre el concepto de corrección y el de fluidez sirve a Brumfit (1984) como punto de partida para desarrollar un modelo de enseñanza de la lengua en el que se integren ambas dimensiones, la comunicativa y la formal. De manera análoga, otros autores han investigado sobre el modo en que estas dos dimensiones pueden relacionarse a lo largo del proceso de enseñanza y aprendizaje, y han propuesto otros modelos.

Clark (1987) clasifica en tres grupos las distintas propuestas de los autores que han buscado solución a este problema. El primer grupo recoge el conjunto de propuestas en las que la dimensión comunicativa es simplemente añadida a la dimensión formal previamente existente, y pone como ejemplo el modelo de Savignon (1972). De forma gráfica podríamos representar este conjunto de propuestas del siguiente modo:

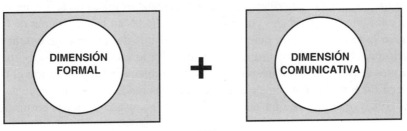

Como se ve, no hay integración entre ambas dimensiones, ni tampoco un planteamiento evolutivo, frente a lo que ocurre en el segundo grupo de propuestas, en las que se conduce al alumno desde la práctica controlada hacia un trabajo guiado y, de ahí, progresivamente, a la comunicación libre. Clark señala como ejemplo de este segundo grupo el modelo de Littlewood (1981), entre otros. Littlewood propone el paso de las actividades denominadas "pre-comunicativas" -actividades estructurales y actividades cuasi-comunicativas- a las propiamente comunicativas -actividades de comunicación funcional y actividades de interacción social-. Las actividades "pre-comunicativas" se centran en elementos específicos del conocimiento o de las destrezas que componen la habilidad comunicativa; pertenecen, por ejemplo, a este tipo de actividades los ejercicios de pregunta y respuesta o los que proponen la repetición de una estructura cambiando un elemento concreto del modelo. El objetivo de esta práctica es, como aclara el autor, que los alumnos produzcan un tipo de lengua aceptable -esto es, suficientemente correcta o adecuada- que les permita más tarde comunicarse de forma efectiva. En las actividades comunicativas, los alumnos activan e integran lo que han practicado anteriormente con objeto de utilizarlo en la comunicación de significados. Se trata, como vemos, de un modelo que intenta integrar, desde una visión evolutiva, lo formal y lo comunicativo. Este enfoque integrador no está presente en las propuestas analizadas anteriormente, que se limitan a añadir una dimensión a otra. De forma gráfica, podemos representar las propuestas del segundo grupo de este modo:

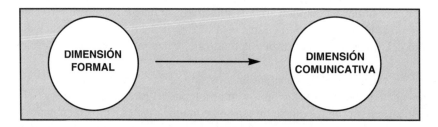

El tercer grupo de propuestas de la clasificación de Clark es el que responde a lo que él denomina "enfoque reversible". Estas propuestas parten de la idea de que un programa de enseñanza centrado en rasgos formales de la lengua se vincula a una serie de actividades comunicativas centradas en la adquisición de la lengua y en la experiencia. En determinados momentos del proceso de enseñanza y aprendizaje, el alumno progresa desde lo formal a lo comunicativo, pero en otros momentos se produce la progresión inversa. El problema está en encontrar el balance adecuado entre las dos dimensiones. Uno de los modelos de este grupo es el de Allen (1983), que propone un mayor énfasis en los rasgos formales en un primer nivel, en los rasgos discursivos en el segundo, y en el uso instrumental de la lengua en el tercero, pero teniendo en cuenta que en cada uno de los tres niveles han de estar presentes, en diferente grado, los rasgos de los otros. En este mismo grupo de propuestas hay que situar a Brumfit (1984) y su distinción entre fluidez y corrección. De manera análoga a Allen, Brumfit propone que la práctica de la corrección formal debe ocupar mayor espacio en los niveles iniciales y ceder terreno progresivamente a la práctica de la fluidez a medida que avanza el programa, si bien las dos dimensiones deben estar presentes, en uno u otro grado, a lo largo de todo el proceso. Como vemos, existe también en estas propuestas un planteamiento evolutivo e integrador, si bien, a diferencia de las propuestas del grupo anterior, se prevé la práctica de actividades relacionadas con las dos dimensiones en todo momento. Gráficamente:

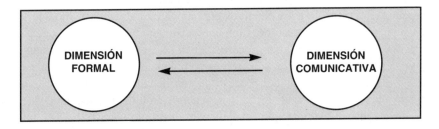

Los modelos que acabo de comentar parten de la confianza en un plan de acción en forma de programa como solución al dilema de las relaciones entre la dimensión formal y la comunicativa. Al principio de este capítulo he comentado que la ambigüedad del término "comunicativo" permite una identificación con el nociofuncionalismo, a partir de un planteamiento en virtud del cual el cambio de paradigma con respecto a los programas tradicionales se produciría mediante el desarrollo de programas alternativos como los nocional-funcionales. Los modelos que acabamos de ver responden a esta interpretación. Sin embargo, como hemos visto, una visión más amplia de lo "comunicativo" asocia este término con un enfoque del proceso de enseñanza y aprendizaje que va más allá de la propuesta de un programa alternativo. Al hacer repaso de los principios del enfoque comunicativo hemos visto la importancia que se concede a la consideración de las necesidades de los alumnos y a los problemas relacionados con el aprendizaje. Esto ha llevado a un planteamiento en el que la metodología, la preparación del profesor y la autonomía del alumno se convierten en la piedra angular de la enseñanza de la lengua, en lugar de los programas (Yalden 1983). Así, la idea de un currículo negociado entre el profesor y los alumnos, a la que me he referido en el apartado anterior, sustituye a la idea de programa entendido como panacea. En virtud del nuevo enfoque, el alumno tiene la oportunidad de participar en la definición de objetivos, en la selección de los procedimientos metodológicos y en el control de su propio aprendizaje. De este modo, los contenidos y la metodología no son ya dos fases sucesivas en el proceso de planificación, sino dos componentes curriculares interdependientes. El énfasis de los programas de enseñanza se desplaza desde los conocimientos y las destrezas que debe alcanzar el alumno como resultado de la enseñanza hacia el proceso mediante el cual se alcanzarán esos conocimientos y esas destrezas.

Desde esta nueva perspectiva, la evaluación deja de ser concebida como un final de etapa y se convierte en un instrumento al servicio del propio proceso de enseñanza y aprendizaje. La evaluación permite al profesor y a los alumnos tener una idea clara de cómo se está desarrollando el currículo y advierte de posibles desviaciones. De este modo, la evaluación no se limita a controlar el rendimiento de los alumnos con respecto a los objetivos previamente establecidos, sino que se convierte, a su vez, en un proceso de toma de decisiones. Esto no quiere decir que la evaluación de resultados y la de procesos deban ser entendidas como mutuamente excluyentes; antes al contrario, son formas complementarias que deberán ser utilizadas en distintos momentos del proceso de enseñanza y aprendizaje. El enfoque que se dé a la evaluación en el currículo dependerá, en última instancia, de las bases teóricas e incluso filosóficas que fundamentan el propio currículo. Si el currículo comunicativo parte de unos principios de carácter humanista que se orientan hacia objetivos como contribuir a que los alumnos desarrollen sus propias capacidades con respecto al aprendizaje de la lengua, la evaluación deberá llevarse a cabo conjuntamente entre los profesores y los alumnos. Desde el punto de vista del alumno, la evaluación responderá a una actitud de reflexión personal con respecto al propio aprendizaje. El alumno deberá preguntarse a sí mismo si el curso que realiza está contribuyendo a cambiar su actitud con respecto al aprendizaje y si está favoreciendo el desarrollo de la confianza en sí mismo a la hora de usar la nueva lengua dentro y fuera de clase. Esta actitud de reflexión del alumno con respecto al aprendizaje deberá ser promovida por el profesor en clase y estimulada mediante el uso de instrumentos adecuados. Desde el punto de vista del profesor, la evaluación no deberá dirigirse sólo hacia el control de los resultados sino también hacia la consideración de lo que ocurre cada día en la interacción con los alumnos en la clase.

3.4 Competencia estratégica y autonomía

En 3.1 hemos visto que el desarrollo de la autonomía del alumno es uno de los principios que fundamentan el enfoque comunicativo. El concepto de autonomía puede enfocarse desde un doble punto de vista: por una parte, tiene que ver con la capacidad del alumno para desenvolverse en situaciones comunicativas cuando no dispone de recursos adecuados o cuando sus recursos no son suficientes; por otra, con el desarrollo de estrategias que permitan al alumno controlar y desarrollar su propio aprendizaje de forma más eficaz. El primer enfoque constituye la *competencia estratégica*, que, como hemos visto, forma parte de la *competencia comunicativa*. Solemos hablar de *estrategias de comunicación* cuando nos referimos a los procedimientos y a las técnicas que utiliza el hablante al poner en juego la competencia estratégica. Las estrategias relacionadas con el segundo enfoque de la autonomía suelen denominarse *estrategias de aprendizaje*.

En los epígrafes anteriores he insistido en la importancia de involucrar al alumno en los procesos de negociación y consulta que han de llevarse a cabo entre el profesor y los alumnos a lo largo del proceso de enseñanza y aprendizaje para satisfacer las exigencias de un enfoque curricular que se fundamenta en principios como el respeto al individuo, el desarrollo de la autonomía o el énfasis en las necesidades del alumno. La negociación, por ejemplo, de los procedimientos metodológicos que se desarrollan en clase supone que el alumno debe disponer de una cierta preparación con respecto a lo que significa aprender una lengua extranjera. En este sentido, el currículo deberá capacitar al alumno para que pueda hacerse responsable de su propio aprendizaje. La importancia de la autonomía del alumno en cualquier proceso educativo puede explicarse, en opinión de Little (1994), en función del aprendizaje presente y futuro: los alumnos que aceptan la responsabilidad de su propio aprendizaje tienen más posibilidades de alcanzar sus objetivos y, una vez alcanzados, están en mejor disposición para mantener una actitud positiva con respecto al aprendizaje en el futuro. La aceptación de responsabilidad por parte del alumno implica una disposición para reflexionar sobre el contenido y el proceso del aprendizaje y para integrar lo que aprende en el contexto formal de la clase con lo que ya conoce como resultado de su propia experiencia.

Los estudios sobre la competencia comunicativa han tendido a limitar el concepto de competencia estratégica a las estrategias que el alumno utiliza para compensar las deficiencias en la comunicación, sin considerar las estrategias de aprendizaje. Algunos trabajos recientes (Little 1994; Holec 1993), que forman parte del Proyecto *Language learning for European citizenship* del Consejo de Europa, han puesto énfasis, sin embargo, en la relación entre el aprendizaje y el uso de la lengua y en la necesidad de considerar la competencia estratégica desde un planteamiento que reconozca la mutua influencia que existe entre las estrategias de comunicación y las estrategias de aprendizaje. Expongo a continuación, en primer lugar, algunas ideas clave del trabajo de Little, que arroja luz sobre las relaciones entre estos dos tipos de estrategias. Más adelante me referiré brevemente al concepto de aprendizaje autónomo, tal como ha sido formulado por Holec.

Es fácil entender que el uso de la lengua es un ingrediente esencial en cualquier curso cuyo objetivo sea desarrollar la competencia comunicativa del alumno. Uno de los principios fundamentales de la enseñanza comunicativa es, como hemos visto, el desarrollo de la capacidad del alumno para realizar un uso adecuado y correcto de la lengua con el objetivo de comunicarse de forma efectiva; a este respecto, la competencia estratégica, entendida como la capacidad de los usuarios de la lengua para iniciar, terminar, mantener, corregir o reorientar la comunicación, desempeña un papel fundamental. Pero es preciso reconocer, por otra parte, que a medio y a largo plazo el éxito en el uso de la lengua depende de nuestra capacidad para poner al día nuestro repertorio comunicativo con objeto de responder a las demandas generadas por nuevas situaciones de comunicación. A este respecto, podemos pensar que en los intercambios comunicativos propios de las relaciones de la vida social, por ejemplo, no se produce ningún proceso de planificación previo de nuestra actuación lingüística, sino que la comunicación depende de habilidades automatizadas que se activan de forma espontánea; sin embargo, también es propio de la vida social el desenvolverse en determinadas situaciones en las que hay contacto con ciertas formas de burocracia, por ejemplo, y esto sí puede exigir una cierta planificación con respecto al vocabulario que habrá de emplearse o a las distintas reacciones que puedan producirse en una determinada gestión. Si nos situamos en el ámbito laboral o en el académico es más fácil encontrar situaciones en las que las estrategias de planificación desempeñan un papel importante: leer, tomar notas, preparar y presentar ponencias, escribir informes, etc. (Little, 1994, 9-10). El despliegue de estrategias de aprendizaje -lo que se denomina *control estratégico del proceso de aprendizaje*- contribuye, por tanto, en distinto grado de inmediatez, al desarrollo de la competencia estratégica del alumno.

De los ejemplos que acabo de comentar se desprende que en el intercambio comunicativo podemos distinguir, por una parte, la realización de tareas que requieren una respuesta inmediata, como las derivadas de los contactos espontáneos de la vida social, y, por otra, la realización de tareas no inmediatas, que serían aquellas que permiten al usuario de la lengua disponer de tiempo para la planificación. Las tareas comunicativas que requieren una respuesta inmediata, que son por definición recíprocas y de carácter oral, se producen normalmente mediante la activación automática de planes y rutinas, por lo que la competencia estratégica opera por debajo del nivel de la consciencia. En opinión de Little (*ibid.*, 17), el modo más adecuado de contribuir al desarrollo de las estrategias de comunicación de los alumnos en este caso consiste en combinar la enseñanza basada en tareas y el despliegue de técnicas que estimulen a los alumnos a reflexionar sobre su propia actuación, esto es, técnicas que hagan ver a los alumnos cómo se han enfrentado a un problema de comunicación que requería el uso de una estrategia de comunicación y qué soluciones alternativas podían haber adoptado. Más adelante, al desarrollar los niveles de análisis del currículo en los capítulos 6, 7 y 8 me referiré con detalle al alcance de lo que se entiende hoy por enseñanza basada en tareas; de momento, basta con adelantar que este tipo de enseñanza proporciona oportunidades para practicar el uso de la lengua mediante actividades que involucran a los alumnos en la resolución de problemas. Little cita como ejemplo el caso de los "escenarios" de Di Pietro (1987), en los que los alumnos deben hacer frente a la situación creada por la nueva información que introduce súbitamente el profesor en el escenario con el fin de crear un problema "estratégico".

¿Qué relación existe, entonces, entre las estrategias de comunicación y las de aprendizaje si, como hemos visto, las tareas que exigen respuesta inmediata se producen en la relación espontánea y mediante la activación de mecanismos inconscientes? Puede pensarse, en un primer análisis, que las estrategias de aprendizaje, que son de naturaleza intencional, no intervienen en el desarrollo de tareas de respuesta inmediata. Un análisis más profundo permite entender, sin embargo, que el desarrollo de estrategias de aprendizaje como las estrategias de memoria -crear relaciones mentales, aplicar imágenes y sonidos, etc.- o las estrategias cognitivas - analizar y razonar, practicar, recibir y enviar mensajes, etc.- tiene sentido sólo en cuanto son aplicadas en la realización de tareas comunicativas. De manera que, en la medida en que las estrategias de aprendizaje permiten el desarrollo de la habilidad comunicativa del alumno, podemos concluir que promueven, aunque sea de forma indirecta, el desarrollo de la competencia estratégica (Little, *op. cit.*, 19).

Las tareas de respuesta no inmediata permiten al alumno disponer de tiempo para la planificación. En este tipo de tareas hay que distinguir, sin embargo, entre las que implican un modo de comunicación recíproca y las que implican un modo de comunicación no recíproca. En el primer caso, el alumno dispone de tiempo para preparar una actuación lingüística que se producirá en la interacción con un interlocutor, a diferencia de lo que ocurre en la comunicación espontánea, donde este tiempo de preparación no existe. La preparación de las tareas no inmediatas que implican comunicación recíproca puede consistir en buscar información de carácter sociolingüístico o sociocultural -por ejemplo, términos especializados-, o bien en ensayar mentalmente la interacción para adelantarse a los problemas que puedan surgir. Pero las tareas de respuesta no inmediata pueden relacionarse también con un modo de comunicación no recíproca. Así, quien escribe algo se dirige a una persona que está ausente o que, incluso, puede ser desconocida, lo que obliga al escritor a adoptar el papel del emisor y del receptor y a prever cualquier falsa interpretación que pueda derivarse del hecho de no poder aclarar las cosas mediante el intercambio de información; de este modo, el escritor está constantemente cambiando su función de emisor a receptor o, como si dijéramos, de "hablante" a "oyente", representando mentalmente la interacción mediante la adopción de los papeles de los dos participantes (Widdowson 1983). De manera que este tipo de tareas permite la práctica y el desarrollo de procesos de interacción que, aunque sean internos, reflejan el tipo de interacción social que se produce en las tareas de comunicación recíproca. Lo que lleva a concluir que los procesos de planificación intencional que desarrollamos al realizar tareas de respuesta no inmediata y comunicación no recíproca pueden contribuir indirectamente al desarrollo de nuestra habilidad para realizar tareas de respuesta inmediata y comunicación recíproca (Little, *op. cit.* 21).

El aprendizaje autónomo

A propósito del concepto de autonomía, creo que puede resultar interesante un último apunte sobre la relación de las estrategias de aprendizaje y el concepto de *aprendizaje autónomo* o *aprendizaje autodirigido*, asunto que ha sido explorado por Holec (1993) en su aportación al proyecto del Consejo de Europa al que me he referido más arriba. Holec parte de la preocupación por dar respuesta a los muy diferentes tipos de demanda que existen hoy en día con respecto al aprendizaje de lenguas extranjeras. La enseñanza a distancia, los métodos autodidácticos o la enseñanza por ordenador presentan el grave problema de que requieren adaptar la enseñanza antes de que llegue a un público cuyas necesidades es difícil, si no imposible, definir de antemano. Una solución alternativa es, en opinión de Holec, el enfoque de aprendizaje autónomo o autodirigido, en virtud del cual las decisiones sobre el programa de aprendizaje son tomadas por el propio alumno, a diferencia de lo que ocurre habitualmente en las situaciones de aprendizaje dirigidas por un profesor, en las que éste es el responsable de tomar todas las decisiones relacionadas con el aprendizaje. El enfoque de aprendizaje autónomo tiene, desde luego, una serie de implicaciones pedagógicas, de entre las que Holec (*op. cit.*, 3) destaca las tres siguientes:

- el alumno que elige esta opción debe saber cómo aprender; de lo contrario, deberá aprender a aprender;

- deberán ponerse a disposición del alumno los recursos necesarios para aprender de este modo, o para aprender a aprender si fuera necesario;

- el profesor cuyo cometido sea "enseñar" de este modo deberá saber cómo desempeñar las nuevas funciones que se le asignan.

Las actividades de formación de los alumnos tendrán como objetivo desarrollar progresivamente la capacidad del alumno para hacerse cargo de su propio aprendizaje. Los *centros de recursos* constituyen el punto de encuentro del alumno con una serie de materiales catalogados que le permitirá desarrollar el aprendizaje de la lengua y orientarse sobre cómo llevar a cabo actividades de aprendizaje o cómo aprender a aprender. De este modo, las nuevas funciones del profesor son las de formador, asesor y proveedor de instrumentos de aprendizaje.

3.5 La dimensión sociocultural en el currículo

Cuando aprendemos una lengua extranjera entramos en contacto con las convenciones que rigen la comunicación en un nuevo grupo social, lo cual exige el conocimiento y el uso de los papeles sociales y la identidad social que comparten los miembros del nuevo grupo social al que accedemos. En este sentido, aprender a comunicarse es un proceso de socialización. La intención final de la enseñanza de la lengua se entiende, según este enfoque, como el desarrollo del conocimiento comunicativo del alumno en el contexto del desarrollo social y personal (Breen y Candlin 1980). La dimensión sociocultural del currículo adquiere, así, una importancia fundamental en el proceso de aprendizaje de una nueva lengua.

No es fácil, sin embargo, proporcionar desde el currículo los procedimientos de enseñanza que permitan satisfacer el objetivo principal de facilitar el acceso del alumno a una realidad nueva. La dificultad proviene, en primer lugar, de la misma definición del objetivo que se pretende alcanzar. Así, por ejemplo, en la especificación de los fines generales del Plan Curricular del Instituto Cervantes se establece lo siguiente (PCIC 1994, 25):

Fines generales

Los fines generales de la enseñanza del español en los centros del Instituto Cervantes son los siguientes:

(...)

3º.- Mediante la enseñanza del idioma, promover el acercamiento entre la cultura hispánica y la del país de origen, así como transmitir una imagen auténtica de aquélla y colaborar en la destrucción de tópicos y prejuicios.

4º.- Colaborar en el desarrollo de actitudes y valores con respecto a la sociedad internacional, como el pluralismo cultural y lingüístico, la aceptación y la valoración positiva de la diversidad y de la diferencia, el reconocimiento y el respeto mutuo.

Más adelante, en el capítulo 7 comentaré con más detalle distintos aspectos relacionados con la definición de objetivos en el currículo. De momento, lo que me interesa subrayar es que el enfoque de la "dimensión sociocultural" que se desprende de la definición de estos fines generales pone énfasis en el desarrollo de actitudes y valores con respecto al mundo hispánico en particular y al mundo extranjero en general. Declaraciones similares podemos encontrar en la especificación de fines u objetivos generales de otros modelos curriculares. Ahora bien, ¿cómo se satisfacen estos fines en el currículo? En los programas de curso o en los manuales de enseñanza, sobre todo en los niveles iniciales, los aspectos socioculturales suelen aparecer de forma implícita en los ejercicios y en las actividades y tienen sólo una función subsidiaria con respecto a los objetivos lingüísticos, que son los que marcan el ritmo de la progresión de la enseñanza. Esto conduce frecuentemente a una representación de los rasgos socioculturales superficial y estereotipada. Diríamos que los contenidos socioculturales se limitan a servir de vehículo para la plasmación de muestras de lengua organizadas en virtud de criterios de progresión lingüística. Al mismo tiempo, se espera del alumno que haga abstracción de los rasgos de su propia identidad y que se incorpore a un mundo extraño, regido por valores que pueden estar en algunos casos muy alejados de los propios y que implican relaciones sociales nuevas y desconocidas.

Entiendo que aprender una nueva lengua es más un encuentro con una realidad nueva que una incorporación pasiva a un grupo social nuevo. Incluso en el caso del inmigrante -o quizá más acusadamente en este caso- que ha de desenvolverse en una sociedad que se le presenta extraña y alejada en muchos aspectos de lo que constituye su propia visión del mundo, la relación con lo nuevo se realizará siempre desde las propias convicciones y creencias, así como desde los presupuestos culturales que configuran su personalidad social. El mundo propio de quien aprende una nueva lengua desempeña una función clave en la percepción y en la valoración de la nueva sociedad y de la nueva cultura. Como observa Neuner (1994):

> Aprender sobre el mundo extranjero y aprender a usar una lengua extranjera es algo más que "formar hábitos" o reproducir modelos de habla. Comprende una dimensión *cognitiva* del aprendizaje que se realiza mediante procedimientos de comparación, inferencia, interpretación, discusión y otras formas *discursivas* similares de negociar el significado de los fenómenos del mundo extranjero.
> *(Neuner 1994, 36)*

El currículo habrá de poner énfasis en el desarrollo de aquellas estrategias que permitan al alumno desenvolverse en situaciones en las que aparecen problemas de comprensión o de comunicación, y deberá preparar al alumno para que sea autónomo a la hora de acceder a la información que sea relevante y para que pueda obtener por sí mismo la ayuda necesaria para poder progresar en el aprendizaje. Esto pone de manifiesto la estrecha relación que existe entre la dimensión sociocultural y el desarrollo de la competencia estratégica y la autonomía que acabamos de ver en el apartado anterior. El alumno estará, así, en condiciones de relacionarse con una realidad nueva a partir de sus propios intereses y necesidades. Podrá preguntarse en qué se diferencia la nueva cultura de la propia o qué aspectos particulares le interesan más por razones profesionales o vocacionales. Este enfoque intercultural conlleva el que no se excluyan en el currículo las áreas de experiencia en las que pueda haber dificultades, en la medida en que enfrentarse a las diferencias es esencial para el desarrollo de la dimensión cognitiva a la que se refiere Neuner. De este modo, el aprendizaje sociocultural tendrá que ver no sólo con el conocimiento de los aspectos propios de la nueva cultura sino también con el desarrollo del propio punto de vista con respecto a lo que esa nueva cultura aporta al alumno.

Un enfoque de estas características tendrá, en opinión de Neuner (*op. cit.*, 27), las siguientes implicaciones desde el punto de vista del currículo:

> 1) Deberán desarrollarse ejercicios abiertos y creativos que permitan el uso activo de la lengua extranjera y se deberá fomentar la experimentación con la nueva lengua.
>
> 2) Deberán practicarse tareas que impliquen la comprensión y la interacción.
>
> 3) Deberán presentarse varios aspectos de un mismo tema o contenido

sociocultural, de manera que el alumno pueda tomar conciencia de las diferencias y formar su propia opinión.

4) Se deberá estimular la comparación del mundo del alumno y del mundo extranjero, con objeto de propiciar la reflexión y el debate sobre la percepción que tenga el alumno de las relaciones entre el mundo extranjero y su propio mundo.

Al tratar en 3.3 el problema de la integración de las formas gramaticales y las funciones lingüísticas a lo largo del programa he puesto de relieve el problema de la progresión en la presentación de los contenidos. ¿Cómo se resuelve este problema en el caso de los contenidos socioculturales? Como veremos con más detalle en el capítulo 7, el apartado dedicado a los contenidos en el plan curricular incluye una serie de inventarios o listas de funciones lingüísticas, de nociones generales y específicas, de temas, de situaciones, etc. Todo ello configura una especie de "mosaico" sociocultural, en el que los distintos elementos aparecen aislados sólo por razones expositivas; así, en el desarrollo del proceso de enseñanza y aprendizaje el alumno no se enfrenta a la noción general de "tiempo y espacio" en abstracto, sino en relación con un tema determinado -por ejemplo, los medios de transporte- en una situación concreta. Hay que tener en cuenta, sin embargo, que las características de los elementos que configuran el "mosaico" sociocultural de una realidad social pueden variar considerablemente con respecto a otra realidad. Diríamos que el alumno "comparte" con la nueva realidad la noción de "tiempo y espacio" y el hecho de la existencia de medios de transporte, pero podrá encontrar diferencias, por ejemplo, en las características del sistema de transporte público de su propio entorno con respecto al del mundo extranjero.

En los niveles iniciales el aprendizaje sociocultural suele girar en torno a aspectos cotidianos de la vida diaria, lo que permite que el alumno pueda involucrarse en lo nuevo a partir de la experiencia de su propia realidad. La base de experiencia común entre las dos realidades facilita, por tanto, el desarrollo de la vinculación emocional y cognitiva y proporciona las bases para desarrollar, en niveles superiores, un aprendizaje sociocultural más sistemático y comprehensivo. Así, como observa Neuner (*op. cit.*), en los niveles intermedios y superiores será posible pasar del tratamiento implícito de los aspectos socioculturales en las situaciones cotidianas a la discusión de las implicaciones interculturales de determinadas rutinas y rituales de la vida diaria y se pondrá énfasis en el tratamiento sistemático y comprehensivo de estructuras sociales y fenómenos culturales que están más allá de las experiencias socioculturales inmediatas del alumno.

Esta progresión puede aparecer reflejada en el inventario temático del plan curricular. Así, en el apartado titulado *LENGUA, CULTURA Y SOCIEDAD: Contenido temático* del Plan Curricular del Instituto Cervantes (1994, 70-71) el enfoque de la progresión se presenta del siguiente modo:

LENGUA, CULTURA Y SOCIEDAD: Contenido temático

LA VIDA COTIDIANA

Los temas de esta sección constituyen el marco situacional en el que aparecen las diferentes muestras de lengua (textos impresos, diálogos, materiales auténticos, etc.); su presencia en el currículo es, pues, implícita, aunque en algunos casos puede ser necesario un tratamiento explícito.

- Usos sociales: relaciones familiares, vecinales, profesionales, de amistad; relaciones con desconocidos.
- El hábitat: vivienda, barrio, ciudad.
- La naturaleza y el ambiente: campo y ciudad; clima.
- Servicios de transportes, medios de locomoción.

(...)

LA ESPAÑA ACTUAL Y EL MUNDO HISPÁNICO

Los temas de esta sección tienen también una presencia implícita, pero pueden ser tratados de forma explícita en mucho mayor grado, y de forma especial a medida que se progresa a lo largo del programa.

- Organización territorial, política y administrativa de España y de otros países del mundo hispánico.
- Partidos políticos, organizaciones sociales, asociaciones diversas.
- La vida social y política en el último tercio del siglo XX.
- Los servicios públicos: sanidad, enseñanza, etc.

(...)

TEMAS DEL MUNDO DE HOY

Estos temas serán objeto de tratamiento explícito, a través de la comprensión y de la producción de textos orales o escritos, en los cursos correspondientes al nivel avanzado o al superior.

- Cambio y evolución social: progreso y desarrollo.
- Comunicación intercultural e internacional.
- Respeto al medio ambiente.
- Solidaridad e interdependencia mundial.

(...)

La progresión se establece, en este caso, en función de dos parámetros relacionados: por una parte, el tratamiento implícito o explícito de los temas; por otra, la ampliación del enfoque de los temas tratados. En el primer bloque, el alumno se enfrenta a temas que son propios de su propia experiencia sociocultural; en el segundo, se introducen temas relacionados con una realidad sociocultural nueva, en este caso la del mundo hispánico; en el tercero, se proponen temas que implican un grado mayor de abstracción, pero que tienen que ver con el desarrollo de la sensibilidad del alumno con respecto al mundo extranjero en general.

ORIENTACIONES BIBLIOGRÁFICAS

Como introducción a los problemas relacionados con el currículo en general, recomiendo al lector, ante todo, el trabajo de Stenhouse, que he citado siempre en la traducción correspondiente a la segunda edición en castellano, de 1987, si bien la obra fue publicada en inglés en 1975. Además de una documentada aportación sobre el currículo como propuesta educativa, este libro constituye un interesante análisis crítico de algunos de los principios que han fundamentado el enfoque de la educación en las últimas décadas, lo que le convierte en una guía para la reflexión sobre aspectos de especial interés en relación con el proceso de enseñanza y aprendizaje, como la función del profesor, la crítica al modelo de objetivos en la enseñanza o la importancia de la escuela como instrumento de innovación pedagógica.

Muy útil, también, por su claridad expositiva y por la presentación sistemática de las ideas es el libro de Coll (1987), en el que, además de hacer repaso de los fundamentos del currículo y de sus componentes, propone el autor un modelo curricular para la enseñanza obligatoria. El libro de Sancho (1990) y el de Mauri *et al.* (1990) proporcionan, también, buenas visiones de conjunto desde la perspectiva de la aplicación del currículo en el sistema educativo español.

Como trabajo de fundamentación en todo lo relacionado con los valores y los principios que subyacen en los distintos modelos curriculares es especialmente interesante la sistematización de Clark (1987) a la que me he referido en 2.1. Aunque la propuesta de los tres enfoques de enseñanza pueda parecer esquemática, proporciona, en conjunto, un análisis compacto que permite entender la postura relativista del autor a la hora de extraer conclusiones sobre las ventajas e inconvenientes de las distintas formas de abordar los problemas relacionados con la enseñanza de las lenguas extranjeras. También desde una perspectiva general, el libro de Richards y Rodgers (1986) proporciona un útil repaso de distintos métodos y enfoques de enseñanza de lenguas extranjeras y, mediante un análisis comparado final, pemite al lector hacerse una idea clara de las posibilidades y los límites de las propuestas más significativas en este campo. El libro parte, además, de un esquema conceptual que puede ser aplicado a otros modelos y enfoques, y delimita el alcance de conceptos como método, metodología y currículo.

En 2.3 me he referido a tres aportaciones concretas en relación con modelos curriculares de lengua extranjera, que recomiendo al lector como base de lecturas posteriores. El libro de Dubin y Olshtain (1986) desarrolla, en los tres primeros capítulos, un modelo curricular paso a paso, con el análisis de las bases generales, la definición de objetivos y la traslación sistemática de estos objetivos a planes concretos de enseñanza; en capítulos posteriores se analizan las características y el alcance de un currículo desarrollado a partir de los principios del enfoque comunicativo. Johnson (1989) presenta una recopilación de trabajos de distintos autores que proporciona una aproximación matizada a las diferentes fases del proceso de desarrollo curricular, desde la planificación del currículo hasta el desarrollo de la clase. La visión de conjunto que ofrece el propio Johnson en el capítulo 1 constituye un buen resumen de las ideas que se desarrollan a lo largo del libro. Especial atención, desde la perspectiva de los modelos de análisis curricular, merece el esquema de Stern en el capítulo 13, que sirve de base para la propuesta de tres niveles de análisis que desarrollo en la segunda parte de este libro con respecto a la enseñanza del español como lengua extranjera. El trabajo de Nunan (1988a), que gira en torno a la idea de que el alumno constituye el eje de las decisiones que han de adoptarse con respecto al currículo, presenta una descripción clara y concisa de los diferentes componentes curriculares y considera la nueva dimensión profesional del profesor desde la perspectiva del desarrollo curricular. En la misma línea de propuestas que constituyen visiones de conjunto sobre el currículo, el libro de Richards (1990) aporta en los dos primeros capítulos una serie de reflexiones generales de especial interés, complementada en los capítulos siguientes por el análisis de distintos aspectos relacionados con las destrezas lingüísticas.

El artículo de Breen y Candlin (1980), dedicado a la descripción de las características esenciales de la enseñanza comunicativa de la lengua desde la perspectiva del currículo, parte de una reflexión sobre los objetivos de un modelo curricular comunicativo -la comunicación como objetivo general, así como las demandas sobre los alumnos que implica el logro de este objetivo- y desarrolla aspectos metodológicos, como el papel de los profesores y de los alumnos en el proceso de enseñanza y aprendizaje, y la evaluación del progreso de los alumnos y del propio currículo desde un punto de vista comunicativo. De especial interés en relación con distintos aspectos de la enseñanza comunicativa son, también, el trabajo de Littlewood (1981) y la breve recopilación de estudios editada por Johnson y Morrow (1981).

McArthur (1983) y Richards (1985) aportan estudios generales sobre la enseñanza de lenguas extranjeras, en los que se tratan aspectos de distinta naturaleza. Especialmente útiles son los capítulos 1 y 2 del libro de McArthur, dedicados, respectivamente, a la consideración de las relaciones entre lengua y lingüística y al análisis retrospectivo del papel de la gramática en la enseñanza de la lengua desde la época clásica. El libro de Richards analiza el alcance de la lingüística aplicada en relación con la enseñanza de la lengua y la necesidad de integrar teoría y práctica para una mejor comprensión de ambas dimensiones.

En los epígrafes 3.4 y 3.5 he presentado una síntesis de ideas expuestas en distintas comunicaciones del Proyecto *Language learning for European citizenship* del Consejo para la Cooperación Cultural del Consejo de Europa. El trabajo de Little (1994) arroja luz sobre la relación entre la competencia estratégica y el proceso de aprendizaje de la lengua, y el de Neuner (1994) considera el papel de la competencia sociocultural en la enseñanza y el aprendizaje de la lengua extranjera. Los trabajos del Consejo de Europa constituyen de hecho, desde los años 70, una referencia de importancia clave en todo lo relacionado con la enseñanza comunicativa de la lengua. El lector interesado en profundizar en temas relacionados con el desarrollo de estrategias de aprendizaje y de comunicación puede encontrar orientaciones de carácter general en Wenden y Rubin (1987), o en O'Malley y Chamot (1990). Sobre el desarrollo de la autonomía del alumno son de especial interés los trabajos de Holec (1981; 1993). En relación con la dimensión cultural recomiendo al lector el estudio de Merrill Valdés (1986).

II. El currículo de español como lengua extranjera

En esta segunda parte me centraré en el desarrollo del modelo de análisis curricular que he adelantado en 1.1 y que concibe un nivel de fundamentación relacionado con las bases teóricas del currículo y con los factores del entorno, un nivel de decisión centrado en los aspectos de planificación curricular, y un nivel de actuación en el que se consideran los problemas derivados del desarrollo del currículo en una situación de enseñanza particular.

Aunque el modelo es aplicable al currículo de cualquier lengua extranjera, tomaré como base la experiencia derivada de mi participación en el equipo académico responsable de la elaboración del Plan Curricular del Instituto Cervantes. Gran parte de las reflexiones y de los problemas que se suscitarán en las próximas páginas tienen su origen, de hecho, en esta experiencia. El modelo que desarrollaré en las próximas páginas responde a una concepción abierta del currículo, lo que implica una actitud de reflexión constante sobre la propia labor y una voluntad persistente de adecuar, modificar y revisar lo que se va haciendo, por lo que presento este enfoque como una modesta aportación desde la perspectiva del análisis descriptivo, pero en ningún caso como un modelo de actuación fijo e inamovible.

4 EL ESPAÑOL Y SU ENSEÑANZA COMO LENGUA EXTRANJERA

4.1 El español y su enseñanza, hoy: algunos datos

A la hora de abordar un análisis de la situación del español como lengua extranjera desde la perspectiva del enfoque curricular se impone una breve reflexión previa sobre la situación del español y su enseñanza como lengua extranjera. Esta reflexión no pretende dar cuenta del complejo entramado de actuaciones que se llevan a cabo desde organismos oficiales o desde la iniciativa privada con respecto a la difusión y la enseñanza de nuestro idioma. El lector interesado en profundizar en los datos históricos relacionados con la enseñanza de nuestra lengua a extranjeros dispone hoy del amplio estudio de Aquilino Sánchez (1992) titulado *Historia de la enseñanza del español como lengua extranjera*, en el que se da repaso a las distintas tradiciones, corrientes y métodos que, desde el siglo XVI hasta nuestros días, han orientado y orientan este tipo especializado de enseñanza.

La reciente publicación de las Actas del Congreso de la Lengua Española, celebrado en Sevilla en octubre de 1992 y organizado por el Pabellón de España con la colaboración del Instituto Cervantes y bajo los auspicios de la Real Academia Española, permite disponer por primera vez de una visión amplia y matizada de distintos aspectos relacionados con la lengua española y los medios de comunicación, las nuevas tecnologías, la sociedad y la enseñanza, la lexicografía, la edición de textos o la investigación gramatical. Las Actas aportan también información sobre investigaciones diacrónicas y sincrónicas sobre el español de América. Si ponemos en relación los datos proporcionados por las Actas con el breve informe del Instituto Cervantes titulado *El español en el mundo*, dirigido por Francisco Moreno Fernández (1992), podremos extraer una impresión general sobre la situación del español y su enseñanza hoy en día, si bien es preciso adelantar que, en algunos aspectos fundamentales, carecemos todavía de información adecuada. Así, en las Actas de Sevilla, el Marqués de Tamarón (*op. cit.*, 189 y ss.), al reflexionar sobre la dimensión internacional de la lengua española, llama la atención sobre el hecho de que no disponemos todavía de datos fidedignos sobre cuántas personas hablan español en el mundo como lengua materna o única, ni sobre el número de personas de todo el mundo que están aprendiendo el español, lo que nos impide determinar con un mínimo de exactitud la importancia del español en relación con las otras lenguas. La cuantificación del volumen de negocio que puede mover lo que podríamos denominar "la industria de la enseñanza del español como lengua extranjera" podría, en opinión del Marqués de Tamarón, despertar el interés de los inversores, dado que, si partimos de las cifras estimadas por Mc Callen con respecto al inglés -unos ingresos totales de 6.250 millones de libras esterlinas en 1988, lo que podría suponer hoy, teniendo en cuenta el crecimiento sostenido en estos años, en torno a dos billones de pesetas anuales- y consideramos la hipótesis de que haya una persona que quiera aprender español por cada diez que quieran aprender inglés, estaríamos ante un mercado de dos mil millones de dólares al año, sin contar la enseñanza pública (*op. cit.*, 191).

Los informes de las Actas relacionados con los medios de comunicación profundizan en el papel de la prensa escrita en la fijación de la lengua de uso, así como en el impacto de la publicidad como elemento primordial en la dimensión económica de la lengua española. Reflexiones sobre la forma en que los medios de comunicación pueden preservar el español en toda su riqueza, venciendo la tentación de los extranjerismos y contribuyendo a la cohesión del idioma, centran el debate de los expertos a este respecto. En el informe de Moreno Fernández se llama la atención sobre la desigualdad entre el número de publicaciones periódicas en distintas lenguas: 244.000 en inglés; 125.000 en francés; 33.140 en alemán; y 16.429 en español (*op. cit.*, 29-30). No obstante, hay que tener en cuenta que Estados Unidos cuenta con unos medios de comunicación en español que lo sitúan a la altura de varios países hispánicos, con 7 diarios de tirada superior a los 20.000 ejemplares, 37 canales de televisión y 97 emisoras de radio (*op. cit.*, 28). Estas cifras revelan la importancia del peso demográfico de la población hispana en Estados Unidos: de una cifra de 2 millones en 1940 se pasará, según las estimaciones, a unos 35 millones en el año 2.000 (*op. cit.*, 10). El informe hace mención especial a la situación en el Magreb, donde, aunque no se dispone de medios en español, se reciben en la franja septentrional muchas de las emisiones españolas, y a la situación de Japón, donde el interés por el español ha aconsejado la creación de programas especiales de radio y televisión destinados a la enseñanza (*op. cit.*, 29).

La relación de la lengua española con las nuevas tecnologías constituye un campo de estudio que permite vislumbrar el futuro de nuestra lengua en el umbral de un nuevo siglo. Aspectos como la comprensión de lenguajes naturales mediante el uso de inteligencia artificial, la aplicación de un paradigma computacional al estudio científico del lenguaje humano o la generación de lenguajes naturales permiten advertir el alcance del interés de la investigación en este campo. Las Actas del Congreso de Sevilla ofrecen algunos trabajos pioneros con respecto a estos y otros aspectos, como los diccionarios electrónicos y el análisis y síntesis de la señal acústica. El avance de la "sociedad de la información" se produce a ritmo vertiginoso hoy en día, lo que apunta a la gran necesidad potencial por disponer de una amplia tecnología lingüística para la gestión de la información. Sin embargo, como observa Josep Soler (*op. cit.*, 383 y ss.), no existe fuera de los sectores propios de la tecnología de la información una conciencia clara de la importancia que supone mejorar los sistemas de comunicación en compañías que actúan cada vez más en amplios contextos geográficos, en parte debido al hecho de que el potencial de la ingeniería lingüística, como factor que puede mejorar la competitividad de las empresas, no es bien conocido, lo que repercute en una demanda limitada. Distintos programas de la Unión Europea han tendido puentes, en los últimos años, sobre los problemas derivados del rápido crecimiento de la información y de las barreras lingüísticas existentes en Europa. Éste es el caso de programas como EUROTRA, destinado al desarrollo de un prototipo de sistema de traducción automática entre las lenguas oficiales de la Unión Europea, y los programas de educación y formación lingüística como LINGUA o DELTA.

Mayor interés tiene, desde la perspectiva de este libro, la información relacionada con la enseñanza del español como lengua extranjera. *El español en el mundo* proporciona algunos datos interesantes con respecto al estudio de la lengua española en el extranjero. Así, en Estados Unidos, el español es la lengua extranjera más estudiada: en 1990, el 61,7% de los alumnos matriculados en una lengua extranjera dentro de la enseñanza secundaria estudiaron español, según datos aportados por el Ministerio de Educación de Estados Unidos, y el número de profesores en este nivel de enseñanza ronda los 40.000. Por lo que respecta a la enseñanza universitaria, pública y privada, la matrícula de español ha aumentado casi en un 70% entre 1986 y 1990, y existen 1.031 departamentos de español. En la Europa comunitaria, los países en los que se aprecia mayor interés por el español son Francia y Alemania. En 1989 existían 1.611.362 estudiantes de español en la enseñanza secundaria europea, cantidad que supone la mitad de los alumnos de español del mismo nivel educativo en Estados Unidos durante 1990. Se aprecia un creciente interés por el español en países del este de Europa, como Hungría, con un aumento del número total de estudiantes del 50% desde 1989 (con 1.082 estudiantes) a 1991 (con 1.585 estudiantes), Checoslovaquia, con más de 2.000 alumnos, o Polonia, con un centenar de centros educativos en los que estudian español alrededor de 2.000 alumnos. En el Magreb, Marruecos es el país donde existe mayor interés por el estudio del español, aunque muy por debajo del inglés en el sistema educativo (92% de estudiantes que aprenden inglés, frente al 7,2% que aprenden español).

En su aportación a las Actas del Congreso de Sevilla, P. J. Slagter (*op.*

cit., 505 y ss.) hace algunas reflexiones que considero importantes a propósito de la situación de la enseñanza del español como lengua extranjera. Así, en primer lugar, el hecho de que la lingüística aplicada a la enseñanza de lenguas haya hecho su entrada en España de la mano de profesores e investigadores del campo del inglés como lengua extranjera. Aunque la participación de profesores que se interesan por el campo del español como lengua extranjera crece en los últimos años, este interés no tiene claras raíces en las universidades, donde, como observa Slagter, la lingüística aplicada y la preparación pedagógico-didáctica no suelen ser tema de cursos o de investigación. Esto trae consigo una limitada participación de voces españolas en las discusiones internacionales sobre adquisición y aprendizaje de segundas lenguas y una escasa aportación de proyectos de envergadura que pudieran servir de base para la formación en la especialidad de jóvenes generaciones. Entiendo que las observaciones de Slagter siguen siendo válidas en la fecha de hoy, tres años después de las grandes celebraciones del hispanismo. No obstante, desde principios de la década de los 90 ha podido advertirse, dentro de España, un incremento del interés hacia la enseñanza del español como lengua extranjera. Entre las iniciativas públicas acometidas en los últimos cinco años en este campo, creo que merece atención especial la consolidación de los Diplomas de Español como Lengua Extranjera, títulos oficiales expedidos por el Ministerio de Educación y Ciencia, que mantienen un ritmo sostenido de crecimiento de demanda, y la creación del Instituto Cervantes, a la que me referiré en seguida. En el ámbito universitario se han creado en estos mismos años nuevos cursos de postgrado y cursos máster que amplían la escasa oferta de cursos de este tipo anteriormente existente.

La creación del Instituto Cervantes en 1991 constituye una de las más importantes iniciativas del Estado español en materia de difusión lingüística y cultural. Durante estos primeros años de actividad se han sentado las bases generales de actuación de este organismo, integrado por una serie de centros que dependían anteriormente de la Administración española. En la actualidad el Instituto dispone de 30 centros activos, que imparten enseñanza de español a un total de diez mil alumnos en Europa, el Magreb, Oriente Medio y Filipinas. Los datos reflejados en la última Memoria anual del Instituto (año académico 1993-94) permiten advertir un aumento general de la demanda del 10% con respecto al año anterior. En lo que hace al enfoque pedagógico, el Plan Curricular del Instituto Cervantes constituye un primer paso en la tarea de dotar de homogeneidad a las enseñanzas de los distintos centros, desde un enfoque abierto que permite adecuar las orientaciones generales del plan a las circunstancias particulares de cada uno de los diferentes entornos socio-culturales en los que el Instituto desarrolla su actividad.

4.2 Dos documentos de referencia para el profesor de español

En los próximos capítulos del libro, y especialmente en el dedicado a la planificación del currículo, haré referencias y tomaré abundantes ejemplos de dos documentos que, desde mi punto de vista, constituyen importantes puntos de referencia para el profesor de español interesado en los problemas que conlleva la definición y la aplicación de un currículo de español como lengua extranjera. Estos documentos son *Un nivel umbral* (1979), versión para el español del *Threshold Level*, elaborada por P. J. Slagter; y el *Plan Curricular del Instituto Cervantes* (1994), que citaré en lo sucesivo mediante las siglas "PCIC". Mi participación personal en el equipo responsable de la elaboración del PCIC me permite dejar constancia del más sincero reconocimiento por la aportación intelectual de *Un nivel umbral* y de la serie de documentos elaborada por el Consejo de Europa desde los años 70, que han supuesto un eslabón fundamental en el esfuerzo por definir las bases de la aplicación de los principios del enfoque comunicativo a la enseñanza de lenguas extranjeras.

En el capítulo 3, al considerar las bases del currículo comunicativo, he aludido ya a los trabajos que dieron origen al sistema de unidades acumulables de *Un nivel umbral* y al enfoque de la definición funcional de Wilkins, que sirvió de base para el estudio de J. van Ek que dio cuerpo al concepto de "nivel umbral". Una primera aportación importante del documento es el reconocimiento de la importancia de tomar como punto de partida las necesidades individuales de los alumnos, en función de las cuales se describe el sistema. Lo que el alumno es capaz de hacer al finalizar cada unidad se denomina *objetivo de aprendizaje*. El sistema prevé, de este modo, la descripción de distintos objetivos de aprendizaje que permitirán satisfacer las necesidades de los alumnos. El modelo de descripción de objetivos de aprendizaje se basa en los siguientes componentes (*op. cit.*, 4):

1. las situaciones en que la lengua extranjera será usada, incluidos los temas que serán tratados;
2. las actividades lingüísticas en las que tomará parte el alumno;
3. las funciones lingüísticas que desempeñará el alumno;
4. lo que el alumno será capaz de hacer con referencia a cada tema;
5. las nociones generales que el alumno será capaz de manejar;
6. las nociones específicas (relacionadas con los temas) que el alumno estará en condiciones de manejar;
7. las formas lingüísticas que el alumno sabrá utilizar;
8. el grado de dominio con que el alumno sabrá moverse en estas actividades.

El análisis nocio-funcional que fundamenta el enfoque de *Un nivel umbral* ha sido en los últimos quince años una de las bases principales del enfoque de los programas de enseñanza de español como lengua extranjera y de los manuales de enseñanza que, a principios de los años 80, trasladaron los principios de la enseñanza comunicativa a la práctica profesional. Sin embargo, es precisamente en estos quince años cuando se ha producido un vigoroso desarrollo de los principios que inspiraron los primeros trabajos del Consejo de Europa. La experiencia derivada de la adaptación del *Threshold Level* a otras lenguas europeas, la influencia creciente de las aportaciones de la teoría de la educación al campo de la enseñanza de las lenguas extranjeras, el desarrollo de la teoría de la adquisición de lenguas, fueron ampliando la perspectiva del documento inicial hasta confluir en una nueva versión del *Threshold Level* en 1990, en la que se incorporan explícitamente aspectos como las estrategias discursivas, la definición de un componente sociocultural, estrategias de compensación y un componente específico sobre "aprender a aprender", así como el tratamiento explícito de modelos de entonación y la adición de dos nuevas categorías en los inventarios de funciones: la organización del discurso y el control de la comunicación.

El PCIC es un documento de carácter programático en el que se recoge el conjunto de orientaciones e informaciones que guía la actividad de los centros del Instituto Cervantes en todo lo relacionado con la enseñanza del español. En relación con el esquema de niveles de análisis que propongo en el próximo epígrafe, correspondería al nivel de planificación curricular, si bien incluye también algunas consideraciones generales sobre la fundamentación teórica del currículo. En distintos capítulos se especifican los elementos que constituyen los diferentes componentes curriculares: los fines y objetivos; los contenidos; la metodología; y la evaluación.

Los fines generales recogen las intenciones generales del currículo y trasladan los principios en que se fundamenta el modelo de enseñanza: un enfoque de la lengua como vehículo de comunicación, un interés por el desarrollo de la responsabilidad del alumno con respecto a su propio aprendizaje y, en consonancia con los fines encomendados por la ley fundacional al Instituto, una vocación de impulsar una imagen actual de la cultura española y un afán por fomentar el intercambio cultural con otros pueblos. Los objetivos generales desarrollan estos principios curriculares básicos, mientras los objetivos específicos establecen las metas de aprendizaje de cada uno de los cuatro niveles establecidos: inicial, intermedio, avanzado y superior.

Los contenidos se presentan organizados en cuatro bloques diferentes y distribuidos en los cuatro niveles del currículo. Los bloques de contenidos recogen distintas perspectivas de análisis de la lengua y de su aprendizaje:

1 LENGUA Y COMUNICACIÓN: Contenido funcional
2 LENGUA Y SISTEMA: Contenido gramatical
3 LENGUA, CULTURA Y SOCIEDAD: Contenido temático
4 LENGUA Y APRENDIZAJE: Contenido pedagógico

Los bloques recogen inventarios de elementos de enseñanza. El bloque de LENGUA Y APRENDIZAJE contiene una lista de estrategias de aprendizaje y de comunicación, que facilita la labor del profesor a la hora de enfocar las actividades de clase desde la perspectiva del aprendizaje del alumno.

La metodología incluye una serie de orientaciones generales sobre distintos aspectos íntimamente relacionados con la concepción del propio currículo sobre lo que significa aprender una lengua extranjera, así como orientaciones prácticas centradas en las destrezas lingüísticas y su integración. Las orientaciones prácticas incluyen también algunas consideraciones sobre el uso de determinados recursos didácticos y una reflexión general sobre las tareas como opción metodológica.

El capítulo de evaluación establece criterios generales destinados a dar coherencia a la actuación de los equipos docentes, así como criterios específicos relacionados con cada uno de los niveles del currículo. También se incluyen orientaciones sobre distintos tipos de procedimientos de evaluación.

El PCIC se presenta como un plan *abierto*, en el sentido que ya he comentado en la primera parte del libro, esto es, se propone que las decisiones que hayan de tomarse con respecto a la enseñanza se adopten en diferentes momentos a lo largo del desarrollo del currículo. Así, en un primer grado de concreción curricular, se adoptan decisiones en el ámbito de la planificación. Estas decisiones constituyen el Plan Curricular, que supone, en definitiva, la plasmación de un enfoque determinado sobre el modo de entender la naturaleza de la lengua y de su aprendizaje. Los equipos docentes de los centros, en un segundo grado de concreción, deben trasladar a los programas de enseñanza las informaciones y las orientaciones generales del Plan Curricular en función de las circunstancias del entorno y las características de cada tipo de alumnado. Los actos de enseñanza de los profesores en las clases, a través del diálogo con los alumnos, constituyen el tercer grado de concreción.

Otra de las características del plan es su voluntad de estar *centrado en el alumno*. Esto se corresponde con un planteamiento que pretende respetar los intereses y las expectativas del público adulto que constituye el alumnado de los centros del Instituto Cervantes. Según este planteamiento, corresponde a los profesores poner los medios para que el intercambio de intereses y de puntos de vista con respecto al programa de lengua sea eficaz. Este intercambio permite considerar, también, el estilo particular de aprendizaje de cada alumno y, gracias a ello, los procedimientos metodológicos que favorecen el aprendizaje en cada caso. El plan parte de la idea de que no es lo mismo enseñar y aprender español en Túnez, en Manila o en Dublín. De este modo, se establece un diálogo entre el profesor y los alumnos que trasciende el ámbito pedagógico para convertirse en un verdadero diálogo intercultural. *true!*

El PCIC se propone también como un plan *integrado*, en la medida en que las decisiones correspondientes a los distintos ámbitos de planificación -objetivos y contenidos, metodología y evaluación- no se adoptan por derivación unas de otras, de forma lineal, sino que se relacionan de forma complementaria y consistente, con la voluntad de constituir un plan coherente, en el que las modificaciones que se introduzcan en cualquier nivel afectan sensiblemnte al conjunto.

El plan se concibe, finalmente, como *homogéneo*, dado que los objetivos de los distintos niveles descritos establecen las pautas intermedias de progresión curricular, si bien corresponde a los centros determinar el número y la distribución de los módulos de enseñanza que los alumnos habrán de cursar en cada uno de los niveles.

Los temas se relac x q' lo func. del prof - Ver Giannini....

5. NIVELES DE ANÁLISIS DE UN CURRÍCULO COMUNICATIVO DE ESPAÑOL COMO LENGUA EXTRANJERA

El modelo curricular que propongo en este libro comprende tres dimensiones o niveles de análisis que, aunque pueden estudiarse por separado, conforman un todo coherente. En este modelo se verán reflejadas algunas de las ideas que he comentado en apartados anteriores a propósito de los rasgos definitorios del currículo en general y de los modelos curriculares propuestos por diferentes autores. El nexo de unión entre los diferentes niveles de análisis cuyos rasgos principales desarrollaré a continuación es, precisamente, el principio de coherencia, en virtud del cual los fundamentos, las decisiones y las actuaciones que, en conjunto, constituyen el currículo, se relacionan entre sí de forma complementaria y consistente.

Al igual que en otros ámbitos de enseñanza, la preocupación de los profesores de lenguas extranjeras por disponer de materiales e instrumentos que hagan viables los contenidos del programa mediante actividades atractivas para los alumnos y bien estructuradas, ha dirigido desde siempre la atención de los investigadores, los editores o los responsables de centros educativos hacia la práctica de clase y los problemas y necesidades que esta práctica plantea. Los profesores piden soluciones a las dificultades o a los dilemas a los que deben enfrentarse en el día a día de su práctica profesional y la idea de que "está bien la teoría, pero lo que queremos son soluciones prácticas" flota a menudo en el ambiente de los cursos de formación o de las reuniones de trabajo de los equipos docentes. Con frecuencia, son los materiales de enseñanza los que constituyen el currículo, en la medida en que determinan los objetivos, los contenidos y las actividades de enseñanza y aprendizaje al margen de las intenciones educativas o de los fines generales, implícitos o explícitos, del centro en el que se desarrolla el programa o de la institución que lo promueve. Sin negar la importancia que tiene en todo proyecto de enseñanza el tener en cuenta lo que realmente ocurre en clase en vez de lo que "debería ocurrir", es necesario que los profesores sean capaces de entender la relación que existe entre su actuación docente y las intenciones generales, los fundamentos teóricos, los presupuestos socioculturales y educativos y las bases generales de la planificación académica que constituyen la razón de ser de esa actuación docente que están llevando a cabo en su práctica profesional.

El afán prescriptivo que ha caracterizado a muchos métodos de enseñanza ha provocado una saludable reacción de cautela frente a los excesos de los sistemas educativos que pretenden determinar "desde arriba" actuaciones que son difícilmente previsibles. Esto, unido a la valoración de las características individuales en el aprendizaje y a la pretensión de equilibrar el propio concepto de aprendizaje con respecto al de enseñanza en las teorías actuales sobre la adquisición de nuevos conocimientos y habilidades, ha desplazado el foco de atención hacia la observación y el análisis de las formas de interacción entre el profesor y los alumnos en clase y, en el caso de las lenguas extranjeras, hacia los patrones del discurso en la comunicación espontánea del aula. Los beneficios del cambio de tendencia desde los modelos educativos prescriptivos a los que valoran las circunstancias del aprendizaje tal y como se producen en la realidad son innegables, pero no deben conducirnos al extremo de considerar la planificación educativa como una limitación innecesaria del diálogo, la negociación y la espontaneidad que, en buena lógica educativa, debe conducir todo proceso de enseñanza y aprendizaje. Los modelos curriculares que he comentado en 2.3 coinciden en valorar la importancia de la fundamentación, teórica y práctica, de las medidas que hayan de llevarse a cabo, así como de lo que se ha denominado "política curricular", esto es, el conjunto de medidas de planificación y orientación a partir de las cuales se puede realizar con mayor solidez y eficacia la puesta en práctica de cualquier proyecto o modelo de actuación pedagógica. La razón de ser del propio concepto de currículo es, como hemos ido viendo, la búsqueda de la coherencia entre la teoría y la práctica de la enseñanza y el aprendizaje, por lo que un modelo pedagógico equilibrado deberá procurar los medios necesarios para que los fundamentos, las decisiones y las actuaciones que tienen que ver con el currículo cobren pleno sentido al relacionarse mutuamente.

El currículo no se limita, por tanto, a la mera declaración de las intenciones pedagógicas, sino que se interesa por la puesta en práctica de estas intenciones; de este modo, se convierte en un ámbito de trabajo en el que colaboran todos aquellos que, directa o indirectamente, toman las decisiones en cada uno de los tres niveles de análisis curricular. Profesores, alumnos, investigadores, administradores de centros, editores, responsables de programas educativos, colaboran en una empresa común cuyo éxito depende tanto del acierto de las decisiones que adopte cada uno en particular como de la coherencia del conjunto. Esta coherencia sólo es posible si las decisiones que se adoptan en cada nivel tienen en cuenta los otros niveles y si el proyecto es lo suficientemente flexible como para permitir adecuaciones, modificaciones y mejoras no sólo desde arriba hacia abajo, sino también desde abajo hacia arriba del sistema, en virtud de una dinámica circular que permita que las teorías, los planes, los actos de enseñanza y los actos de aprendizaje adquieran consistencia y puedan evolucionar sin distorsiones ni frenazos bruscos.

La descripción de un modelo curricular puede ser útil desde distintos puntos de vista. Stern (1989), al comentar lo que él denomina "esquema para el análisis de la enseñanza de la lengua", propone las siguientes aplicaciones, que considero también válidas para un modelo curricular (Stern 1989, 209-210):

1. El esquema constituye *un marco de referencia para la toma de decisiones* por parte de los profesores con respecto a su propia práctica docente. Al proporcionar elementos de juicio fundamentados y consistentes, permite a los profesores optar con mayor seguridad y confianza por un determinado procedimiento de enseñanza.

2. Por esta misma razón, el esquema puede ser útil para la formación de los profesores. Con frecuencia, los programas de formación se centran demasiado en aspectos particulares de la práctica de clase, sin incardinar esta práctica en su contexto curricular y en los principios que fundamentan el currículo; en consecuencia, los esquemas de observación de clase que se proponen no resultan claros o se revelan a la larga insuficientes.

3. Ampliar la perspectiva de cualquier análisis de *supervisión* o *asesoramiento*. La práctica de clase cobra sentido pleno si se realiza en función de intenciones claras. Una descripción adecuada de estas intenciones permite, además, reorientar las actuaciones, en cualquiera de los niveles, en aras del principio de coherencia.

4. Así mismo, la *evaluación* del proceso de desarrollo del propio currículo será mucho más eficaz y productiva si se realiza desde un esquema general y comprehensivo.

5. Por último, la *investigación con respecto a la enseñanza* cobrará pleno sentido si se hace desde una perspectiva amplia y no se reduce al análisis de conductas o actuaciones aisladas y desvinculadas de los fundamentos teóricos o de los presupuestos sociales y educativos. Así, por ejemplo, el análisis de los intercambios orales es más productivo si disponemos de los instrumentos para situar este rasgo concreto en un esquema pedagógico más amplio.

Fundamentos, decisiones y actuaciones son los ingredientes básicos del entramado de relaciones que constituye el currículo. Un modelo comprehensivo deberá considerar las relaciones mutuas entre los principios que constituyen su fundamentación teórica, el análisis de los factores sociales y educativos del entorno, las medidas de planificación académica que sean propuestas a partir de esos principios y esos factores y la puesta en práctica de estas decisiones en un contexto determinado.

Bien pero s/ too many variables.

En los próximos apartados adelanto algunos comentarios generales sobre los aspectos básicos de cada uno de los tres niveles que constituyen el modelo de análisis curricular que desarrollaré en esta segunda parte del libro. En el siguiente cuadro presento de forma gráfica la correlación entre los tres niveles de análisis.

NIVEL DE FUNDAMENTACIÓN

Teoría sobre la lengua
Teoría sobre el aprendizaje de la lengua
Análisis del entorno: Factores socioculturales
Situación de enseñanza

EVALUACIÓN

EVALUACIÓN

NIVEL DE DECISIÓN
PLANIFICACIÓN DEL CURRÍCULO

Objetivos
Contenido
Metodología
Evaluación

NIVEL DE ACTUACIÓN
APLICACIÓN DEL CURRÍCULO

ÁMBITOS:
• **Enseñanza y aprendizaje**
• **Formación del profesorado**
• **Evaluación**

EL NIVEL DE FUNDAMENTACIÓN

El nivel de fundamentación del currículo ha de dar cuenta de los principios básicos del sistema de valores sociales, culturales y educativos que esté vigente en el momento de llevarse a cabo el proyecto de enseñanza. En el caso de las lenguas extranjeras, estos principios se verán reflejados en una concepción particular sobre la naturaleza de la lengua y su aprendizaje. En el modelo que propongo, las bases lingüísticas parten de un enfoque que considera la dimensión comunicativa de la lengua como el eje de la reflexión teórica. El concepto de competencia comunicativa de Hymes, ampliado posteriormente por otros autores, constituye el centro de esta reflexión, que se completa con la teoría de las funciones del lenguaje de Halliday y con la relación que desarrolla Widdowson entre el sistema lingüístico y su dimensión comunicativa en el discurso.

Las bases teóricas sobre el aprendizaje de la lengua hacen un repaso de distintos aspectos relacionados con la adquisición y el aprendizaje de las lenguas extranjeras. Los resultados de los primeros trabajos desarrollados en los años 70 sobre el análisis de errores abrieron camino a la investigación del complejo fenómeno de la adquisición de las lenguas extranjeras. Las aportaciones realizadas en este campo durante los últimos treinta años han ejercido una influencia de extraordinaria importancia en la definición de los fundamentos metodológicos de la práctica profesional en el campo de la enseñanza de segundas lenguas. La consideración de la *interlengua* de los alumnos en relación con el análisis de los errores, el reconocimiento de la importancia de estimular los procesos de comunicación y de aprendizaje de los alumnos y la búsqueda de procedimientos metodológicos que favorezcan el desarrollo de este tipo de procesos son algunos de los aspectos que mantienen puentes abiertos entre la investigación y la enseñanza, esto es, una vez más, entre la teoría y la práctica.

Pero la lengua se enseña siempre en un entorno determinado, en el que diferentes factores de carácter social y cultural desempeñan una función determinante. El currículo deberá tener presentes estos factores antes de emprender cualquier actuación. Las actitudes sociales o individuales con respecto a la nueva lengua, así como las características políticas y sociales del entorno condicionarán la evolución del desarrollo curricular. Del mismo modo, los factores relacionados con la situación de enseñanza, tales como la administración de los recursos disponibles para llevar a cabo el proyecto o la coordinación de los medios materiales y humanos son aspectos de importancia decisiva, que deberán ser considerados también en el nivel de fundamentación curricular.

EL NIVEL DE DECISIÓN

En el nivel de decisión se analizan las medidas de planificación de la enseñanza que servirán de base para el desarrollo de la actividad docente. Estas decisiones deberán ser coherentes con los fundamentos teóricos que están en la base del currículo y dejarán margen de actuación suficiente para hacer posible la adecuación a entornos socioculturales diversos. De este modo, el plan curricular, en el que se recoge el conjunto de decisiones que corresponde a este nivel, establecerá metas intermedias y ofrecerá instrumentos y orientaciones que serán interpretadas y adaptadas por los equipos de profesores en el nivel de actuación.

Las decisiones se organizan en función de un esquema de planificación curricular basado en los siguientes componentes: objetivos, contenidos, metodología, y evaluación. La fragmentación con la que se presentan, a efectos expositivos, los distintos componentes, no debe llevar a la conclusión de que son compartimentos estancos o a la idea de que su desarrollo se produce de forma sucesiva y no integrada; por el contrario, la aplicación del principio de coherencia tiene en este caso el mismo carácter fundamental que con respecto al currículo considerado globalmente.

El capítulo dedicado a la planificación curricular recoge, básicamente, una descripción de los elementos que constituyen cada uno de los componentes curriculares. Con respecto a los objetivos se proponen distintas formas alternativas de descripción, entre las que podrán optar los responsables de la planificación en cada caso concreto. En los apartados dedicados a los contenidos se analizan distintos tipos de inventarios a partir de categorías como las estructuras, las funciones, las nociones o los temas. Los inventarios no deben ser entendidos como programas dirigidos a la enseñanza sino como el resultado de un análisis de la lengua desde diferentes perspectivas, realizado con el objetivo principal de orientar a los profesores sobre el conjunto de elementos de enseñanza que constituyen un ciclo determinado en la progresión del currículo. En el apartado de metodología se proponen orientaciones que recogen ideas desarrolladas a lo largo del libro a propósito de los principios que subyacen en el enfoque comunicativo, y se comentan brevemente algunos procedimientos metodológicos coherentes con estos principios y las repercusiones de la metodología comunicativa sobre la función del profesor. El apartado de evaluación se centra en la consideración de los criterios de evaluación que deberán garantizar la coherencia de la actuación docente con respecto a los objetivos y describe las características de distintos procedimientos de evaluación.

EL NIVEL DE ACTUACIÓN

El nivel de actuación considera la aplicación práctica de los fundamentos y las decisiones de los niveles anteriores. Esta aplicación se desarrolla a lo largo del proceso de enseñanza y aprendizaje. En el nivel de actuación, el profesor, a través del programa de curso, traslada las decisiones relativas a los distintos componentes curriculares del nivel de planificación a unidades didácticas con objetivos específicos, actividades que ponen en juego contenidos y procedimientos de evaluación referidos a los objetivos propuestos. Estas unidades didácticas pueden ser elaboradas por cada profesor o por el equipo docente del centro a partir de la planificación curricular o bien pueden presentarse ya elaboradas en un manual de enseñanza al margen de cualquier planificación del centro y en función de enfoques pedagógicos interpretados por los editores. Una combinación de la aportación individual del profesor y de los materiales editados suele ser, sin embargo, el procedimiento de actuación más frecuente. La formación del profesorado es otro proceso clave del desarrollo del currículo, en la medida en que proporciona elementos de juicio para la reflexión crítica y la puesta al día de los conocimientos sobre la materia. La formación puede llevarse a cabo de distintas formas: mediante la asistencia de los profesores a cursos, seminarios y jornadas o bien mediante actividades organizadas y desarrolladas por el equipo docente del centro. Finalmente, la evaluación curricular es un proceso que permite obtener información sobre el grado de adecuación o discrepancia entre los fundamentos y las decisiones de planificación del currículo y la realidad de lo que ocurre en las aulas en particular y en el centro entendido como núcleo de relaciones de distinto tipo: académicas, laborales, sociales, económicas, etc.

Las reflexiones que presento con respecto a este nivel se centran en la consideración del currículo como propuesta de síntesis entre los programas organizados a partir de unidades de análisis de carácter lingüístico y los enfoques más recientes, que ponen énfasis en los procesos de aprendizaje. Se hace repaso, también, de los problemas relacionados con el análisis de las necesidades de los alumnos, un aspecto clave de la aplicación del currículo comunicativo, y se considera la relación entre las tareas, entendidas como instrumentos para la organización de actividades en la clase, y el currículo.

6. EL NIVEL DE FUNDAMENTACIÓN: Bases teóricas y factores sociales, culturales y educativos

El primer nivel de análisis del currículo está integrado por dos dimensiones que, aunque son de distinta naturaleza, constituyen en conjunto la base de cualquier iniciativa de planificación curricular. La primera dimensión comprende una serie de conceptos generales que reflejan una visión particular sobre lo que es la lengua y sobre los factores que condicionan su aprendizaje. La segunda dimensión tiene que ver con procedimientos de obtención y de análisis de datos, que nos permitirán disponer de una visión adecuada sobre las características sociales, culturales, políticas y educativas del entorno en el que acometemos la iniciativa de intervención pedagógica.

6.1 Bases teóricas sobre la naturaleza de la lengua

En el capítulo 3, al considerar las relaciones entre las intenciones del currículo y las bases de la enseñanza comunicativa de la lengua, he comentado algunos de los principios que constituyen el enfoque comunicativo. Estos principios responden a una concepción de la naturaleza de la lengua que va más allá de los modelos descriptivos centrados en la consideración del sistema lingüístico como objeto "científico", como un modelo abstracto que se rige por una serie de reglas que pueden ser descritas y que permanecen inalteradas a lo largo del tiempo. La *langue* de Saussure representa, quizá mejor que cualquier otro concepto, esta preocupación por el estudio de la lengua entendida como sistema de reglas y oposiciones. Este tipo de análisis no proporciona, sin embargo, ninguna respuesta a las preguntas acuciantes que derivan del uso de la lengua viva y del apasionante mundo de la comunicación lingüística. La preocupación por el uso que hacen los hablantes de la lengua y por la relación entre el uso de la lengua y el contexto particular en el que se produce el intercambio comunicativo ha estado siempre en el pensamiento de quienes, desde la antigüedad, se han interesado por el hombre como ser social. Sin embargo, sólo recientemente ha acometido la lingüística el estudio sistemático del uso de la lengua desde distintas perspectivas de análisis.

Si la preocupación por reconstruir el sistema de la lengua había sido el eje de la reflexión teórica de la lingüística estructural, el concepto de competencia descrito por Chomsky constituye la piedra angular de la lingüística generativa. La distinción de Chomsky entre competencia lingüística (*linguistic competence*) y actuación lingüística (*linguistic performance*) supuso, de hecho, un importantísimo estímulo para el desarrollo de la ciencia lingüística, en la medida en que introducía la preocupación por el conocimiento subjetivo del lenguaje que posee el hablante. Chomsky parte de una concepción de la teoría lingüística de carácter mentalista, es decir, relacionada con el descubrimiento de la realidad mental que subyace en cualquier actuación lingüística, y distingue entre lo que el hablante sabe (esto es, su competencia) y lo que el hablante hace (su actuación lingüística; por ejemplo, lo que dice o lo que escribe en un momento determinado). La labor del lingüista tiene que ver con la primera de estas dos dimensiones y no con la segunda. De este modo, la lingüística de Chomsky deja de lado todos los aspectos contextuales e interactivos:

> La lingüística tiene que ver ante todo con un hablante-oyente ideal, en una comunidad hablante completamente homogénea, que conoce la lengua perfectamente y que no se ve afectado por condiciones irrelevantes desde un punto de vista gramatical, como las limitaciones de la memoria, las distracciones, las faltas de atención y de interés y los errores (ocasionales o característicos) al aplicar su conocimiento de la lengua a una actuación concreta.
> (*Chomsky 1965, 3*)

En el desarrollo de su teoría, Chomsky propuso dos definiciones de la competencia lingüística. La primera identifica esta competencia con el conocimiento de un sistema de reglas (una gramática generativa) que de una forma explícita y bien definida relaciona las descripciones estructurales con las oraciones. Se trata de una definición descriptiva, que no se preocupa por el problema de cómo el hablante-oyente construye de hecho el resultado, el producto de la operación de ese sistema de reglas (Chomsky, 1965, 8-9). Años más tarde, la teoría de Chomsky evoluciona hacia una concepción más radical, que parte de la idea de que la persona que aprende una lengua adquiere un sistema de reglas que relaciona los sonidos y los significados de una manera determinada; esto es, adquiere una cierta competencia que utiliza para producir y comprender enunciados. Así, las reglas de la gramática están internalizadas en la cabeza del hablante y proporcionan las bases para la comprensión de las relaciones lingüísticas.

Hay que tener en cuenta que la concepción mentalista de Chomsky se produce como reacción frente a las teorías conductistas, que habían centrado su análisis en la mera observación de las conductas verbales, sin preocuparse por los mecanismos mentales que gobernaban tales conductas. Sin embargo, el campo de actuación que reserva la teoría de Chomsky a la investigación del lingüista excluye aspectos fundamentales que tienen que ver con la dimensión del uso de la lengua. Esto produjo una fuerte reacción por parte de quienes veían en los aspectos contextuales e interactivos un amplio campo de desarrollo para la ciencia lingüística. En Estados Unidos, el estudio de estos aspectos fue asumido por la sociolingüística, que, a lo largo de los años 60 y 70, había ido adquiriendo consistencia teórica al elaborar hipótesis relacionadas con la naturaleza de la relación entre la lengua y su uso social. En Europa, las "gramáticas funcionales" pusieron en tela de juicio los principios del generativismo, al tiempo que las "lingüísticas del discurso", como la pragmática, la teoría del texto y el análisis del discurso, se interesaban por la función comunicativa de la lengua y el análisis de las variables no propiamente "lingüísticas" que estructuran las situaciones concretas de comunicación (Reyes 1990). Los nombres propios que representan estas nuevas corrientes de investigación son, por una parte, Dell Hymes y Michael Halliday, que cuestionaron la distinción chomskyana entre competencia y actuación y pusieron énfasis en el problema de la adecuación sociocultural de la lengua; y, por otra parte, H. G. Widdowson, desde el punto de vista del análisis de la lengua en el nivel del discurso.

Hymes: la competencia comunicativa

Hymes (1972) puso de relieve que ni el concepto de competencia de Chomsky ni tampoco el de actuación consideraban la dimensión del uso de la lengua, en la medida en que se omitía cualquier referencia a la significación sociocultural. El concepto de actuación lingüística de Chomsky tiene que ver, a juicio de Hymes, con factores psicológicos como la memoria, la percepción, etc., pero no con la interacción social. Hymes parte de la idea de que sería necesario desarrollar una teoría de la lengua que tuviera que ver no sólo con problemas teóricos, sino también con los problemas prácticos que se producen en una comunidad hablante heterogénea, en la que los aspectos socioculturales desempeñan un papel fundamental. El punto de partida de esta teoría es el convencimiento de que "hay reglas de uso sin las cuales las reglas de la gramática son estériles" (*op. cit.*), de manera que la noción de competencia de Chomsky debía ser ampliada para incluir la adecuación contextual. La teoría debería incluir una competencia interactiva, que Hymes denomina "competencia comunicativa", y tendría que ver, por tanto, con el uso y con los usuarios de la lengua. Desde una perspectiva que relaciona la teoría lingüística con una teoría más general de la comunicación y de la cultura, Hymes considera que la caracterización de la competencia comunicativa implica realizar los siguientes tipos de juicios:

1. Si (y en qué grado) algo es posible desde un punto de vista formal.

2. Si (y en qué grado) algo es factible con los medios de los que se dispone.
3. Si (y en qué grado) algo es apropiado (adecuado, feliz, con éxito), en relación con el contexto en el que se usa y es evaluado.
4. Si (y en qué grado) algo es realizado de hecho, y lo que supone tal realización.

(Hymes 1972, 281)

Hymes observa que cualquier miembro de la comunidad tiene un conocimiento y una capacidad con respecto a cada uno de estos aspectos de los sistemas comunicativos de los que dispone, y que estos cuatro sectores de la competencia comunicativa reflejan el conocimiento y la capacidad de uso de que dispone un hablante-oyente en el aspecto gramatical (esto es, posible desde un punto de vista formal), psicolingüístico (susceptible de realización), sociocultural (adecuado al contexto) y *de facto* (efectivamente realizado).

Este enfoque supone el primer paso de la ampliación del concepto de competencia que, en la descripción de Chomsky, se había limitado a la dimensión gramatical. La definición de la competencia comunicativa, sin embargo, se ha ido haciendo cada vez más compleja en los últimos años, en la medida en que ha llegado a constituirse en el eje de la reflexión teórica de distintos modelos de análisis preocupados por el fenómeno de la comunicación lingüística. En el capítulo 3 he presentado una caracterización de las distintas dimensiones que, desde un enfoque que amplía la definición de Hymes, constituyen la competencia comunicativa. Esta definición proviene del esquema conceptual desarrollado por Michael Canale y Merrill Swain (1980) y posteriormente ampliado por Canale (1983), quien añadió a la dimensión gramatical, sociolingüística y discursiva, una dimensión nueva, la estratégica. Hay que tener en cuenta que esta definición de competencia comunicativa se refiere tanto al *conocimiento* del sistema lingüístico como a la *capacidad* para usar este conocimiento en la comunicación; es decir, el concepto de competencia incluye también la capacidad de uso, frente a la anterior diferenciación entre competencia y actuación. Otros autores han propuesto nuevas definiciones de los constituyentes de la competencia comunicativa que se diferencian en parte del modelo de Canale y Swain. Uno de los aspectos más controvertidos de las discusiones teóricas derivadas de la definición del concepto de competencia comunicativa es si la dimensión gramatical debe ser considerada parte de esta competencia. Así, la "teoría del monitor" de Krashen (1981; 1982) pone una interrogación sobre la eficacia de la enseñanza directa de la gramática como medio para desarrollar la competencia lingüística. Sin embargo, otros autores consideran que la definición de la lengua como comunicación requiere que la competencia gramatical sea incluida como un componente necesario de la competencia comunicativa.

Halliday: las funciones lingüísticas

Los trabajos de Halliday (1970; 1975; 1978) constituyen otra de las grandes aportaciones teóricas derivadas de la revisión del generativismo. Su teoría de las funciones del lenguaje complementa, en opinión de distintos autores (p.ej., Brumfit y Johnson 1979; Savignon 1983), la concepción de Hymes sobre la competencia comunicativa. Halliday se interesa por el estudio de la lengua en su contexto social y por la forma en que las funciones de la lengua son realizadas en el habla. Su teoría se fundamenta en que el hablante-oyente llegue a dominar una serie de funciones lingüísticas, lo que supone el aprendizaje de los usos de la lengua y del *significado potencial* asociado a estos usos. El concepto de significado potencial es clave en la teoría de Halliday y se refiere a la serie de opciones de que dispone el hablante en tres diferentes estadios: opciones de conducta (lo que el hablante puede hacer), que son transformadas lingüísticamente en opciones semánticas (lo que el hablante puede significar o querer decir), las cuales, a su vez, son codificadas como opciones de formas lingüísticas (lo que el hablante puede decir). Las opciones, en cada uno de estos estadios, están organizadas a modo de redes de sistemas. Halliday resume las funciones que los seres humanos deben dominar para ser capaces de expresar significados en una serie de tres componentes funcionales que denomina "macro-funciones":

- la función *interpersonal*: establecer, mantener y especificar relaciones entre miembros de sociedades;

- la función *ideacional*: transmitir información entre miembros de sociedades;

- la función *textual*: proporcionar el tejido textual, esto es, la organización del discurso en relación con la situación.

A partir de estas tres macro-funciones, Breen y Candlin (1980) establecen un análisis de la comunicación que tiene en cuenta los siguientes factores:

- las convenciones que rigen las relaciones interpersonales entre el hablante y el oyente, o entre quien escribe y quien lee, y que permiten compartir significados (nivel interpersonal);

- las ideas o los conceptos que son comunicados y que contienen diferentes significados potenciales (nivel ideacional);

- las formas lingüísticas -los textos- en que se realizan tanto el sistema de ideas y conceptos como el sistema de relación interpersonal (nivel textual).

La capacidad de relacionar estos sistemas nos permite participar en un proceso de creación de significados, así como expresar o interpretar significados potenciales mediante un texto hablado o escrito. No obstante, a las tres macro-funciones de Halliday habría que añadir, en opinión de Breen y Candlin (*op. cit.*), otro factor, derivado de la propia naturaleza social o interpersonal de la comunicación, y que estaría compuesto por las actitudes, los valores y las emociones de carácter personal y sociocultural. Estos elementos, que son denominados, en conjunto, afectos, determinan aquello que elegimos comunicar y cómo vamos a comunicarlo. De este modo, la comunicación cotidiana sintetiza el conocimiento ideacional, interpersonal y textual junto con los afectos que forman parte de este conocimiento.

La teoría de Halliday supone una primera culminación de una línea de pensamiento que, desde los primeros años de nuestro siglo, se ha interesado por las relaciones entre el habla y el contexto. Los estructuralistas, como hemos visto, y, más tarde, Chomsky, habían excluido de la lingüística el estudio de este tipo de relaciones. El análisis de la lengua y el contexto se produce, sin embargo, en distintas corrientes de la lingüística europea que no habían desechado esta dimensión, así como en otras disciplinas, como la filosofía, la antropología y la sociología, que llegan a un punto de encuentro en el estudio de la lengua como comunicación que desarrolla la pragmática. El análisis lingüístico funcional guarda estrecha relación con la teoría de los actos de habla, elaborada en el campo de la filosofía por Austin y Searle. Esta teoría considera tres categorías de actos: el acto *locutivo* (el acto de decir algo con un significado conceptual), el *ilocutivo* (el acto que se realiza al decir algo, y que está relacionado con la intención), y el *perlocutivo* (el efecto que se produce en el oyente como resultado de un acto ilocutivo). La idea de que los actos de habla son inherentes a la lengua ha sido de gran valor para el desarrollo de los enfoques relacionados con el significado y con las funciones de la lengua (Yalden 1987).

Widdowson: la lengua en el discurso

Otra importante vertiente de investigación lingüística es el análisis del discurso, que tiene en Henry Widdowson uno de sus principales mentores.

Widdowson ha investigado la relación entre los sistemas lingüísticos y su dimensión comunicativa en el texto y en el discurso. Usar una lengua implica algo más que adquirir una serie de estructuras y la capacidad de tomar decisiones adecuadas a la hora de realizar determinadas funciones lingüísticas; implica también la capacidad de producir enunciados que tengan sentido a lo largo de un discurso, así como la capacidad de entender los enunciados producidos por otros. Los hablantes, en la conducta lingüística habitual, no nos limitamos al mero hecho de producir una serie de enunciados, uno detrás de otro y sin relación entre ellos, sino que utilizamos los enunciados para la creación de un discurso. Sin embargo, como observa Widdowson, organizar un discurso supone tener en cuenta muchos factores a la vez. Los hablantes tienen que interpretar los enunciados de otros al tiempo que proporcionan sus propias contribuciones al proceso de negociación del significado que constituye el discurso. El interés por el proceso de comunicación, esto es, la forma en que creamos, negociamos e interpretamos significados constituye la razón de ser del análisis del discurso y, en general, de la denominada "lingüística del texto".

Las aportaciones de los enfoques centrados en el análisis del discurso son particularmente interesantes para quienes tienen que ver con la enseñanza de la lengua; así, por ejemplo, Widdowson propone un modelo (1990) que da cuenta de los rasgos esenciales del proceso que genera el discurso, en vez de diseccionar la conducta del hablante en la serie de componentes que constituyen la competencia comunicativa. Este modelo está construido a partir del concepto de *esquema*, que tiene que ver con la capacidad del hablante para extraer el significado de los datos sensoriales. La idea clave es que el hablante no deriva el significado de un análisis o de una consideración detenida de la propia lengua, sino que la lengua es tan sólo un medio, una serie de claves que conduce al significado. La lengua, al ser usada, actúa como una serie de indicadores que nos señala el área de conocimiento del mundo que hemos de hacer consciente para interpretar el mensaje; sólo cuando no somos capaces de relacionar la lengua con un esquema de referencia de nuestro conocimiento del mundo, cuando una palabra no activa este conocimiento, nos preguntamos por el significado específico de esta palabra, centramos nuestra atención en la propia lengua. Para Widdowson hay, por tanto, dos tipos de conocimiento: el conocimiento "sistémico" (*systemic knowledge*), centrado en las propiedades formales de la lengua y el conocimiento "esquemático" (*schematic knowledge*), el que tenemos del mundo: nuestras creencias, ideas, experiencias, valores culturales, etc. Los esquemas constituyen, así, un conocimiento organizado que nos permite esperar o predecir determinados aspectos en nuestra interpretación del discurso (Brown y Yule 1983). En el uso natural de la lengua, el hablante nativo suele prestar poca atención al conocimiento "sistémico", que está, como hemos visto, subordinado al conocimiento "esquemático". Sin embargo, el alumno que aprende una lengua extranjera no dispone del conocimiento "sistémico" que tiene un hablante nativo, por lo que el objetivo de la enseñanza se dirige precisamente a lograr que adquiera este conocimiento como recurso básico para poder desenvolverse en la comunicación.

Es claro que este breve repaso de las aportaciones teóricas de Hymes, Halliday y Widdowson no da cuenta de los avances realizados en los últimos treinta años por la investigación lingüística relacionada con la dimensión del uso de la lengua, pero sí permite poner el acento en tres contribuciones de especial interés desde la perspectiva de la enseñanza de las lenguas extranjeras. Así, Hymes ha puesto énfasis en el factor fundamental de la adecuación contextual, mientras Halliday ha arrojado luz sobre las bases sociosemánticas del conocimiento lingüístico, dos aspectos de importantes implicaciones pedagógicas. Sin embargo, aunque tanto Hymes como Hallyday reconocen la importancia de los factores contextuales y cohesivos, no llegaron a abrir líneas de investigación con respecto al discurso, un aspecto de enorme interés desde la perspectiva de la clase de lengua. La reflexión sobre la importancia de las implicaciones del análisis del discurso en la enseñanza de lenguas extranjeras es puesta de relieve por Widdowson, que complementa con su teoría de los esquemas las aproximaciones de los otros dos autores.

6.2 Bases teóricas sobre el aprendizaje de una lengua extranjera

Como acabamos de ver en el apartado anterior, el interés por la dimensión comunicativa de la lengua ha motivado en las tres últimas décadas el desarrollo de conceptos y corrientes de pensamiento de gran dinamismo que han influido de modo notable en los fundamentos de la enseñanza de las lenguas extranjeras. Richards y Rodgers (1986) observan que, como contraste a lo mucho que se ha escrito sobre la dimensión comunicativa de la lengua, hay relativamente pocas aportaciones en lo que respecta a una teoría del aprendizaje que fundamente la enseñanza comunicativa. Para estos autores, los elementos de esta teoría deben ser, en gran medida, deducidos de la práctica de los profesores, y pueden reducirse a tres principios básicos:

- *principio de la comunicación*: las actividades que implican comunicación real promueven el aprendizaje;

- *principio de la tarea*: las actividades en las que se usa la lengua para realizar tareas significativas promueven el aprendizaje;

- *principio de la significatividad*: la lengua que es significativa para el alumno permite desarrollar el proceso de aprendizaje.

Aunque no podamos hablar todavía de una teoría del aprendizaje parangonable a la teoría sobre la naturaleza comunicativa de la lengua que puede deducirse de los trabajos precursores de Hymes, Halliday o Widdowson, lo cierto es que los principios del enfoque comunicativo han encontrado una importante base de fundamentación en los estudios que a lo largo de los años 60 y 70 se han venido realizando en torno a los problemas relacionados con la adquisición de las lenguas extranjeras. Al mismo tiempo que la teoría lingüística se preocupaba por el desarrollo del concepto de competencia comunicativa, se acentuaba el interés de los investigadores por el análisis de los procesos que constituyen la enseñanza y el aprendizaje. Mientras en los años 60 se habían desarrollado modelos sobre el análisis de la enseñanza, en los 70 surge el interés por esquemas similares relacionados con el proceso de aprendizaje, que permitirían complementar la perspectiva del proceso de enseñanza. Las primeras investigaciones sobre el proceso de aprendizaje que se realizaron en el campo de las lenguas extranjeras estuvieron centradas en el análisis de los errores de los alumnos, si bien pronto se vio que este tipo de análisis tenía un alcance limitado como explicación del complejo fenómeno de la adquisición de las lenguas extranjeras, lo que llevó a mediados de los 70 a una ampliación del enfoque, con objeto de dar una respuesta adecuada a la actuación lingüística total del alumno, y no sólo de sus errores (Richards 1985). El nuevo enfoque pretendía explicar los problemas relacionados con la adquisición de las lenguas extranjeras mediante el desarrollo de teorías relacionadas con los procesos psicológicos implicados en el aprendizaje. Esto dio origen a un conjunto de estudios, investigaciones y experimentaciones que constituyen lo que se conoce hoy como teoría de la adquisición de segundas lenguas.

Dentro del campo de estudio de la adquisición de segundas lenguas se incluye una larga serie de aspectos relacionados con el aprendizaje de la lengua, como el análisis comparado del desarrollo del aprendizaje en contextos formales -como la clase- o naturales, el estudio de la naturaleza de los procesos que conducen al conocimiento lingüístico o el análisis de los efectos de distintas variables -sociales, cognitivas, afectivas, etc.- en el aprendizaje de lenguas extranjeras. Teniendo en cuenta los objetivos de este libro, presento a continuación un breve repaso de algunos de los aspectos clave que constituyen el esquema básico de investigación de la teoría sobre la adquisición de segundas lenguas. Hay que tener en cuenta, sin embargo, que el análisis de las variables cognitivas y afectivas de los alumnos, un aspecto importante de la teoría, ha sido ya tratado en el epígrafe 3.2, a propósito de las contribuciones iniciales del alumno al currículo, y que los problemas relacionados con el contexto son objeto de análisis en el próximo epígrafe de este mismo capítulo.

La transferencia lingüística

Los análisis de errores y las investigaciones sobre la *interlengua* de los alumnos surgieron como reacción a la teoría del análisis contrastivo, que consideraba la transferencia lingüística como el proceso central del aprendizaje de las lenguas extranjeras. El enfoque del análisis contrastivo se asociaba, así, a una visión conductista del aprendizaje. Recientemente, el análisis de errores y el análisis de la interlengua se han orientado hacia los procesos cognitivos que utilizan los alumnos para reorganizar la información de entrada (*input*) que reciben en la nueva lengua. Ahora bien, la transferencia lingüística sigue siendo un hecho en el aprendizaje de lenguas extranjeras; por ello, el enfoque actual del análisis de los errores de los alumnos y de la interlengua no rechaza el concepto de transferencia lingüística, pero lo considera desde una perspectiva teórica orientada hacia los procesos cognitivos implicados en el aprendizaje. Así, desde los años 80 ha resurgido el interés por el fenómeno de la transferencia lingüística, entendida no como un proceso mecánico de transferencia de las estructuras de la primera lengua, sino como un mecanismo cognitivo que implica muchos factores. La transferencia lingüística ha dejado de ser considerada como la incapacidad de quien aprende la nueva lengua para resistirse a la influencia de los modelos de la primera lengua; en la perspectiva actual, se considera que la transferencia interactúa con los procesos de desarrollo de la nueva lengua, aunque de una forma que no está todavía plenamente descrita (Richards 1985).

Richards (*op. cit.*, 66), al estudiar este cambio de enfoque con respecto al concepto de transferencia lingüística, hace repaso de las investigaciones que se han desarrollado en este campo y resume del siguiente modo las distintas formas en que pueden afectar al aprendizaje de lenguas extranjeras las diferencias entre la L1 y la L2:

a) Pueden afectar al orden en el que se adquieren los diferentes rasgos de la nueva lengua.

b) Pueden llevar a que se eviten determinadas estructuras de la nueva lengua.

c) Pueden llevar a una superproducción de determinadas formas de la nueva lengua, que se considera que pueden ser portadoras de funciones discursivas de la L1.

d) La transferencia lingüística puede restringir los procesos de adquisición.

El análisis de errores

En el campo de la lingüística aplicada, el concepto de análisis de errores fue, inicialmente, el resultado de la aplicación de conceptos provenientes de la teoría lingüística de los 60 y de las investigaciones sobre la adquisición de la primera lengua. El primero en utilizar de forma sistemática este concepto en el campo de las lenguas extranjeras fue Corder, quien advirtió que el análisis de errores podía proporcionar información sobre el sistema de la lengua que está usando el alumno (esto es, que ha aprendido) en un momento concreto a lo largo del curso. Corder (1967; en Muñoz Liceras 1992) señala que, en un primer momento, se pensó que los errores eran el resultado de la interferencia que producen en el aprendizaje de la L2 los hábitos adquiridos de la L1. Según este planteamiento, la principal aportación del lingüista a la enseñanza de lenguas consistiría en el desarrollo de un intenso estudio contrastivo entre la L1 y la L2, que permitiera la descripción de las áreas de dificultad con las que se había de enfrentar el alumno. Esto sería de gran utilidad para el profesor, que podría poner énfasis en la enseñanza con objeto de superar estas áreas de dificultad. Sin embargo, como observa Corder:

> A los profesores no les ha logrado convencer este planteamiento de los lingüistas por la sencilla razón de que su experiencia les ha mostrado cuál es la base de estas dificultades y no les ha parecido que la información de los lingüistas hubiera proporcionado ningún tipo de información novedosa y de interés. Tenían claro, por ejemplo, que los lingüistas no podían predecir algunos de los errores con los que ellos estaban familiarizados. El profesor se ha ocupado más, generalmente, de cómo habérselas con esas áreas de dificultad que de la mera identificación de las mismas, y es lógico que le haya parecido que el lingüista tenía poco que decirle a este respecto.
> *(Corder 1967; en Muñoz Liceras 1992, 32)*

Según la teoría de Corder, el adulto que aprende una lengua extranjera formula y comprueba hipótesis a lo largo del proceso de aprendizaje, de la misma manera que lo hace el niño con respecto a la lengua materna. Esta estrategia de la comprobación de hipótesis, así como la existencia de un posible programa interno, son aspectos comunes en la adquisición de L1 y de L2. Existen, sin embargo, diferencias entre las estrategias para aprender una primera y una segunda lengua: quien aprende una lengua materna cuenta con un número ilimitado de hipótesis, que tiene que comprobar, sobre la naturaleza de la lengua que está aprendiendo, mientras la tarea del que aprende una lengua extranjera es más sencilla, ya que sólo tiene que verificar si los sistemas de la nueva lengua son los mismos que los de la primera, y, en caso de que sean diferentes, determinar cuál es su naturaleza. Desde este punto de vista, el conocimiento por parte del alumno de su lengua materna debe considerarse desde un enfoque positivo, en la medida en que facilita la tarea del aprendizaje, lo que lleva a concluir que los errores no deben verse como signos de inhibición sino simplemente como resultado de la aplicación de estrategias de aprendizaje (*op. cit.*, 39-40).

Hay algunos aspectos de la teoría de Corder que merece la pena destacar desde la perspectiva del enfoque comunicativo. Por una parte, la afirmación de que es el alumno quien controla, en última instancia, la adquisición de los datos que le presenta el profesor; es decir: no todo lo que se enseña es aprendido por el alumno. Lo que realmente aprende el alumno viene determinado por las características del mecanismo de adquisición de la lengua y no por las del programa de curso. Esto lleva a la idea de que en la planificación de los programas de lenguas extranjeras es necesario tener más en cuenta las necesidades del alumno. Desde este punto de vista, Corder (*op. cit.*) observa que sería interesante determinar si existe un programa interno del alumno en virtud del cual se ordene la secuencia de adquisición de la nueva lengua y, en caso afirmativo, describirlo. A este respecto, el estudio de los errores de los alumnos desempeñaría un papel fundamental. Los errores sistemáticos -esto es, aquellos que no son el resultado de factores accidentales como los lapsus de memoria, el cansancio o la influencia de una emoción fuerte, por ejemplo- nos revelan el conocimiento subyacente del alumno con respecto a la nueva lengua en un momento determinado, es decir, su *competencia transitoria*. Para que esta competencia pueda existir, es necesaria la concurrencia de un factor clave: la motivación. En opinión de Corder, la adquisición de la primera lengua es la realización de la predisposición del niño para desarrollar un comportamiento lingüístico, mientras en el aprendizaje de la lengua extranjera esta predisposición debe sustituirse por la motivación. Para Corder, si existe motivación, es inevitable que una persona aprenda una lengua segunda si se le pone en contacto con los datos de dicha lengua. En apoyo de su tesis, Corder apela a los estudios sobre la aptitud para el lenguaje, que consideran la motivación y la inteligencia como los dos factores que se correlacionan de forma más significativa con el éxito en el dominio de una lengua extranjera.

Al presentar las características del currículo comunicativo, he comentado la importancia del análisis de las necesidades de los alumnos y la importancia de la motivación en el aprendizaje, dos aspectos importantes en los que, como acabamos de ver, pone énfasis Corder. El análisis de necesidades de los alumnos tiene sentido si contribuye a enfocar la enseñanza en función de las características y los objetivos de los alumnos, lo que conduce a una dinámica de negociación y de consulta en clase sobre diferentes aspectos del curso. No siempre es fácil la negociación, como ya hemos visto. Las ideas preconcebidas del profesor o de los alumnos constituyen barreras que, en ocasiones, son difíciles de superar; sin embargo, el esfuerzo que se invierta en superar estas dificultades es de todo punto rentable. Hay que tener en cuenta, en este sentido, la relación directa que existe entre la negociación y la motivación. Un ejercicio o una actividad de clase que no tenga sentido para el alumno o que responda a un objetivo que no le resulta claro provocará una pérdida de interés y de motivación; sin embargo, si la actividad responde a un objetivo afín a las expectativas o a las necesidades del alumno, probablemente despertará su interés y, con ello, la potenciación de los mecanismos necesarios para que el aprendizaje pueda realizarse de modo eficaz.

La interlengua

Estrechamente relacionado con el análisis de errores está el concepto de *interlengua*, propuesto por Selinker. El presupuesto básico de este autor es la existencia en la mente de una estructura psicológica latente, es decir, una ordenación previa del cerebro que se activa siempre que un adulto intenta producir significados en la lengua que está aprendiendo. Esta estructura es diferente a la estructura latente del lenguaje que existe en el caso de la lengua materna y que responde a una ordenación ya formulada en el cerebro, contrapartida biológica de la *gramática universal*, que el niño transforma en una estructura concreta de una gramática particular a través de un serie de etapas de maduración. Estos rasgos no se dan en la estructura psicológica latente relacionada con la lengua extranjera, ya que, en este caso, ni hay un programa genético, ni hay nada equivalente a una gramática universal, ni existen garantías de que el intento de aprendizaje tenga éxito, mientras hay muchas posibilidades de que exista una superposición entre esta estructura latente de adquisición del lenguaje y otras estructuras del intelecto (Selinker 1972; en Muñoz Liceras 1992). A partir de estos presupuestos, Selinker establece las bases de su hipótesis:

> Centraremos nuestra atención analítica sobre los únicos datos observables con los que podemos formular predicciones teóricas: las locuciones que se producen cuando el alumno intenta pronunciar oraciones de

una lengua objeto (LO). Este conjunto de oraciones no es, para la mayor parte de los que aprenden una L2, idéntica al conjunto hipotetizado de las que produciría un hablante nativo de esa LO que intentara expresar los mismos significados que el alumno. Puesto que estos dos conjuntos de locuciones no son idénticos, cuando formulemos los principios relevantes para una teoría del aprendizaje de lenguas segundas estaremos completamente justificados, quizá hasta obligados, a presentar como hipótesis la existencia de un sistema lingüístico independiente: sobre la base de los datos observables que resultan de los intentos del alumno en la producción de una norma de la LO. Llamaremos "interlengua" a este sistema lingüístico.

(Selinker, 1972; en Muñoz Liceras 1992, 84)

El problema está en que no conocemos las unidades de la estructura psicológica latente, por lo que Selinker propone utilizar unidades detectables en la estructura superficial de la interlengua que puedan ser comparadas con la L1 y con la LO. La estructura superficial de las oraciones de la interlengua puede explicarse a partir de procesos de la estructura psicológica latente, entre los que Selinker (*op. cit.*) destaca los cinco siguientes:

a) Transferencia lingüística: tiene que ver con los elementos, reglas y subsistemas de la interlengua que proceden de la lengua materna.

b) Transferencia de instrucción: se trata de la interlengua que es resultado de elementos identificables en los procesos de instrucción.

c) Estrategias de aprendizaje: resultan del acercamiento del alumno al material que debe aprenderse.

d) Estrategias de comunicación: se deben al acercamiento que lleva a cabo el alumno para comunicarse con hablantes nativos en la LO.

e) Hipergeneralización del material lingüístico: determinadas reglas y rasgos semánticos de la LO se generalizan en la interlengua, lo que produce que se apliquen en contextos no adecuados.

De estos procesos deriva lo que Selinker denomina *elementos fosilizados*, esto es, las unidades de la L1 que permanecen en la interlengua con independencia de la cantidad de instrucción que haya recibido el alumno. Hay que tener en cuenta que las estructuras fosilizadas tienden a permanecer como actuación potencial y que vuelven a emerger en la producción de una interlengua incluso cuando parecían erradicadas, especialmente cuando el hablante dirige su atención hacia temas nuevos o que entrañan cierta dificultad intelectual o cuando se encuentra en estado de ansiedad o excitación y, en menor medida, también cuando se encuentra en estado de máxima relajación. *La fosilización* es, por tanto, un mecanismo de la estructura psicológica latente y subyace al material lingüístico superficial que los hablantes tienden a mantener en las producciones de su interlengua, sin tener en cuenta la edad del alumno o las características de la instrucción que haya recibido.

Como acabamos de ver en las propuestas de Corder y de Selinker, los estudios sobre los errores y la interlengua amplían en los años 60 y 70 su enfoque para incluir, más allá de los aspectos relacionados con el desarrollo de los sistemas lingüísticos como la fonología, la morfología o la sintaxis, también la dimensión comunicativa. En estos años comienzan a desarrollarse estudios sobre distintos aspectos del habla como las repeticiones, las correcciones, las pausas, los mecanismos de reparación, etc., en relación con la comunicación y el discurso en la lengua extranjera, así como la adquisición y el uso de actos de habla como pedir disculpas, hacer cumplidos, expresar disconformidad, etc. Así mismo, en relación con los rasgos discursivos y con las tácticas que utilizan los alumnos para lograr determinados efectos comunicativos, se estudian los turnos de palabra, las presentaciones, las fórmulas de inicio y finalización del discurso, etc. El estudio, por tanto, de la adquisición de destrezas comunicativas y pragmáticas vino a complementar el campo de investigación limitado hasta entonces a los estudios sobre la adquisición de aspectos gramaticales (Richards 1985).

La información de entrada (input)

Un aspecto muy debatido en relación con la variable que denominaré "información de entrada" es la relación que existe entre este tipo de información que recibe el alumno y lo que efectivamente aprende. A este respecto, una de las hipótesis que se han barajado es la existencia de correlación entre el orden de frecuencia con que aparecen determinados morfemas en la información de entrada y el uso de estos morfemas por parte de los alumnos. No hay conclusiones definitivas a este respecto, dado que existe evidencia empírica a favor y en contra de esta hipótesis. Las repercusiones de este dilema en el campo de la enseñanza de lenguas extranjeras han provocado posturas enfrentadas en relación con el papel de la enseñanza formal de la lengua. Así, mientras Pienemann (1984) defiende que la enseñanza formal afecta a la velocidad con que una determinada estructura es adquirida, así como a la frecuencia de uso y a la diversidad de contextos en los que tal estructura se aplica, Krashen (1982) argumenta que no es necesaria la enseñanza formal, en la medida en que los alumnos adquieren la lengua mediante su uso, siempre que la información de entrada reúna las siguientes condiciones: que sea comprensible e interesante, que esté centrada en el significado, que no se presente en una determinada secuencia gramatical y que esté un poco por encima del nivel de comprensión que tenga el alumno.

Otro aspecto interesante en relación con esta variable es cómo se hace comprensible la información de entrada en la interacción lingüística entre hablantes nativos y no nativos, por una parte, y entre el profesor y el alumno, por otra. En contextos naturales se han investigado los registros de habla que se utilizan entre hablantes nativos y no nativos, que suelen responder a características como una menor complejidad sintáctica, un vocabulario más concreto o un énfasis en aspectos prosódicos o paralingüísticos. Por otra parte, recientemente se ha producido un notable desarrollo de las investigaciones en torno a las formas de interacción entre el profesor y los alumnos en el contexto formal de la clase. Estudios sobre las características del tipo de discurso del profesor, las estrategias de aprendizaje de los alumnos o la relación que existe entre la participación del alumno en clase y su nivel de dominio de la nueva lengua permiten llegar a una mayor comprensión sobre la naturaleza de la enseñanza de las lenguas extranjeras y abren un campo de investigación que promete rendir buenos frutos en el próximo futuro.

Los procesos de aprendizaje

En el campo de la adquisición de segundas lenguas se denomina "procesos de aprendizaje" a las conductas, conscientes o inconscientes, de carácter cognitivo que desarrollan los alumnos al adquirir y usar una segunda lengua. Para arrojar luz sobre la naturaleza de estos procesos se han realizado estudios sobre aspectos como el papel que desempeña la memoria a largo o a corto plazo, el conocimiento consciente o inconsciente o los efectos de la edad y del estilo de aprendizaje en los procesos de aprendizaje (Richards 1985). Hay que tener en cuenta que no disponemos de ninguna teoría lingüística o psicológica capaz de describir el complejo fenómeno del aprendizaje humano de lenguas extranjeras, por lo que los datos experimentales procedentes del estudio de la adquisición de lenguas, así como la propia práctica de la enseñanza o la aplicación de teorías lingüísticas son los instrumentos que nos pueden permitir ir desbrozando el camino hacia un mayor conocimiento de los problemas relacionados con este tipo de aprendizaje.

Quizá una de las teorías relacionadas con los procesos de aprendizaje que han tenido mayor impacto sobre la enseñanza de lenguas extranjeras en años recientes es la propuesta por Krashen (1981; 1982; 1983) en sus trabajos sobre el modelo del monitor y la actuación de los adultos en la L2. Krashen distingue dos procesos en relación con el conocimiento lingüístico: la *adquisición*, que se refiere al modo en que las habilidades lingüísticas se internalizan de modo "natural", esto es, sin una atención consciente a las formas lingüísticas; y el *aprendizaje*, que es un proceso consciente, consecuencia bien de una situación formal de aprendizaje o de un programa de estudio individual. Para Krashen, la adquisición es el proceso primario, mientras que el aprendizaje puede contribuir a la producción lingüística sólo cuando la información aprendida se utiliza como un "monitor" que procesa la información de salida (*output*) en situaciones en las que el hablante centra su atención en aspectos formales de la lengua, conoce las reglas subyacentes y tiene tiempo para aplicar este conocimiento. El monitor opera, así, como un mecanismo de control, que permite autocorregirse al alumno.

Aunque tanto la hipótesis del monitor como la relacionada con la información de entrada que he comentado en el apartado anterior han sido objeto de aplicaciones prácticas (Krashen y Terrell 1983) en un intento de encontrar fundamentación empírica, se han rebatido recientemente algunos de los principios fundamentales en que tales hipótesis se sustentan. Así, el principio de que el aprendizaje no puede llegar a convertirse en adquisición es contestado por Richards (*op. cit.*) a partir del hecho de que determinadas frases coloquiales, rutinas conversacionales o incluso formas verbales y frases que los alumnos han aprendido conscientemente pasan pronto a un uso automático e inmediato. McLaughlin (1978; en Muñoz Liceras 1992), en la misma línea crítica, considera que el modelo del monitor no es válido porque se basa en la experiencia subjetiva y no en actos de comportamiento y, al igual que Richards, niega el principio fundamental de Krashen de que lo "aprendido" no es válido para iniciar producciones y que sólo lo "adquirido" puede utilizarse para tal propósito.

Las estrategias de los alumnos

A la hora de explicar cómo relaciona el alumno la información de entrada que recibe con sus conocimientos previos, caben, en opinión de Ellis (1986), dos explicaciones: o bien se trata de que el alumno hace uso de las mismas estrategias cognitivas generales que utiliza en otras formas de aprendizaje; o bien el alumno posee una facultad lingüística especial -llamada "gramática universal"- que le capacita para operar sobre la información de entrada con objeto de descubrir las reglas de la nueva lengua del modo más eficiente posible. Para Tarone (1980; citado en Ellis, *op. cit.*, 13), el alumno dispone de las tres siguientes series de estrategias:

a) *Las estrategias de aprendizaje*. Son los medios mediante los cuales el alumno procesa la información de entrada de la L2 con objeto de desarrollar su conocimiento lingüístico. Pueden ser conscientes y relacionadas con la conducta (como, por ejemplo, la memorización o la repetición con el fin de recordar), o bien inconscientes y de carácter psicolingüístico (por ejemplo, las inferencias).

b) *Las estrategias de producción*. Están relacionadas con los intentos del alumno por usar el conocimiento que ya ha adquirido de la nueva lengua de forma eficiente, clara y con el mínimo esfuerzo. Por ejemplo, ensayar lo que va a decirse, planificar un discurso, o preparar la forma en que se estructurará una serie de oraciones.

c) *Las estrategias de comunicación*. Tienen que ver con los intentos del alumno por comunicar significados con respecto a los cuales no dispone de conocimientos lingüísticos. Esto es frecuente en contextos naturales, en los que el alumno necesita constantemente expresar ideas que están más allá de sus recursos lingüísticos. Ejemplos de este tipo de estrategias son las preguntas que piden ayuda (p.ej., *¿Cómo se dice...?*) o las paráfrasis.

Las estrategias del alumno no se pueden analizar directamente, sino que han de ser inferidas de su actuación lingüística, lo que hace que la investigación sea especulativa y de carácter teórico. En un principio, los estudios sobre las estrategias de los alumnos se centraron en el análisis de los errores, a partir de la consideración de oraciones aisladas. Más tarde, la investigación ha enfocado el análisis desde la perspectiva del discurso, con el fin de describir cómo el alumno negocia los significados en colaboración con el interlocutor. De este modo puede obtenerse una visión más adecuada de las relaciones entre la información de entrada, el procesamiento interno y la información de salida (*output*) (Ellis, *op. cit.*).

Las tareas

Al inicio de este epígrafe he comentado los tres principios que deducen Richards y Rodgers de la práctica de la enseñanza comunicativa. Uno de ellos postula que las actividades en las que se usa la lengua para realizar tareas significativas promueven el aprendizaje. Esta conclusión coincide con las de otros autores que consideran que lo importante a la hora de analizar el procesamiento cognitivo y lingüístico del alumno no es la información de entrada que se proporciona sino lo que el alumno hace con esa información, esto es, las tareas que realiza. Las tareas son consideradas, así, como una variable fundamental para determinar el éxito en el aprendizaje de la lengua. Johnson (1982), desde la perspectiva de la enseñanza comunicativa, llega a la conclusión de que las tareas construidas en torno a un "vacío de información", que obliga a los alumnos a compartir la información y negociar significados, promueven más que otras la adquisición de la lengua. La relación que exista entre diferentes tipos de tareas y el éxito en el aprendizaje es un asunto que ha cobrado especial auge en los últimos años, como consecuencia del incremento del número de estudios en torno a enfoques pedagógicos que utilizan las tareas como eje de organización del programa de enseñanza.

Desde un enfoque amplio, podemos considerar la tarea como cualquier objetivo o actividad que se realiza mediante el uso de la lengua. Así, para Richards (1985):

> Un alumno puede participar en tareas como repetir una palabra o una frase, dar instrucciones en la nueva lengua, leer un párrafo y contestar preguntas sobre su contenido, escuchar una lectura y resumir los puntos principales, recibir instrucciones y realizar una acción a partir de lo que se haya comprendido, trabajar con otro alumno y utilizar la nueva lengua para resolver un problema, escribir una carta o copiar un párrafo de un libro.
> *(Richards 1985, 76)*

Esta definición no distingue entre aquellas tareas que tienen como objetivo la práctica de aspectos formales de la lengua y las que se dirigen a objetivos propiamente comunicativos. Más adelante (7.4), al considerar los problemas relacionados con los programas de tareas, volveré sobre esta distinción. De momento lo que interesa adelantar es que las tareas difieren unas de otras en función de distintos aspectos, como el tipo de respuesta que se exija al alumno, la forma de interacción en la que éste participe (p. ej., con un texto o bien con otro alumno), el nivel de procesamiento lingüístico requerido o bien el tipo de producción lingüística que se demande.

Si analizamos las tareas en función del nivel de procesamiento que implican, podemos comparar entre las que conducen a una respuesta mecánica, que supone un bajo nivel de procesamiento y que requieren el uso de la memoria de corto plazo, como es el caso de los ejercicios de práctica controlada, y las que conducen a una respuesta comunicativa, que implican procesos de adquisición lingüística de más alto nivel. Otra perspectiva de análisis con respecto a las tareas es considerar si el tipo de lengua que se produce en la interacción entre los alumnos es la adecuada para facilitar el aprendizaje. Widdowson (1990) da una respuesta negativa a esta hipótesis al considerar lo que él denomina "el problema del aprendizaje natural de la lengua". Según el planteamiento de Widdowson, los alumnos no infieren el conocimiento del sistema lingüístico de la mera realización de actividades comunicativas y, de hecho, se produce con frecuencia que los alumnos tienen un tipo de actuación lingüística imperfecto, que no se sustenta en una competencia subyacente, por lo que el mero hecho de hacer cosas mediante el uso de la lengua no parece conducir de forma natural al conocimiento del sistema lingüístico. En contra de esta opinión, Richards (*op. cit.*) considera que, aunque el tipo de lengua que puede producirse en la interacción de los alumnos al realizar la tarea sea imperfecto o inadecuado desde un punto de vista sociolingüístico, el uso de estrategias comunicativas en la negociación de los significados -repeticiones, aclaraciones, etc.- promueve la adquisición al proporcionar información de entrada comprensible para el alumno.

La variación contextual

Uno de los más importantes problemas de los estudios sobre la adquisición de segundas lenguas es el derivado del hecho de que los errores de los alumnos no son sistemáticos, es decir, no responden siempre a unos mismos patrones de actuación lingüística sino que dependen de diferentes variables. Se ha descrito, por una parte, una serie de variables individuales, relacionadas con factores como la motivación, la inteligencia, la edad, etc. A este tipo de variables me he referido ya al comentar la importancia que el currículo comunicativo otorga a la consideración de las características individuales de los alumnos. Pero la actuación del alumno que aprende una lengua depende, también, de variables relacionadas con el contexto. Los alumnos utilizan sus conocimientos de la nueva lengua de forma distinta en diferentes situaciones; así, por ejemplo, si el alumno se encuentra urgido por la necesidad de comunicar algo en un preciso instante, no dispone de tiempo para organizar adecuadamente sus conocimientos con objeto de sacar el mejor partido de ellos, por lo que producirá errores que no ocurrirían en situaciones en las que tiene la oportunidad de controlar su actuación lingüística de forma más reposada. En términos más precisos podemos decir que los alumnos varían sistemáticamente la selección de las formas de una determinada interlengua según estén utilizando un estilo coloquial en un tipo de discurso no planificado o bien un estilo cuidado en un discurso planificado (Ellis 1986).

Los investigadores que se han interesado por el efecto del contexto de aprendizaje en la adquisición de las lenguas extranjeras han desarrollado estudios sobre las diferentes características del aprendizaje en el contexto formal de la clase en relación con el aprendizaje fuera de este contexto. En esta misma línea de investigación, los estudios sobre el fenómeno de la *pidginización* -el desarrollo de una interlengua caracterizada por una falta de morfología flexiva y un sistema léxico y gramatical restringido- han demostrado que el grado de desarrollo de la lengua es un reflejo del tipo de interacción que se produce entre el alumno y la cultura del nuevo grupo social al que accede. Así, cuando existe una gran distancia social entre quien aprende una lengua y la comunidad de los hablantes de esa lengua, como es el caso hoy día de los trabajores inmigrantes en países europeos, es muy probable que las barreras afectivas y sociales dificulten el proceso de adquisición de la nueva lengua (Schumann 1978; citado en Richards 1985).

6.3 El análisis del entorno: Factores sociales, educativos y culturales

Las bases teóricas sobre la lengua y su aprendizaje permiten fundamentar las decisiones que han de adoptarse en los niveles de planificación y de aplicación del currículo. Ahora bien, para que estas decisiones sean adecuadas y eficaces es necesario llevar a cabo un análisis previo sobre los factores sociales, educativos y culturales del entorno en el que se pretende llevar a cabo el proyecto de enseñanza. Al igual que ocurre en el mundo de los negocios, el "análisis del mercado" es un estadio fundamental de cualquier plan de actuación. Este análisis constituye, así, otra de las dimensiones de la fundamentación curricular.

Las circunstancias en las que haya de llevarse a cabo el análisis del entorno condicionarán, desde luego, el enfoque y los procedimientos del análisis. Así, si el currículo va a establecerse en un lugar en el que los responsables de la planificación no han acometido previamente ningún tipo de actuación educativa, la obtención de datos se convierte en una labor fundamental como base de orientación del proyecto y deberá tener en cuenta circunstancias relacionadas con aspectos como las relaciones internacionales entre el país de la empresa promotora del currículo y el país receptor, las expectativas de la demanda, las características socioeconómicas, políticas, etc. Sin embargo, si los responsables del proyecto tienen experiencia previa en el país, la información disponible permitirá obviar algunos pasos del proceso de obtención de los datos. Si se trata de establecer el currículo en el propio país de la empresa promotora, el análisis se orientará, lógicamente, hacia aspectos como la expectativa de demanda, la situación de la oferta de servicios similares, etc., dado que las circunstancias sociales y culturales son conocidas. La mayoría de los centros que ahora constituyen la red del Instituto Cervantes, por ejemplo, habían desarrollado ya actividad docente y cultural antes de su adscripción patrimonial al nuevo organismo; así, el Plan Curricular del Instituto Cervantes se estableció sobre una base de experiencia previa. Esta situación es muy diferente a la de una empresa española que decida invertir su patrimonio en la creación de un centro docente dedicado a la enseñanza del español para alumnos extranjeros aprovechando el atractivo turístico del entorno y sin experiencia previa en este tipo de actividades. No cabe hablar, por tanto, de un único enfoque en el planteamiento de la recolección de datos, aunque es indudable que un análisis previo, con unas u otras características, es una condición necesaria a la hora de orientar la planificación de cualquier proyecto de enseñanza.

En este epígrafe consideraré, a partir de la clasificación que proponen Dubin y Olshtain (1986), algunos de los factores clave que habrán de tener en cuenta los responsables de la planificación curricular a la hora de realizar un análisis de las características del entorno. En el epígrafe 6.4 me ocuparé en particular de los factores relacionados con la situación de enseñanza.

El entorno lingüístico: segunda lengua, lengua extranjera

Un primer factor que ha de ser objeto de análisis es el entorno lingüístico en el que vaya a llevarse a cabo el proyecto. Así, por ejemplo, un currículo que vaya a desarrollarse en un país hispanohablante tendrá, presumiblemente, características diferentes a las de un currículo que vaya a establecerse en un país no hispanohablante, en la medida en que las oportunidades de contacto con la lengua por parte de los alumnos son cotidianas en el primer caso y muy esporádicas en el segundo. Este hecho tendrá, sin duda, importantes repercusiones en el enfoque metodológico del currículo y en el ritmo de aprendizaje; las metas de los alumnos serán, además, claramente diferentes. La necesidad de comunicarse para establecer una serie de relaciones sociales básicas es acuciante en quien ha de desenvolverse cotidianamente en una lengua extranjera y en un entorno extraño, regido por normas y pautas sociales en ocasiones muy alejadas de las propias. Sin embargo, las metas del alumno extranjero que aprende español en su propio país son generalmente mucho más difusas, en ocasiones prácticamente indeterminadas y, con frecuencia, alejadas en el tiempo. Por tanto, es necesario tener en cuenta las repercusiones que, para la planificación curricular, se derivan del hecho de que el aprendizaje se produzca en un país hispanohablante o en un país no hispanohablante.

A propósito de esta primera diferenciación existe debate sobre el uso de los términos *segunda lengua* y *lengua extranjera*. No hay una opinión unánime con respecto al uso de estos términos. En algunos casos, los especialistas declaran al inicio de sus trabajos que van a utilizarlos indistintamente, mientras que en otros casos la diferenciación es fundamental para la comprensión del análisis que se propone. Crystal (1994, 368) comenta que, aunque la expresión *lengua extranjera* se emplea de modo popular para referirse a cualquiera que no sea la nativa de un país, también se suele utilizar de este modo la expresión *segunda lengua*, si bien muchos lingüistas distinguen ambos términos e identifican importantes diferencias en los propósitos de aprendizaje, métodos de enseñanza y niveles de logro alcanzados; así, en este sentido más restringido, la lengua extranjera es una lengua no nativa que se enseña en las escuelas y no tiene categoría de medio de comunicación rutinario en ese país, mientras la segunda lengua es una lengua no nativa que se emplea de modo amplio para comunicación, habitualmente como medio de educación, gobierno o negocios.

Importancia de la lengua en la sociedad-meta

Otro factor que debe considerarse es el papel que desempeña la lengua que va a ser objeto de enseñanza en la sociedad en la que el currículo pretende establecerse. Así, en países no hispanohablantes, podemos investigar el lugar que ocupa el español entre las lenguas extranjeras que se estudian en el sistema educativo, particularmente en la enseñanza secundaria y superior. Conviene, además, obtener información sobre el grado de efectividad de la enseñanza del español en el sistema educativo del país, para lo que puede analizarse la documentación oficial del Ministerio de Educación -estadísticas, informes, etc.- y los estudios realizados por centros especializados o universidades, así como las características de los programas de enseñanza que se estén aplicando. En relación con los programas pueden considerarse aspectos como el enfoque de los materiales de enseñanza, los cursos de formación de los profesores, los procedimientos metodológicos y los sistemas de evaluación, así como la opinión de los profesores y de los alumnos. La existencia o no de departamentos de estudios hispánicos en las universidades es otro dato que proporciona información importante, sobre todo por las relaciones con los hispanistas y los investigadores interesados por la lengua española o por la cultura de los países hispanohablantes. También es interesante considerar la enseñanza del español fuera del sistema educativo, en centros de carácter público o privado. Pueden existir escuelas oficiales dedicadas a la enseñanza de idiomas que no estén integradas en las universidades y que ofrezcan sus servicios como enseñanzas especializadas subvencionadas por el Estado. La demanda de certificados que reconozcan niveles de competencia en español es otro factor interesante. Si consideramos el desarrollo del currículo en un país hispanohablante, el análisis de las necesidades de los alumnos se convierte en un requisito fundamental. El abanico de posibilidades en este caso es, desde luego, amplísimo, desde las necesidades básicas y urgentes de subsistencia de quienes no tienen conocimientos previos del idioma, hasta las necesidades claramente orientadas hacia el ámbito académico de aquellos interesados en hacer estudios superiores o de postgrado.

Otra dimensión importante en relación con el papel de la lengua en la sociedad es la relacionada con el mundo económico. La creciente demanda de cursos de español de los negocios que se observa, por ejemplo, en los centros del Instituto Cervantes es un indicio claro de que la importancia del español como lengua de relaciones comerciales se ha incrementado en los últimos años. Habría que considerar en qué medida los centros privados tienen oferta de cursos específicos orientados hacia las relaciones profesionales o hacia los negocios. Las oficinas de empleo, o los organismos que desempeñan una función equivalente, pueden ser una buena fuente de información con respecto a los idiomas que se requieren para acceder a distintos puestos de trabajo. También pueden recogerse datos de las empresas que tienen relaciones comerciales con países extranjeros, o bien de particulares que desarrollan su actividad profesional en el campo de los negocios. En el caso concreto del español, algunas preguntas que podrían orientar la investigación de los responsables de la recolección de los datos serían, por ejemplo, las siguientes:

- ¿Para qué tipo de actividades profesionales se exige el conocimiento de idiomas? ¿Existe algún orden de prioridad con respecto a los idiomas que pueda conocer la persona que opta al puesto de trabajo? ¿Qué lugar ocupa el español en este orden?

- Las empresas que consideran el conocimiento del español, ¿valoran el que la persona que opta al puesto pueda desenvolverse en destrezas concretas, como, por ejemplo, leer documentación de carácter profesional o escribir cartas comerciales, o bien exigen una competencia general del idioma?

- ¿Con qué país o países de habla hispana mantiene una determinada empresa el mayor volumen de negocio? ¿En qué medida se valora el conocimiento de las características socioculturales de algún determinado país de habla hispana?

- ¿Existe oferta de cursos de español comercial o de negocios o para relaciones profesionales en centros de enseñanza públicos o privados? ¿Cuál es el enfoque general de la enseñanza de estos cursos y las características del programa?

- ¿Existe algún tipo de certificado o diploma de español de negocios? ¿Qué institución lo expide? ¿Cuáles son las características del examen que ha de superarse para la obtención del certificado o el diploma?

Actitudes sociales e individuales con respecto a la lengua

Otro factor de importancia decisiva en la recolección de datos lo constituyen las actitudes sociales e individuales con respecto a la lengua objeto de estudio, en nuestro caso el español, y con respecto al aprendizaje de lenguas extranjeras en general. Dubin y Olshtain (1986) distinguen dos tipos de actitudes:

a) actitudes con respecto a la lengua objeto de estudio, así como con respecto a la gente que la habla y a la cultura que representa;

b) actitudes con respecto al proceso de aprendizaje de la lengua extranjera.

Una actitud positiva hacia la lengua suele ir acompañada de un aprecio por la cultura relacionada con esa lengua; una actitud positiva hacia el proceso de aprendizaje es reflejo de una alta motivación, entusiasmo y buena predisposición con respecto a un curso de enseñanza de la lengua promocionada por el currículo. Las actitudes negativas con respecto a la lengua suelen estar asociadas con factores históricos y políticos o con conflictos sociales. En este sentido, es interesante, a título de ejemplo, el comentario de Quilis (1992) con respecto a la situación del español en Guinea Ecuatorial antes del llamado "golpe de la libertad" de agosto de 1979:

> Durante los oscuros años de la dictadura de Macías, tanto nuestra lengua como la instrucción escolar, en general, sufrieron un duro golpe. Su política lingüística tenía dos objetivos: por un lado, hacer que se fuese olvidando la lengua europea, porque recordaba al antiguo país colonizador; por otro, arropándose en la idea de *autenticidad africana* y en el fenómeno de las lenguas vernáculas, intentar imponer el *fang*, su lengua materna, como lengua oficial del país. En la escuela, los niños recibían una enloquecedora educación paramilitar y se pasaban el día profiriendo condenas -largas listas de insultos contra el imperialismo occidental en general, y

contra España, los españoles y su gobierno en particular-.
(Quilis 1992, 216)

En el caso de que el currículo sea establecido en un país hipanohablante, la distancia social entre quien aprende el español y la comunidad de los hablantes de esta lengua puede ser un factor que provoque una actitud negativa, como he comentado en el epígrafe anterior al hablar de los problemas relacionados con la variación contextual y a propósito de la situación de los trabajadores inmigrantes. En opinión de Dubin y Olshtain (*op. cit.*), la combinación de actitudes de grupo negativas y de experiencias también negativas en el proceso de aprendizaje -ansiedad en clase, sentimientos de discriminación, etc.- conducen al más bajo nivel de adquisición lingüística. El conflicto puede ser también consecuencia del choque que se produzca, una vez iniciado el curso, entre los objetivos y el enfoque del programa de enseñanza y las creencias y las expectativas de los alumnos con respecto al proceso de aprendizaje. En el capítulo 3 he comentado ya los problemas que pueden derivarse del desencuentro entre el profesor y los alumnos con respecto al enfoque del curso. Por tanto, uno de los objetivos fundamentales del análisis de los factores del entorno es, precisamente, proporcionar a los responsables de la planificación curricular información adecuada sobre los sentimientos y actitudes que existen en la comunidad receptora del currículo, de manera que las decisiones que se adopten permitan evitar choques o discrepancias de consecuencias negativas para el proceso de enseñanza y aprendizaje.

Los instrumentos para obtener información sobre las actitudes con respecto a la lengua y el aprendizaje pueden ser muy variados, si bien los más asequibles son los cuestionarios y las entrevistas, que se construyen a base de preguntas formuladas por el investigador a partir de la predicción de determinadas conductas relacionadas con determinadas actitudes. La dificultad técnica está en la formulación de las preguntas. Las preguntas directas son más fáciles de interpretar y de evaluar, pero existe el riesgo de que el entrevistado no sea totalmente sincero en su respuesta, en un afán por satisfacer lo que supone que son las expectativas del entrevistador. Las preguntas indirectas permiten evitar este riesgo, pero su formulación es mucho más complicada (Dubin y Olsthain, *op. cit.*). Las preguntas directas se pueden formular, por ejemplo, así:

- ¿Ha estudiado español por su cuenta anteriormente? En caso afirmativo, ¿cuál ha sido la motivación para hacerlo?

- ¿Le atrae la cultura de los países hispanohablantes? En caso afirmativo, ¿qué aspectos en particular le resultan atractivos?

- ¿Qué lugar ocupa el español entre sus preferencias a la hora de estudiar una lengua extranjera?

Preguntas indirectas pueden ser, por ejemplo, las siguientes:

- ¿Qué lengua extranjera considera interesante para su futuro profesional o para sus intereses particulares?

- ¿Qué culturas le atraen particularmente? ¿Le atrae el cine o la literatura de algún determinado país o ámbito cultural?

- ¿A qué países le gustaría viajar próximamente y por qué?

- En su opinión, ¿cuáles son las lenguas que tienen más importancia hoy día en las relaciones comerciales? ¿Y en las relaciones culturales?

Las preguntas pueden ser de respuesta abierta, como las que acabo de presentar, o bien de respuesta cerrada, en cuyo caso se ofrece al entrevistado una serie de opciones para que elija la que considere más adecuada. Las preguntas de respuesta cerrada son más fáciles de cuantificar, pero restringen la espontaneidad del entrevistado, con lo que pueden dejar fuera matices interesantes desde el punto de vista del análisis.

El contexto político y social

Las circunstancias políticas y sociales del contexto condicionan de forma decisiva el éxito de cualquier proyecto de enseñanza de la lengua, como acabamos de ver en la cita sobre la situación del español en Guinea Ecuatorial durante el régimen de Macías, aunque, afortunadamente, no siempre las circunstancias son tan extremas. El rechazo de la lengua que es percibida como expresión del dominio extranjero y el fomento de la lengua vernácula como reafirmación nacional ha sido un fenómeno frecuente en la reciente historia del colonialismo. El enfrentamiento entre las lenguas se convierte, así, en una representación del conflicto entre sentimientos de identidad y de dominación, a veces incluso en el seno de un territorio en el que conviven distintas nacionalidades, con distintas lenguas y expresiones culturales, que forman parte de una misma unidad política y administrativa.

Cuando la lengua no es percibida como instrumento de dominación o como factor de riesgo frente a procesos de reafirmación nacional o cultural, la actitud de los gobiernos o de las administraciones dependerá del valor y la importancia social que se atribuya al conocimiento de otras lenguas distintas a la propia. La existencia de políticas nacionales que pretenden incentivar le enseñanza de lenguas extranjeras en el sistema educativo es, hoy día, algo frecuente en países que reconocen la importancia de esta enseñanza como ingrediente fundamental de la formación de los ciudadanos en un mundo en el que las relaciones internacionales han adquirido una importancia decisiva. Las características de la política lingüística en el sistema educativo del país, la existencia de incentivos y ayudas para la formación de profesores de lenguas extranjeras, las relaciones económicas y culturales que existan con países del ámbito hispánico, etc., son factores que habrán de ser tenidos muy en cuenta en el nivel de fundamentación del currículo. El interés por el aprendizaje de otras lenguas es más acusado en aquellas sociedades en las que la lengua nativa apenas es utilizada fuera de su propia área geográfica. En este caso, las lenguas extranjeras constituyen un medio para acceder a información del ámbito científico y técnico o bien a obras literarias o de carácter humanístico cuando no hay traducciones disponibles. Así, si una determinada lengua extranjera es "segunda lengua" en el sentido restringido que he comentado más arriba, se constituye en un factor clave del proceso de modernización del país, en la medida en que sirve de vehículo para el desarrollo cultural, científico y económico.

A la hora de desarrollar un análisis sobre la política lingüística de un determinado país, conviene consultar la información que proporcionan distintas organizaciones, centros e instituciones relacionados directa o indirectamente con el currículo del sistema educativo y con el enfoque que se da a la enseñanza de las lenguas extranjeras. La información que sea posible obtener de estas fuentes permitirá hacer un diagnóstico de la política lingüística vigente en cada caso, lo que contribuirá a orientar las actuaciones de los responsables de la planificación del currículo.

Un instrumento de análisis de los factores del entorno

Como hemos visto en los apartados anteriores, la influencia de las circunstancias particulares del entorno sobre el proyecto de enseñanza, y en particular sobre el currículo de lengua extranjera, puede ser decisiva. He aludido ya a diferentes procedimientos y técnicas que nos permitirán obtener información sobre aspectos particulares. Si el currículo se enfoca como un proceso de renovación pedagógica de un centro que ya esté ofreciendo clases de español, la valoración que hagan quienes tienen experiencia sobre la situación del entorno será extraordinariamente importante para los responsables del nuevo proyecto. Éste es el caso, por ejemplo, del Instituto Cervantes, que, como ya he comentado, se ha hecho cargo de una red de centros que, en su mayoría, desarrollaba ya actividad docente antes de la adscripción al nuevo organismo. En una fase de actuación previa al establecimiento del nuevo currículo, la Dirección Académica del Instituto hizo llegar a los responsables académicos de los distintos centros el cuestionario que reproduzco a continuación, dirigido a obtener una primera impresión general sobre distintos factores relacionados con el grado de presencia y aceptación de la lengua y de la cultura española en cada caso. Con las adaptaciones que se considere oportuno, creo que puede resultar un instrumento útil para una primera prospección en casos de innovación o renovación curricular.

ANÁLISIS DE FACTORES DEL ENTORNO: CUESTIONARIO SOBRE RECEPCIÓN DE LA LENGUA Y DE LA CULTURA ESPAÑOLA EN LA SOCIEDAD-META
(Instituto Cervantes, Dirección Académica. Primer trimestre de 1992)

I. - LENGUA Y CULTURA ESPAÑOLA EN LA SOCIEDAD-META

En este apartado se pretende obtener información sobre las relaciones entre la lengua y la cultura de la sociedad en la que está situado el centro y la lengua y la cultura española: afinidades y diferencias formales, grado de presencia y de difusión de la lengua y la cultura española en esa sociedad, actitudes y valoraciones de cada sociedad respecto de la lengua y la cultura española, etc.

I. A. LENGUA

1- L1 - español
[Proximidad formal entre la lengua (léxico, gramática, fonética) de la sociedad en la que está situado el centro (L1) y el español.]   *próxima* 54321 *lejana*

2- Presencia del español
[Existencia de grupos de habla española y de manifestaciones culturales de estos grupos (emigrantes, funcionarios, centros culturales, universidades, periódicos, programas de radio y TV....).]   *importante* 54321 *nula*

3- Integración del español
[Diversidad de grupos y capas sociales a las que llega, caracterización de los mismos.]   *integrado* 54321 *no integrado*

4- Actitud de la sociedad
[El español es una lengua de prestigio (cultural, social, etc.), o bien es una lengua poco considerada socialmente.]   *favorable* 54321 *desfavorable*

5- Volumen de la demanda
[Apreciación en términos absolutos.]   *grande* 54321 *reducido*

6- Características de la demanda
[Caracterización de la demanda en cuanto a si se refiere a cursos de carácter general o bien a cursos con objetivos más matizados o especializados.]

cursos generales 54321 cursos especiales

7- Atención a la demanda
[Grado en que la demanda está cubierta (independientemente de quién la cubra: nuestro centro u otras instituciones).]

plenamente cubierta 54321 escasamente cubierta

I. B. CULTURA

8- C1 - España
[Similitudes y diferencias entre la cultura y civilización de la sociedad-meta y la española.]

próxima 54321 lejana

9- Presencia de la cultura española
[En qué medida la cultura y la civilización española está difundida entre la sociedad-meta (independientemente de la vía de difusión: tradición histórica, actividades organizadas por nuestro centro u otros, etc.).]

importante 54321 nula

10- Integración de la cultura española
[En qué medida la cultura y la civilización española en esa sociedad trasciende el grupo de hispanohablantes y llega a otros grupos.]

integrada 54321 no integrada

11- Visión de España
[En qué medida esa sociedad tiene un conocimiento desprovisto de tópicos y adecuado a la realidad actual de la cultura y la civilización española: instituciones políticas y culturales, valores y talantes de la sociedad española actual, etc.]

actualizada 54321 desfasada

12- Actitud de la sociedad-meta hacia la cultura española
[Si existe o no interés y deseo por conocer mejor y más a fondo la realidad española actual.]

favorable 54321 desfavorable

13- Volumen de la demanda de actos culturales en general
[Apreciación en términos absolutos.]

grande 54321 reducido

14- Volumen de la demanda de cursos sobre cultura y civilización española
[Apreciación en términos absolutos.]

grande 54321 reducido

15- Carácter de los temas históricos actuales
[Si la demanda se refiere al conocimiento de realidades históricas (incluida la historia reciente: guerra civil, Generación del 27), o bien a la realidad cultural actual (últimas generaciones de artistas, cineastas, poetas, novelistas), política institucional (las autonomías, la transición), la sociedad civil (economía), etc., más actual.]

plenamente 54321 escasamente

16- Atención a la demanda cubierta
[Grado en que esa demanda está cubierta (independientemente de quién la cubra: el Instituto Cervantes u otras instituciones).]

cubierta 54321 cubierta

6.4 Factores relacionados con la situación de enseñanza

Un aspecto clave a la hora de acometer la planificación del currículo es la determinación del punto de partida de las decisiones que vayan a adoptarse a partir de las bases teóricas generales y de los factores sociales, culturales y educativos del entorno. Claro está que quien se enfrenta a la tarea de establecer las líneas generales de un plan pedagógico parte siempre de presupuestos determinados, de circunstancias particulares y de exigencias derivadas de factores muy diversos. Como acabamos de ver, no es lo mismo aplicar un currículo en un entorno en el que la lengua enseñada es la propia de la comunidad hablante que hacerlo en un entorno en el que la lengua enseñada es extranjera, en el sentido de no ser la propia de la comunidad, o bien en un entorno en el que la lengua enseñada es la que utiliza la comunidad como lengua de intercambio en niveles oficiales o para las relaciones comerciales o académicas, si bien no es la lengua de comunicación habitual. Tampoco es lo mismo plantearse un tipo de enseñanza "general" de la lengua que uno dirigido a fines específicos, como es el caso, por ejemplo, de los cursos de lengua para los negocios.

Los factores que he considerado en el epígrafe anterior tienen que ver con las circunstancias, las actitudes o las percepciones de la sociedad receptora del currículo. Se trata, por tanto, de factores externos al propio currículo. Una información adecuada sobre estos factores es, como hemos visto, fundamental a la hora de adoptar decisiones en el nivel de planificación curricular. Ahora bien, junto a estos factores es preciso considerar también otros relacionados con la situación de enseñanza de la que se parte. Un primer factor importante a este respecto es la existencia o no de actividad docente en el centro en el que vaya a establecerse el nuevo currículo y, en caso de que esta actividad exista, la validez del currículo, implícito o explícito, que se esté aplicando. Otro factor lo constituyen las características del alumnado potencial, dado que el éxito del proyecto dependerá en gran medida de que el nuevo currículo responda a las expectativas, valores y estilos de aprendizaje de los alumnos. El grado de preparación de los profesores y su sensibilidad para entender y respetar las demandas de los alumnos y las características del entorno en el que ha de desarrollarse la enseñanza es, sin duda, otro factor clave del nuevo currículo, que deberá considerar también la coordinación de los recursos disponibles.

La situación de enseñanza: el punto de partida del currículo

A la hora de considerar el punto de partida de la planificación curricular hay que tener en cuenta la situación particular de enseñanza de la que se parte. Puede darse el caso de que el nuevo currículo constituya el inicio de la actividad de un centro de nueva creación; no ha habido, por tanto, actividad previa, y los responsables de la planificación tienen las manos libres para adoptar las decisiones que consideren más adecuadas en función de las características del entorno y las bases teóricas asumidas. Pero cabe pensar también en la situación de un centro con actividad docente en el que se plantea una reforma del currículo, implícito o explícito, ya existente. Cuando el currículo es explícito, cualquier proyecto de reforma habrá de tener en cuenta las decisiones que constituyen las bases de la actuación curricular del centro y valorar el alcance que tiene sobre el conjunto la modificación de uno o varios factores. Cuando el currículo es implícito, esto es, cuando no se dispone en el centro de un documento o una serie de documentos de carácter académico donde aparezca recogida información relativa a decisiones como los contenidos de enseñanza, la metodología aplicable, los criterios de evaluación, etc., una referencia importante sobre el enfoque de enseñanza que se ha adoptado son los materiales didácticos y los libros de texto que utiliza el equipo docente. Es de suponer que, en todos los casos, existirá algún instrumento de difusión que contenga la oferta de cursos y aspectos prácticos como la duración de cada curso, su precio, el sistema de inscripción, etc.

Si lo que se pretende es llevar a cabo una reforma o renovación curricular en un centro que ha desarrollado ya actividad docente, habremos de considerar las bases de actuación pedagógica de ese centro antes de proponer cualquier medida. Estas bases están constituidas por elementos como el modelo curricular, el plan educativo, los medios disponibles para la enseñanza, etc. Esta información puede estar recogida en la documentación que obra en el centro o puede desprenderse de un análisis de la situación de hecho en la que se desarrolla la enseñanza. A este respecto, resultará enormemente útil a los responsables de la planificación curricular concretar en una lista algunos de los aspectos que deberán ser tenidos en cuenta a la hora de analizar cuál es la situación de enseñanza del centro en el que pretende acometerse la reforma. La lista que propongo a continuación puede servir de base para este primer análisis de la situación de enseñanza en el centro:

1. ¿Existe en algún documento concreto o en distintos documentos información relativa a los fines generales de la enseñanza, los contenidos, la metodología aplicable y los criterios de evaluación? En caso afirmativo, ¿quién ha elaborado esa documentación y cuándo lo ha hecho? ¿Está prevista alguna forma de revisión o adaptación de las decisiones recogidas en la documentación?

2. Los programas de curso que elaboran los profesores, ¿parten efectivamente del plan del centro, o responden más bien a otros factores, como, por ejemplo, un libro de texto? ¿Los programas de curso son elaborados por el equipo docente o por cada profesor individual?

3. ¿Elaboran los profesores material didáctico? En caso afirmativo, ¿es éste el único material de enseñanza, o se utiliza junto con un libro de texto o con otro tipo de material? ¿Existe un banco de materiales a disposición de todos los profesores? ¿Cómo está organizado?

4. ¿Dispone el centro de medios técnicos para la enseñanza? En caso afirmativo, ¿cómo están distribuidos estos medios y cómo está organizada su utilización?

5. ¿Hay algún sistema de formación permanente de los profesores? ¿Cómo está organizado este sistema?

6. ¿Hay algún sistema de análisis de las necesidades de los alumnos antes de que comience el curso? ¿Y durante el curso? ¿Cómo se establece la relación entre este tipo de análisis y la planificación de los cursos? ¿Con qué criterio se realiza la distribución de los alumnos en grupos?

7. ¿Quién elabora la oferta de cursos? ¿Con qué criterios? ¿Existe algún análisis sobre los factores del entorno? ¿Cómo repercuten los resultados del análisis en la oferta de cursos o en la planificación?

8. ¿Cómo está organizado el sistema de enseñanza, reglada y no reglada, del entorno? ¿Sobre qué bases, lingüísticas y de aprendizaje, se enfoca la enseñanza de las lenguas extranjeras? ¿Se tiene en cuenta este factor en la planificación?

9. ¿Hay otros centros en competencia con el centro analizado? En caso afirmativo, ¿hay discrepancias importantes en el enfoque de enseñanza?

En el caso en que no haya existido actividad docente previamente en el centro, esto es, cuando la planificación curricular se concibe como el punto de partida de la actuación de un centro de nueva creación, la importancia del nivel de fundamentación del currículo es mayor, por cuanto no existe experiencia previa que permita orientar las decisiones con respecto a la enseñanza. La indagación sobre los factores del entorno cobra, en este caso, una importancia excepcional y deberá realizarse con suficiente tiempo y mediante procedimientos de diagnóstico plenamente fiables.

Características de los alumnos

El enfoque de la educación en diferentes países es reflejo de tradiciones culturales específicas que pueden variar notablemente en aspectos como la consideración del papel del profesor o la valoración que se haga de la importancia del diálogo y de la interacción en clase. En algunas culturas se promueve la participación de los alumnos en la clase y el profesor considera el papel activo del alumno un factor esencial en el aprendizaje. En otras culturas, sin embargo, la enseñanza se basa en un enfoque radicalmente distinto, en el que el profesor es un modelo de autoridad que ha de ser imitado por los alumnos en una dinámica de clase en la que los alumnos reciben y asimilan conocimientos sin expresar sus propios puntos de vista y sin participar en interacciones con otros alumnos o con el profesor. Un currículo que parta de presupuestos pedagógicos próximos al primer caso que acabo de comentar puede conducir a situaciones de conflicto entre el profesor y los alumnos si se desarrolla en países en los que la enseñanza responde a un enfoque tradicional como el del segundo caso. El conflicto puede surgir también por diferencias en los presupuestos ideológicos del profesor y de los alumnos a la hora de abordar aspectos de carácter sociocultural como el papel de la mujer en la sociedad, la presencia del sentimiento religioso en la vida cotidiana o los hábitos de comportamiento en la vida social, por ejemplo. El análisis de los factores del entorno sociocultural y la consideración de los distintos estilos de aprendizaje derivados de un enfoque particular de la enseñanza proporcionan, a este respecto, elementos de juicio que deberán ser ponderados no sólo por los profesores sino por todos los responsables de la empresa educativa.

Otro aspecto importante en este apartado son las variables individuales, de carácter cognitivo y afectivo, de los alumnos, así como sus expectativas y necesidades particulares. Ya me he referido a este aspecto al comentar las contribuciones iniciales del alumno al currículo comunicativo. Las experiencias previas de aprendizaje de los alumnos son un factor determinante a la hora de entender las diferencias que puedan surgir en clase en relación con aspectos como el grado de tolerancia hacia el error, la preferencia de los textos escritos sobre la práctica oral, la búsqueda o no de oportunidades para usar la lengua, etc.

Aunque el currículo deberá siempre partir de un conjunto de decisiones que garanticen la coherencia de la actuación pedagógica, es importante que tenga la flexibilidad suficiente para permitir un enfoque del proceso de enseñanza y aprendizaje capaz de dar respuesta adecuada a los problemas que puedan derivarse de la existencia de factores educativos de los alumnos alejados de los principios pedagógicos que orientan el plan de enseñanza. En este sentido, la preparación de los profesores constituye un factor clave para el éxito del currículo.

Preparación de los profesores

Sin perjuicio de otros factores de gran influencia en toda empresa educativa, creo que puede afirmarse que el currículo no será viable si no consigue despertar el entusiasmo de los profesores o si no es capaz de mantener la ilusión invertida en el estadio inicial del proyecto. Como hace notar Richards (1985), muchos intentos de desarrollar cambios en la enseñanza de la lengua han fracasado debido a que no se ha dedicado suficiente atención a preparar a los profesores para el cambio. El tiempo y el dinero que se invierte en la elaboración de nuevos planes puede llegar a ser inútil si los profesores no están convencidos de la necesidad del cambio o si no se sienten preparados para responder a lo que exige de ellos un nuevo currículo. El problema puede agudizarse en los casos en los que el currículo se desarrolla en un país extranjero, lo que añade a las dificultades profesionales del profesor otros problemas relacionados con la adaptación a un entorno social diferente.

En la primera parte del libro he hablado del enfoque curricular abierto y de las ventajas de que las decisiones con respecto al currículo puedan adoptarse en distintos niveles de concreción. El enfoque abierto hace posible que los profesores se sientan parte del proceso de desarrollo curricular y no meros agentes de decisiones adoptadas por otros. Un planteamiento de este tipo no significa, sin embargo, que no exista una fase de planificación curricular previa a la intervención de los profesores. Como hemos visto en el capítulo 5, el plan o proyecto curricular recoge una serie de objetivos generales, listas de contenidos, orientaciones metodológicas, etc., que sirven de base para la programación de los cursos que debe realizar el equipo docente, pero esto no quiere decir que las decisiones adoptadas en el plan sean inamovibles. Para hacer posible un mayor dinamismo en las propuestas que los profesores puedan realizar con respecto al plan inicial, deberá desarrollarse un sistema de formación inicial y permanente que permita poner al día sus conocimientos teóricos y contrastar su práctica pedagógica con la de otros profesores.

Entiendo que los cursos y las actividades de formación de los profesores deben ir más allá de la idea del *entrenamiento* profesional. El modelo curricular que propongo en este libro parte, precisamente, de una visión amplia de lo que significa enseñar y aprender una lengua extranjera, que no se limita a la descripción de los actos de enseñanza y de aprendizaje tal como se producen en el aula, sino que pretende dar sentido a estos actos desde una perspectiva que considera la actuación del profesor como el resultado de un proceso que parte de una fundamentación teórica y que se desarrolla en una serie de decisiones de planificación y de actuación curricular. Si la preparación del profesor se limita a la adquisición de determinadas habilidades didácticas que responden a principios teóricos ajenos a la práctica del propio profesor el riesgo de desmotivación profesional será muy alto. La formación de los profesores no debe consistir sólo en la asistencia a cursos, seminarios o jornadas en los que se presenta información sobre aspectos teóricos particulares o experiencias pedagógicas realizadas por otros, sino que deberá responder a un enfoque profesional que considere la experimentación pedagógica, el trabajo en equipo y el intercambio de ideas con otros profesores la clave del éxito de la labor docente.

Materiales didácticos

Los materiales didácticos son instrumentos fundamentales en el desarrollo del proceso de enseñanza y aprendizaje. Con frecuencia los equipos docentes crean bancos de materiales que permiten disponer de un amplio abanico de posibilidades a la hora de preparar las sesiones de clase. Así, el disponer de textos y materiales auténticos organizados por temas o por niveles facilita la labor del profesor y permite hacer más atractivas las propuestas pedagógicas. Junto a este tipo de materiales, los libros de texto constituyen una herramienta de trabajo de innegable utilidad, en la medida en que proporcionan una solución al problema de la programación del curso a través de una serie de unidades o bloques didácticos que se presenta desarrollada a partir de un plan pedagógico determinado. El libro de texto ofrece materiales atractivos y un amplio número de actividades y ejercicios organizados, lo que permite al profesor "sentirse seguro" con respecto a lo que va a ocurrir en clase y a los alumnos disponer de una fuente de información que pueden consultar en cualquier momento. El riesgo de basar la actividad de clase exclusivamente en el uso de un libro texto es que deja al margen cualquier consideración de las necesidades, los intereses y las expectativas particulares de los alumnos, que pueden sentirse poco motivados por las actividades que se les proponen, al tiempo que convierte al profesor en un mero intermediario de decisiones que han adoptado otros y que responden a un proceso del que no se siente partícipe. El caso más frecuente, sin embargo, es que los profesores adapten o modifiquen las propuestas de un libro de texto en función de las características de los alumnos y de los objetivos del programa del curso.

Dubin y Olshtain (1986), al considerar el caso de un centro en el que los únicos documentos disponibles para el análisis de la situación de enseñanza son los libros de texto que utilizan los profesores, sugieren la siguiente serie de preguntas como base de orientación para deducir el tipo de enfoque pedagógico adoptado (*op. cit.*, 33):

1. ¿Contienen los libros de texto que se están utilizando algún tipo de declaración sobre el punto de vista adoptado en materia lingüística o educativa? A menudo aparece este tipo de declaraciones en una introducción o en el libro del profesor. En este caso, ¿coinciden estas declaraciones con el punto de vista de los profesores que están utilizando los libros? ¿O son los profesores, por sí mismos, sin necesidad de declaración expresa, conscientes del enfoque de los libros?

2. ¿Cómo han adaptado los profesores el libro de texto al tiempo disponible y a otras constricciones? Algunos libros de texto incluyen índices en los que se especifica la secuencia de las unidades y los elementos lingüísticos que deben introducirse en cada momento.

3. ¿Hacen los profesores alguna adaptación de tipo cultural con los libros de texto? Por ejemplo:
- ¿cambian los nombres propios?
- ¿cambian los nombres de los lugares?
- ¿cambian aspectos de carácter cultural y se refieren, por ejemplo, a las fiestas locales o nacionales, comidas, deportes, etc., del entorno en lugar de los que aparecen en el libro?

4. ¿Consideran los profesores que los libros satisfacen los objetivos de los alumnos a la hora de hacer exámenes de niveles altos?

5. ¿Qué adaptaciones hacen los profesores para adecuar el libro a las actitudes de los alumnos con respecto al aprendizaje? Por ejemplo, ¿se utilizan los ejercicios de conversación como dictados o como ejercicios de traducción?

Coordinación de los recursos disponibles

La coordinación de los recursos materiales y humanos que constituyen el centro de enseñanza es un factor decisivo para un desarrollo adecuado del currículo. Los centros docentes ofrecen con frecuencia servicios complementarios como biblioteca, laboratorio de idiomas o centro de recursos, actividades culturales, etc. La cooperación entre el personal responsable de estos servicios y el equipo docente debe orientarse siempre en beneficio de los usuarios, que son mayoritariamente los alumnos. La administración del centro, responsable del proceso de matriculación de los alumnos y de los trámites relacionados con la vida académica -elaboración de las actas de calificaciones de los alumnos, expedición de certificados, etc.- ha de acomodar su labor a los periodos lectivos que constituyen el curso académico y buscar la agilidad de los trámites y la eficacia de los procedimientos.

En lo que respecta al equipo docente, dado que la actividad profesional va más allá, como hemos visto, de las responsabilidades lectivas, la organización del trabajo en equipo es un factor fundamental. A este respecto deberá considerarse la distribución del tiempo dedicado a sesiones de coordinación de la actividad docente, elaboración de materiales, seminarios de formación, etc. También deberán tenerse en cuenta los medios materiales de los que dispone el profesorado -equipos informáticos, aparatos magnetofónicos, vídeo, fotocopiadora, etc.- y el modo en que esté organizado el acceso a estos medios. La distribución de las responsabilidades en el grupo docente -jefe de estudios, jefe de seminario, etc.-, así como el organigrama funcional del centro, con el sistema de relaciones entre el director, el administrador, el responsable académico, etc., son factores que deberán también ponderarse en el análisis de la situación del centro.

7. EL NIVEL DE DECISIÓN: La planificación del currículo

El segundo nivel de análisis del currículo se sitúa entre la fundamentación teórica que sustenta el modelo de enseñanza y aprendizaje de un proyecto educativo concreto y el nivel de actuación del propio modelo, esto es, los actos de enseñanza y aprendizaje que se realizan en la clase. En este segundo nivel han de establecerse las líneas fundamentales que orientarán el modelo curricular a partir de los presupuestos teóricos que el centro de enseñanza haya asumido de forma implícita o explícita. Se trata, por tanto, del nivel en el que han de adoptarse las decisiones fundamentales con respecto a la planificación de la enseñanza, lo cual implica la especificación de los objetivos y de los contenidos, así como la determinación de los procedimientos metodológicos y de evaluación que servirán de base a los profesores para organizar el plan pedagógico que corresponda a cada grupo concreto de alumnos.

Como hemos visto en la primera parte del libro, la aplicación del concepto de currículo a la enseñanza de las lenguas extranjeras ha supuesto, desde principios de los años 80, un notable avance en el esfuerzo de integración de los distintos factores que intervienen en el proceso de enseñanza y aprendizaje. Es necesaria, en efecto, la integración entre los distintos niveles de análisis del currículo, de manera que pueda establecerse una línea de coherencia entre la fundamentación teórica, la planificación curricular y el reflejo que tienen en la práctica del aula las decisiones que se adopten en los dos niveles anteriores. Pero la coherencia y la voluntad de integración de las decisiones debe aplicarse también a los factores que componen cada uno de los niveles de análisis del currículo. En lo que hace al nivel en el que se planifica la política curricular, deberá garantizarse que las decisiones se adopten de forma complementaria y consistente, y no de forma sucesiva, sin atender a las relaciones mutuas que deben establecerse entre ellas.

La planificación de la enseñanza se convierte, de este modo, en un eslabón más del proceso curricular, que está sujeto a modificaciones en la medida en que la práctica de clase denuncie inadecuaciones o desfases en las decisiones adoptadas. No puede tratarse, por tanto, de un nivel curricular rígido e inamovible, sino que, en virtud del principio de coherencia, deberá buscar siempre la renovación y la adaptabilidad a las circunstancias particulares de los distintos entornos.

Los ámbitos de decisión que están implícitos en cualquier modelo de enseñanza y que se presentan de forma explícita en el segundo nivel de análisis del currículo, son los siguientes:

- Fines y objetivos
- Contenidos
- Metodología
- Evaluación

El énfasis que pueda ponerse en uno u otro de estos ámbitos es objeto todavía hoy de controversia entre los partidarios de diferentes métodos de enseñanza. Como reacción frente a los enfoques que habían centrado su atención casi exclusivamente en aspectos relacionados con los procedimientos metodológicos, el Proyecto de Lenguas Modernas del Consejo de Europa, desde principios de los años setenta, supuso un cambio de tendencia dirigido a centrar el análisis en la especificación de los objetivos y de los contenidos. Este giro, sin embargo, trajo consigo la desatención de los factores de carácter metodológico. Hasta principios de los años 80, y como consecuencia, en gran medida, de las reacciones que provenían de la práctica docente, no se produce en el proyecto europeo un cambio de tendencia hacia un modelo de enseñanza más equilibrado (Stern 1989).

En los siguientes epígrafes de este capítulo analizaré algunos aspectos relevantes de cada uno de los distintos ámbitos de la planificación curricular.

7.1 Fines y objetivos

Aunque el uso de términos como "fines", "objetivos generales", "objetivos específicos", o "análisis de necesidades", es habitual en la práctica de la profesión, es necesario advertir que el alcance que dan los especialistas a cada uno de ellos no es siempre el mismo. En este sentido, creo que el criterio más razonable es que nos atengamos al uso que, en cada plan o propuesta concreta, se haga de cada uno de los términos, sin pretender establecer valores generales. El alcance que doy a estos términos en los próximos apartados coincide con el de otros modelos de análisis como los ya comentados de Dubin y Olshtain o de Richards y Rodgers. Hay que tener en cuenta, además, que la necesidad de precisión terminológica ha llevado en ocasiones a los especialistas a acuñar nuevas expresiones para el español que, como en el caso de "análisis de necesidades", son el equivalente literal de los términos utilizados en la didáctica del inglés. En otros casos, lo que se produce es una especialización de términos que pueden ser sinónimos en el uso habitual de la lengua, como en el caso de "fines" con respecto a "objetivos", ante la necesidad de establecer, por razones funcionales, una clara diferencia entre dos conceptos.

Fines generales del currículo

Aunque no es una condición necesaria, es frecuente que los planes, las propuestas o los proyectos curriculares establezcan en una serie de grandes principios o bases fundamentales lo que podemos denominar "fines generales" del currículo. Estos fines generales suelen ser la expresión de un modo particular de entender la enseñanza y el aprendizaje de la lengua y, en este sentido, derivan de las bases teóricas que constituyen, junto con el análisis de los factores del entorno, el nivel de fundamentación curricular.

Para Taba (1962), los fines son enunciados amplios de propósitos e intenciones y su principal función consiste en proporcionar una orientación respecto a lo que debe destacarse más en los programas educativos. Así, para esta autora, el proceso de desarrollo sistemático del currículo se basa en el análisis de los enunciados generales de finalidad, con el fin de obtener objetivos más específicos:

> Los fines generales únicamente pueden alcanzarse si los individuos adquieren ciertos conocimientos, destrezas, técnicas y actitudes. Esto último exige un conjunto más específico de metas. Los resultados en este nivel más concreto hacen referencia a objetivos educativos.
> *(Taba, 1962, 196; en Stenhouse, 1991, 90)*

La especificación de los fines generales puede realizarse mediante una declaración de intenciones o bien a través de una serie de consideraciones de carácter pedagógico que concretan las aspiraciones últimas del plan propuesto. Hay que tener en cuenta que, en algunos casos, los fines generales aluden sólo a principios de carácter lingüístico y pedagógico o bien a la forma de concebir el aprendizaje de la lengua; en otros casos, sin embargo, se añaden también consideraciones que tienen que ver con los fines de la institución que promueve el currículo. Estos fines institucionales pueden poner énfasis en el desarrollo de determinados valores y actitudes, en consonancia con los principios generales que constituyen la razón de ser de la institución promotora. Un ejemplo de especificación de fines generales que responden tanto a las bases teóricas asumidas como a los fines institucionales lo podemos encontrar en el apartado correspondiente del Plan Curricular del Instituto Cervantes, que reproduzco a continuación (PCIC, 1994, 25):

Fines generales

Los fines generales de la enseñanza del español en los centros del Instituto Cervantes son los siguientes:

1º.- Capacitar a los alumnos para un uso efectivo del español como vehículo de comunicación.

2º.- Conseguir que los alumnos alcancen un mayor control de su propio proceso de aprendizaje y que sean capaces de continuar dicho proceso de forma autónoma una vez finalizado el currículo.

3º.- Mediante la enseñanza del idioma, promover el acercamiento entre la cultura hispánica y la del país de origen, así como transmitir una imagen auténtica de aquélla y colaborar en la destrucción de tópicos y prejuicios.

4º.- Colaborar en el desarrollo de actitudes y valores con respecto a la sociedad internacional, como el pluralismo cultural y lingüístico, la aceptación y la valoración positiva de la diversidad y de la diferencia, el reconocimiento y el respeto mutuo.

Los dos primeros fines aluden a aspectos que tienen que ver con la fundamentación teórica del currículo: una concepción de carácter comunicativo en el modo de entender la lengua y la voluntad de desarrollar la autonomía en el aprendizaje por parte del alumno. El primero de estos fines es casi un lugar común en los planes pedagógicos desde mediados de los 70, y se refiere al desarrollo de las capacidades que permitirán al alumno comunicarse en la nueva lengua. El segundo fin general, que recoge la pretensión de fomentar el control del alumno sobre su propio aprendizaje, implica un compromiso que obliga a los responsables de la elaboración del currículo a tener muy en cuenta la repercusión de los factores individuales en el aprendizaje de la lengua. En este sentido, una declaración de intenciones generales no es suficiente. Hay que tener en cuenta que el desarrollo de la autonomía es un objetivo pedagógico que debe formar parte de las decisiones que se adopten en ámbitos de planificación como la metodología o la evaluación. La autonomía está directamente relacionada con la actitud del alumno y tiene que ver con la valoración que el propio alumno haga de aspectos como la importancia de asumir riesgos, conocer el propio estilo de aprendizaje, valorar la importancia de la comprensión global aunque no se controlen todos los detalles, el reconocimiento del error como parte del propio proceso de aprendizaje, etc.

Los dos últimos fines, por su parte, tienen que ver con el desarrollo de actitudes y valores que son el reflejo de los principios sobre los que fue concebido el Instituto Cervantes, en consonancia con otras instituciones culturales europeas inspiradas en el mismo ánimo. A la hora de establecer objetivos curriculares más concretos, esto es, lo que podemos denominar *objetivos específicos*, habrá que tener en cuenta no sólo el desarrollo de las capacidades comunicativas de los alumnos sino también los valores y las actitudes que el currículo pretende fomentar. Aspectos como la selección de los textos que vayan a utilizarse en clase, el talante del profesor a la hora de moderar un debate sobre temas que puedan suscitar polémica, las relaciones de poder que se establezcan en clase, etc., son de fundamental importancia para el desarrollo de valores y actitudes positivos. Este desarrollo tiene, por tanto, una doble dimensión, externa e interna. La dimensión externa tiene que ver con el respeto a otras culturas y a otras formas de entender las relaciones sociales y personales. La dimensión interna afecta, como acabo de comentar, al proceso de aprendizaje individual y a la necesidad de fomentar en los alumnos la reflexión sobre el mismo hecho de aprender una nueva lengua.

A la hora de desarrollar el plan o la propuesta curricular, los responsables de la planificación pueden considerar útil concretar la definición de los fines generales, dado que, como he comentado, esta definición suele ser poco matizada. En el caso del PCIC, este desarrollo de los fines generales se ha hecho mediante una serie de *objetivos generales*, que concretan los grandes principios recogidos en los fines generales, pero que no constituyen todavía objetivos referidos a un programa específico. La definición de los objetivos generales nos permitirá considerar con mayor detalle el alcance que el currículo pretende dar a las ideas y los principios en los que se inspira. Así, los ejemplos que reproduzco a continuación, que desarrollan los fines generales segundo y cuarto, proporcionan, entre otras cosas, una visión más amplia y matizada de lo que el currículo entiende por actitudes, internas y externas, en el sentido que he comentado anteriormente (PCIC 1994, 26-28):

Objetivos generales en relación con el segundo de los fines

- Desarrollo de la capacidad de reconocer las propias necesidades de aprendizaje y de identificar los objetivos personales con respecto al currículo.

- Desarrollo de la capacidad de reconocer los propios rasgos característicos como sujeto de aprendizaje y de aplicar las técnicas de aprendizaje que se adecuen mejor a tales rasgos.

- Desarrollo de la capacidad de evaluar el propio proceso de aprendizaje y de introducir las modificaciones oportunas.

- Desarrollo de la capacidad de planificar de forma autónoma el propio trabajo, tanto durante el desarrollo del currículo como después de que éste finalice.

- Reconocimiento del valor del aprendizaje en grupo y del papel que desempeñan los compañeros de aprendizaje, el profesor y el propio alumno.

- Desarrollo de la capacidad de reconocer y aprovechar convenientemente las ocasiones de aprendizaje que existan al margen de la programación académica.

Objetivos generales en relación con el cuarto de los fines

- Aprecio y valoración positiva de la diversidad cultural y lingüística de la sociedad internacional.

- Aprecio de los rasgos de la propia cultura y civilización, sin incurrir en valoraciones absolutas de los mismos.

- Comprensión y aceptación de la existencia de visiones del mundo propias de cada sociedad y de escalas de valores no coincidentes con la propia.

- Valoración positiva del hecho de entablar y mantener relaciones fructíferas con otras culturas y sociedades a partir del mutuo respeto.

Una definición de objetivos generales del tipo de la que propone el PCIC puede presentarse, en otro modelo curricular, bajo el título de "fines generales"; en otros casos, es posible encontrar una introducción o un comentario de carácter general en vez de una serie de fines y objetivos generales, o incluso puede obviarse cualquier tipo de entrada de carácter general. En todo caso, si existe una declaración de intenciones o una definición de fines y objetivos generales, frecuentemente contendrá, de forma más o menos explícita, un compromiso con respecto a una determinada política curricular, esto es, representará lo que los responsables de la planificación curricular consideran deseable alcanzar mediante el desarrollo del currículo.

De los fines generales a los objetivos de curso

La distribución temporal de los contenidos de la enseñanza mediante distintas formas de segmentación -ciclos, niveles, cursos, etc.- es un paso fundamental en cualquier plan pedagógico, que requiere la adopción de importantes decisiones relacionadas con los criterios que deberán utilizarse a la hora de establecer el orden y la forma en que se presentarán los contenidos. Con frecuencia, los modelos curriculares establecen su sistema de enseñanza a partir de una serie de grandes ciclos o niveles que, a su vez, pueden dividirse en cursos o módulos. Las denominaciones, también en este caso, son variables, y no cabe considerar una única opción. El sistema por el que opta el PCIC, por ejemplo, es bastante común en currículos o planes pedagógicos dirigidos a un tipo de enseñanza general de la lengua, esto es, no dirigida a un fin específico. Este sistema parte de la distribución del currículo en cuatro grandes niveles: (A) inicial, (B) intermedio, (C) avanzado y (D) superior. Cada uno de estos niveles está dividido en distintos cursos, a lo largo de los cuales se desarrolla la progresión del currículo; así, si el nivel (A) comprende un total de 120 horas, puede estar compuesto por dos cursos de 60 horas, o bien por cuatro cursos de 30 horas. En el PCIC no existe un criterio único en cuanto al número de horas de las que debe constar cada curso, ya que, dado que se trata de un plan que ha de aplicarse en contextos muy diferentes, se ha considerado preferible la adecuación, en cada caso, a la demanda existente.

En el PCIC, los fines y los objetivos generales del currículo sirven de base para el desarrollo de los objetivos correspondientes a cada uno de los cuatro niveles establecidos en el sistema. Esta definición de objetivos de nivel presenta ya, aunque sea de modo genérico y sin referirse a situaciones concretas, la descripción de algunos parámetros generales en relación con la actuación comunicativa del alumno. La forma que adopte la definición de los objetivos de nivel o de ciclo en el currículo es variable; más adelante, en este mismo apartado, haré un breve repaso de las formas más frecuentes que se suelen adoptar en la definición de objetivos. El PCIC opta por definir los objetivos de nivel -que son denominados "objetivos específicos"- mediante la descripción de "las capacidades comunicativas correspondientes a cada uno de los niveles, expresadas en términos de conducta observable y organizadas, sólo por razones de exposición, en distintos apartados que se corresponden con cada una de las cuatro destrezas lingüísticas" (PCIC, 30).

En el currículo de lengua general, una vez definidos los objetivos de nivel o de ciclo, el siguiente paso consiste en la concreción de los objetivos que corresponden a un curso concreto. Esta concreción deberá hacerse a partir de los objetivos del nivel correspondiente del currículo, pero teniendo en cuenta las expectativas, los deseos y las preferencias de los alumnos. Como hemos visto, la definición de objetivos de nivel es, todavía, muy amplia, lo que permite un margen de maniobra al profesor para negociar con los alumnos cuáles son las situaciones o los temas que podrán ser desarrollados en las actividades de clase. La motivación de los alumnos siempre será mayor si se sienten involucrados en este tipo de decisiones. Por otra parte, los objetivos de nivel permiten al profesor, antes del inicio de curso, hacer una primera reflexión sobre los procedimientos metodológicos que permitirán poner en juego del modo más eficaz los contenidos del curso.

Formas de describir objetivos

Los objetivos pueden ser descritos de distintas maneras, según el punto de vista que adopten los responsables de la planificación. En opinión de Stenhouse (1991), la exposición más lúcida y directa en relación con el uso de los objetivos en el desarrollo del currículo es la que proporciona Tyler (1949), quien propone cuatro formas de describir objetivos:

- Especificar las cosas que el profesor debe hacer. El propio Tyler critica esta forma de descripción, por cuanto "... la dificultad de un objetivo establecido en forma de actividades que debe realizar el profesor reside en el hecho de que no existe un modo de juzgar si tales actividades han de ser ejecutadas, en realidad. No son el propósito último del programa educativo y, por tanto, tampoco son realmente los objetivos" (Tyler, 1949; en Stenhouse, 1991, 88).

- Especificar el contenido del curso mediante listas de temas, conceptos, generalizaciones u otros elementos. Para Tyler, la utilización de estas aclaraciones como objetivos no es satisfactoria, "... ya que no especifican lo que se espera que realicen los alumnos con dichos elementos" (Tyler, 1949; en Stenhouse, 1991, 88).

- Especificar patrones generalizados de comportamientos, como "desarrollar el pensamiento crítico" o "desarrollar actitudes sociales". En opinión de Tyler, este enfoque es correcto al concentrarse en el comportamiento del alumno, "... ya que el auténtico propósito de la educación no consiste en que el profesor realice determinadas actividades, sino en ocasionar cambios significativos en los patrones de comportamiento de los alumnos" (Tyler, 1949; en Stenhouse, 1991, 89); sin embargo, el propio Tyler considera este tipo de especificación demasiado amplio y estima necesario concretar el contenido al cual se aplica el comportamiento.

- Especificar los tipos de conducta que los alumnos serán capaces de realizar como resultado de la enseñanza. Ésta es la fórmula propuesta por Tyler, para quien "... uno define un objetivo con la suficiente claridad si es capaz de ilustrar o describir la clase de comportamiento que se espera que adquiera el alumno, de modo que cuando tal comportamiento sea observado pueda ser reconocido" (Tyler, 1949; en Stenhouse, 1991, 89). A este tipo de objetivos se le ha denominado *objetivos de actuación o de conducta.*

A estas distintas formas de especificación de objetivos añade Nunan (1988a) la posibilidad de definir los objetivos en función de los fines generales y de la filosofía de la institución de enseñanza. Este enfoque coincide con el punto de vista de Taba (1962) que he comentado en el apartado dedicado a los fines generales del currículo y que pone énfasis en la idea de que el desarrollo sistemático del currículo se basa en un proceso de concreción gradual desde los fines generales hasta los objetivos específicos de un curso.

Por su parte, Richards (1990), al analizar el desarrollo del currículo de lengua extranjera, parte de la base de que "... sin definiciones claras de fines y objetivos, los problemas relacionados con el contenido, la metodología y la evaluación no pueden ser resueltos de forma sistemática" (Richards, 1990, 8). Los objetivos son, para Richards, un ingrediente necesario del currículo:

> Independientemente del enfoque que se utilice para definir los fines y los objetivos, todos los programas de lengua funcionan con objetivos explícitos o implícitos. Si el programa no hace explícitos los objetivos, los profesores y los alumnos tendrán que inferirlos de los contenidos, los materiales o las actividades de clase; así, los profesores se pueden referir a los objetivos simplemente como las metas de la enseñanza (p. ej., "desarrollar la confianza de los alumnos al hablar"), como descripciones del curso (p. ej., "concentrarse en las destrezas auditivas"), o como descripciones del material que están utilizando (p. ej., "presentar el capítulo 3 del libro X").
> *(Richards, 1990, 8)*

A la hora de hacer explícitos los objetivos, podemos considerar distintas posibilidades. Presento a continuación una breve revisión de las más frecuentes, a partir de la clasificación propuesta por Richards (1990).

Objetivos basados en destrezas

Una forma frecuente de definición de objetivos en los programas de

Aplicar a mis clases.

concreción

lengua es especificar *microdestrezas*, esto es, la serie de procesos que constituye cada una de las cuatro *(macro)destrezas*: leer, escribir, escuchar y hablar. Al especificar las *microdestrezas* se describen las competencias que constituyen la habilidad funcional en una determinada destreza, si bien son independientes de situaciones o contextos específicos. Precisamente he comentado antes, a propósito de los objetivos de nivel del PCIC, este matiz de la no dependencia contextual o situacional. Estos objetivos de nivel son un buen ejemplo de objetivos basados en destrezas, en la medida en que se refieren a distintos procesos relacionados con las cuatro grandes destrezas. En el momento en que se definen los objetivos de nivel o de ciclo del currículo, no existe todavía una especificación de los contextos o situaciones en los que las microdestrezas habrán de ponerse en juego, pero sí hay una primera concreción de los distintos procesos que constituyen cada destreza, lo que puede resultar enormemente útil como base para la descripción posterior de los objetivos de curso.

En el PCIC (pp. 30-39), la descripción de objetivos de distintas destrezas correspondientes a un mismo nivel se presenta del siguiente modo:

COMPRENSIÓN AUDITIVA

Inicial
1º. En relación directa con un interlocutor que tenga en cuenta que se está dirigiendo a un extranjero principiante, comprender enunciados que se refieran a:

> • necesidades materiales y relaciones sociales de la vida cotidiana;
> • sensaciones físicas y sentimientos que se hayan formulado explícitamente;
> • opiniones personales expresadas de forma explícita y sencilla.
> (...)

COMPRENSIÓN DE LECTURA

Inicial
1º. Entender lo esencial de textos auténticos cortos relacionados con necesidades básicas de la vida diaria.

> • cartas y notas personales, anuncios, etc.
> (...)

EXPRESIÓN ESCRITA

Inicial
1º. Escribir notas personales sobre las necesidades básicas de la vida cotidiana.

(...)

EXPRESIÓN ORAL

Inicial
1º. En relación directa con un interlocutor, producir enunciados relativos a:

> • necesidades básicas y fórmulas sociales de la vida cotidiana;
> • sensaciones físicas y estados de ánimo;
> • opiniones y sentimientos.

Los objetivos basados en destrezas especifican lo que los alumnos deberán ser capaces de hacer como resultado de la enseñanza, y esto, según el análisis de Tyler, es un factor positivo, en la medida en que existe una aproximación a las necesidades específicas de los alumnos. Hay, sin embargo, argumentos en contra de este tipo de objetivos, como su ambigüedad y subjetividad, que los puede hacer en la práctica poco eficaces, o el hecho de que sean difícilmente divisibles en unidades menores. Este último inconveniente se presentaría, por ejemplo, en el paso de los objetivos de nivel a los objetivos de curso, cuando un nivel está compuesto por una serie de cursos a lo largo de los cuales progresa el currículo.

Objetivos basados en contenidos

Un programa de lengua puede especificar sus objetivos a partir de los contenidos previstos. Richards cita como ejemplo la descripción de objetivos que se propone en los documentos del *Threshold Level* del Consejo de Europa (1980). Si cotejamos la edición correspondiente al español, *Un nivel umbral* (Slagter 1979), encontramos lo siguiente:

> Los alumnos deberán saber decir dónde y cómo viven ellos y los demás. En particular, se dedicará atención a lo siguiente:

Tipos de vivienda:

describir el tipo de casa, apartamento, etc., en el que viven ellos mismos y las personas que viven en su barrio o cercanías, y obtener información semejante de otros.

Habitaciones e instalaciones: describir la instalación de su propia casa o apartamento y las habitaciones que tienen y obtener información semejante de los interlocutores.

Muebles y ropa de cama:

hablar de la disponibilidad de las piezas más importantes en cuanto a muebles y ropa de cama, y preguntar acerca de ello.

(...)

(Un nivel umbral, *Slagter, 1979, 21*)

Los objetivos pueden especificarse también a partir de las listas de funciones lingüísticas. Este tipo de especificación no parte de un análisis de los procesos que constituyen las destrezas lingüísticas, sino de la descripción de una serie de funciones o "actos de habla", como, por ejemplo, "identificar personas, lugares y objetos", "expresar intenciones", etc. Las listas de funciones pueden referirse a un ámbito particular de actividad, como en el caso de los cursos de fines específicos. En este caso habría una enumeración de las funciones lingüísticas más frecuentes en diferentes situaciones relacionadas con ese ámbito de actividad.

Otra posibilidad es que los objetivos especifiquen el contenido gramatical. Por ejemplo:

- Uso de *ser* para identificar. *Ser* + sustantivo.
- Uso de *ser/estar* + adjetivo calificativo.
- Presente de indicativo de los verbos regulares e irregulares más frecuentes. Expresión de acciones habituales.
- Construcciones con verbos como *gustar, parecer, doler.*
- Perífrasis verbales, tales como *tener que + infinitivo; ir a + infinitivo; estar + gerundio; poder + infinitivo.*

Un aspecto importante que es necesario tener en cuenta es que el uso como objetivos de listas que contienen descripciones de destrezas, de funciones o de contenidos gramaticales, nos lleva, en la práctica, a la conclusión de que la distinción entre los objetivos y los contenidos, dos componentes de la planificación curricular que se han considerado tradicionalmente por separado, desaparece.

Objetivos basados en el nivel de competencia

Si optamos por definir los objetivos en función del nivel del alumno en lo que respecta a sus conocimientos y a su capacidad de uso de la lengua, la descripción consistirá en una escala de distintos grados. Así, por ejemplo:

NIVEL INICIAL

El alumno es capaz de expresar de forma sencilla, tanto oralmente como por escrito, opiniones personales, sensaciones físicas, sentimientos y necesidades relacionadas con la vida cotidiana. El mensaje será comprensible en términos generales, aunque pueden aparecer con cierta frecuencia errores léxicos y gramaticales. El alumno es capaz, también, de leer cartas, notas personales y textos breves relacionados con necesidades básicas de la vida diaria.

NIVEL INTERMEDIO

El alumno puede expresar oralmente y por escrito opiniones, sensaciones físicas, sentimientos y necesidades. El mensaje será comprensible en términos generales, aunque pueda contener algunos errores léxicos y gramaticales. En relación directa con un interlocutor, el alumno es capaz de mantener una conversación a ritmo normal sobre temas que le sean familiares. El alumno puede, también, leer textos de carácter general y es capaz de seguir el desarrollo argumental de textos literarios sencillos y breves cuya comprensión sólo requiera conocimientos generales de la realidad sociocultural.

NIVEL AVANZADO

En relación directa con uno o varios interlocutores, el alumno es capaz de proporcionar información detallada sobre temas de carácter general, hacer inferencias sobre las opiniones del hablante y transmitir su propia actitud hacia el tema de conversación. Puede escribir textos de cierta longitud con estructuras sintácticas habituales y con un dominio general de los recursos estilísticos más frecuentes. En la lectura, es capaz de percibir elementos implícitos -alusiones, humor, ironía-. Comprende textos literarios accesibles que sólo requieran conocimientos generales de la realidad sociocultural.

NIVEL SUPERIOR

En relación con uno o varios interlocutores en conversaciones de ritmo fluido, el alumno es capaz de razonar sus puntos de vista y rebatir los contrarios, así como utilizar los recursos y fórmulas sociales que facilitan la interacción oral. En la escritura, es capaz de utilizar giros, expresiones y recursos estilísticos que le permiten hacer un uso creativo de la lengua. Al leer, es capaz de reconocer referencias y alusiones no explícitas en el texto. Puede seguir sin dificultad textos literarios de autores contemporáneos cuya comprensión sólo requiera conocimientos generales de la realidad sociocultural.

Este tipo de escalas son frecuentes, también, en las descripciones del nivel de exigencia requerido en exámenes o en pruebas objetivas. Como apunta Richards (1990), este procedimiento se puede utilizar no sólo para determinar el grado de competencia del alumno con el fin de situarlo en un determinado nivel del currículo, sino también para establecer los objetivos del programa. Es frecuente, sin embargo, que este tipo de escalas tiendan a reflejar, sobre todo en niveles bajos, lo que el alumno todavía no es capaz de hacer, por lo que pueden resultar poco útiles como descripción de objetivos. También se ha criticado la falta de datos empíricos que permitan desarrollar descripciones válidas con respecto a las distintas destrezas.

Objetivos de actuación o de conducta

La propuesta de Tyler de establecer objetivos mediante la descripción del comportamiento que se espera del alumno como resultado de la enseñanza constituye un procedimiento ampliamente reconocido en el campo de la planificación de programas de enseñanza. Nunan (1988a) hace repaso de las opiniones, a favor y en contra, de distintos autores con respecto a los *objetivos de actuación*. Para Grondlund (1981), por ejemplo, este tipo de objetivos nos fuerza a ser realistas sobre lo que es posible lograr mediante un programa de enseñanza y facilita, además, la evaluación de los alumnos. Otros argumentos a favor ponen de relieve el hecho de que esta forma de describir objetivos permite a los profesores transmitir las intenciones pedagógicas de un curso, lo que es de gran utilidad para otros aspectos de la planificación, como la selección de materiales didácticos. Facilitar la enseñanza al hacer hincapié en las destrezas y *microdestrezas* que subyacen en los distintos contenidos o ayudar a los profesores a clarificar sus propios objetivos se consideran también factores positivos de este tipo de descripción. Por el contrario, otros autores piensan que los profesores no suelen planificar pensando en objetivos sino en actividades, o que existen muchas fórmulas para dar coherencia a un programa sin necesidad de especificar objetivos. En el campo de la teoría general de la educación, Stenhouse (1991) pone en cuestión este tipo de objetivos, si bien su crítica se limita a la utilización de objetivos en asignaturas dirigidas al desarrollo de conocimientos y sensibilidad de carácter estético y no al aprendizaje de lengua.

Mager (1962) especifica las tres características fundamentales de los objetivos de actuación:

1. Deben describir sin ambigüedad la actuación que debe ser realizada.
2. Deben describir las condiciones bajo las cuales se ha de realizar la actuación.
3. Deben establecer un nivel mínimo para que se considere aceptable la actuación.

En función de estos requisitos, podemos hablar de tres componentes necesarios en la descripción de objetivos de actuación, que serán, respectivamente, la *actividad,* las *condiciones* y el *nivel*. Un ejemplo de descripción de un objetivo de actuación podría ser el siguiente:

"Después de escuchar una conversación grabada entre hablantes nativos, el alumno será capaz de localizar en un mapa por lo menos dos de los tres establecimientos que se mencionan en la conversación".

Actividad: localización espacial.
Condiciones: una grabación entre hablantes nativos.
Nivel: dos de los tres establecimientos mencionados.

Objetivos de proceso

Richards (1990) observa que muchos objetivos de aprendizaje no pueden establecerse mediante la mera descripción de los cambios en la conducta o en la capacidad de actuación de los alumnos, y que, en estos casos, es preferible centrarse en el valor y la importancia que tengan, por sí mismas, las actividades de clase en las que participan los alumnos, sin necesidad de precisar los resultados del aprendizaje.

Para entender el alcance de lo que lo que se ha denominado *objetivos de proceso*, conviene partir de una diferenciación conceptual, bien descrita por Nunan (1988b) a propósito del análisis de los componentes del currículo, entre *pro-*

ceso y *producto* o *resultado*. La serie de acciones dirigidas a un fin constituye un proceso; el propio fin constituye el producto o resultado. Así, por ejemplo, los ejercicios que se hacen en clase para aprender unas determinadas estructuras sería el proceso; la lista de estructuras sería el producto. La interacción entre dos hablantes sería el proceso, y la conversación grabada en una cinta magnetofónica sería el producto. Al aplicar esta diferenciación conceptual a los objetivos, Nunan distingue los objetivos de resultado, que describen lo que los alumnos serán capaces de hacer como resultado de la enseñanza, y los objetivos de proceso, que describen las actividades diseñadas para desarrollar las destrezas necesarias para llevar a cabo los objetivos de resultado. Los objetivos de resultado especifican, por lo tanto, fines, mientras que los de proceso especifican medios. Nunan (*op. cit.*) llama la atención sobre el hecho de que ambos tipos de objetivos no son mutuamente excluyentes, y que un programa de lengua necesitará recoger especificaciones de los dos tipos.

7.2 Contenidos

Contenidos, programación, programa

Un problema previo a la consideración de todo lo relacionado con este ámbito de planificación es la determinación del alcance de algunos términos clave, como *contenidos*, *programación* o *programa*. En el capítulo 5 he adelantado ya la distinción entre el plan curricular, en el que se recoge una serie de especificaciones sobre objetivos, contenidos, metodología y evaluación, y el nivel de actuación o de aplicación, en el que, a partir de las especificaciones del plan curricular, se toman decisiones con respecto al plan pedagógico de un curso concreto. Desde este punto de vista, el término *contenidos* identifica en el nivel de planificación a uno de los componentes del plan curricular. No obstante, con el término *contenidos* puede asociarse tanto la idea de la selección de los elementos que constituyen lo que va a ser enseñado como la idea de la distribución de estos elementos a lo largo de una secuencia temporal que se corresponde con un determinado ciclo de enseñanza. Podemos hablar, entonces, de selección de contenidos, por una parte, y de organización o distribución de contenidos, por otra.

En un primer análisis, podemos entender que en el plan curricular se lleva a cabo la selección del conjunto de contenidos y que las decisiones relativas a la distribución temporal se llevan a cabo en el nivel de aplicación del currículo y con respecto a cada curso concreto. La selección de los contenidos del currículo correspondería, por tanto, a los responsables de la planificación curricular, mientras la distribución temporal de los contenidos seleccionados sería labor del equipo docente. No obstante, al analizar los objetivos, he comentado que es frecuente que el currículo se presente organizado en una serie de niveles generales, que en el caso del PCIC son el inicial, el intermedio, el avanzado y el superior. Cada uno de estos niveles tiene sus propios objetivos, que definen, mediante una descripción de carácter general, los resultados esperables con respecto a las capacidades comunicativas de los alumnos. De análoga manera a lo que ocurre con los objetivos, cabe considerar todavía en el nivel de planificación la posibilidad de una distribución de contenidos por niveles, que guarde relación con los objetivos descritos y que permita, a la vez, establecer una serie de criterios de evaluación que garantice la coherencia del currículo al tener en cuenta los objetivos y los contenidos de cada uno de los niveles. De este modo, también en el nivel de planificación se lleva a cabo una cierta distribución temporal de los contenidos, aunque tan sólo en relación con los grandes ciclos de enseñanza del currículo. Por otra parte, los equipos docentes, al preparar un curso concreto, seleccionarán del conjunto de contenidos del nivel correspondiente aquellos que sean pertinentes para el desarrollo del curso y organizarán estos contenidos en función del enfoque pedagógico que decidan dar al curso.

En los proyectos o planes curriculares, la especificación de los contenidos suele hacerse a través de una serie de listas o inventarios; así, podemos encontrar una lista en la que se presenta un conjunto de estructuras gramaticales, otra en la que se presentan funciones lingüísticas, otra con temas o con situaciones, otra dedicada al léxico, etc. A partir de estas listas o inventarios de contenidos del plan curricular, podríamos considerar que el término *programación* se refiere al proceso de selección y distribución de los contenidos específicos para un grupo determinado de alumnos y para un periodo de tiempo concreto; el resultado de este proceso sería el *programa* de curso. Hay que tener en cuenta, sin embargo, que esta interpretación del término *programa*, relacionada sólo con el ámbito de los contenidos, refleja la visión tradicional de la enseñanza de lenguas extranjeras, en virtud de la cual los planes pedagógicos se limitan básicamente a la selección y organización de los contenidos, sin considerar factores metodológicos o de otro tipo. Una interpretación más amplia del término *programa* podría englobar los distintos componentes de la planificación que los profesores deben poner en juego a la hora de elaborar un plan de curso. De este modo, *programa* designaría al conjunto de decisiones que adopten los profesores a la hora de aplicar a un curso concreto las especificaciones del plan curricular, *pero no sólo en relación con los contenidos sino también en relación con otros componentes de la planificación, como los objetivos, la metodología y la evaluación.* Creo que esta segunda acepción resulta más coherente con el enfoque general del currículo, que parte de la idea de integración y coherencia entre los distintos componentes de la planificación.

Los inventarios de contenidos

Es importante dejar claro que las listas o inventarios de contenidos del plan curricular son sólo un conjunto de especificaciones o de elementos particulares de enseñanza -estructuras, funciones, palabras, temas, etc.-, que no constituyen un plan pedagógico apto para guiar la actuación del profesor en clase. Podemos encontrar abundantes ejemplos de especificación de contenidos en una primera fase de planificación, esto es, la correspondiente a las listas o inventarios de los planes curriculares; sin embargo, la segunda fase de planificación, es decir, la que tiene que ver con la forma en que los profesores hacen uso de los inventarios para establecer el programa de curso, ha sido mucho menos desarrollada en los enfoques comunicativos de enseñanza de lenguas. Así, por ejemplo, *Un nivel umbral* recoge, como ya he comentado, listas de estructuras, nociones, situaciones, etc., pero no indica nada sobre la explotación práctica de este material. El PCIC, por su parte, añade a la lista de contenidos una serie de especificaciones sobre aspectos metodológicos y de evaluación, pero tampoco propone un programa de actuación. En el modelo que propongo en este libro, la aplicación de las especificaciones del plan curricular corresponde al nivel de actuación, que comentaré en el próximo capítulo.

El plan curricular refleja, por tanto, un análisis previo al programa de curso y tiene la ventaja de que permite dar coherencia a la actuación pedagógica de distintos profesores en un mismo centro, dado que, aunque el programa de curso variará en función de las características y las necesidades de cada grupo particular de alumnos, la especificación de los objetivos y de los contenidos de ciclo permitirá garantizar que los distintos profesores se orientan por unos mismos "postes" de referencia que conducen a unas mismas "metas" en cada uno de los escalones del currículo. Esto permitirá elaborar pruebas de evaluación de final de ciclo que respondan a niveles de exigencia homogéneos, lo que favorece la coherencia del sistema. Por otra parte, si el currículo se aplica en diferentes centros docentes, la especificación de objetivos y contenidos constituirá una base de referencia común para distintos equipos de profesores que pueden encontrarse muy alejados geográficamente.

El plan curricular contiene, por tanto, "material en bruto": listas de objetivos y contenidos, orientaciones, criterios; el programa de curso deberá articular este material mediante el desarrollo de una serie de actividades que se relacionan entre sí de forma significativa y que se orientan hacia la realización de objetivos finales de carácter comunicativo. El programa constituye, así, el plan pedagógico que orienta el proceso de enseñanza y aprendizaje en un curso concreto.

En los próximos apartados comentaré algunos aspectos relacionados con las distintas categorías que constituyen las listas de contenidos. Hay que tener en cuenta, sin embargo, el interés que en años recientes ha despertado el análisis de los procesos de aprendizaje y las importantes consecuencias del cambio de enfoque que ello supone en relación con los programas basados en unidades de análisis de carácter lingüístico, como las estructuras o las funciones. En el capítulo 8 consideraré las repercusiones que tiene este cambio de énfasis desde los contenidos hacia los procesos y propondré un enfoque conciliador desde la perspectiva del currículo.

Estructuras y funciones

La especificación de la serie de estructuras gramaticales que corresponde a cada uno de los ciclos de enseñanza puede constituir un inventario independiente en el plan curricular. Tradicionalmente, la distribución de los contenidos gramaticales por ciclos o niveles se hacía en función del criterio de la mayor o menor complejidad estructural de los distintos elementos de enseñanza; así, en el primer nivel se presentaban estructuras de sintaxis sencilla y la gradación de la dificultad se relacionaba con la presentación de estructuras sintácticas gradualmente más complejas. Este enfoque ha sido rebatido desde la perspectiva de la teoría de la adquisición de lenguas, que ha puesto en cuestión el principio de que las estructuras más sencillas se adquieren antes que las más complejas. El afán por respetar la gradación de la complejidad de las estructuras obligaba, además, a distorsionar las muestras de lengua que se ofrecían al alumno en los materiales de enseñanza.

Como hemos visto en el capítulo 3, el análisis de la dimensión del uso de la lengua y la necesidad de presentar las muestras de lengua en contextos relacionados con las necesidades comunicativas de los alumnos motivó la aparición de los programas nocional-funcionales, que permitían una presentación más natural de las estructuras gramaticales. Así, es frecuente encontrar inventarios en los que aparecen relacionadas las estructuras y las funciones. En *Un nivel umbral* (1979, 38-39) encontramos, por ejemplo, lo siguiente:

preguntar sobre la aceptación o rechazo de una oferta
¿va usted/vas a + FV (hacerlo, venir, etc.)?

preguntar si algo se considera posible o imposible de hacer

¿es posible
$\left\{\begin{array}{l} + \text{ infinitivo?} \\ \\ + \text{ que } + \text{ cláusula subordinada (subj.)?} \end{array}\right.$

¿se puede + infinitivo + FN? (p. ej.: ¿se puede marcar directamente?)
¿puede + FN + FV?
¿quizás + oración (subj./indicativo)?
(...)

Pero también es posible que las estructuras y las funciones aparezcan especificadas en listas diferentes. Esto es lo que ocurre, por ejemplo, en el PCIC. Esta especificación por separado permite evitar el riesgo de que las funciones se identifiquen con estructuras concretas, pero tiene el inconveniente de que resulta menos práctico para el profesor a la hora de desarrollar el programa de curso, dado que la concreción de las estructuras permite dilucidar el alcance que el responsable de la planificación atribuye a cada función particular.

En las listas funcionales es frecuente que los distintos elementos aparezcan agrupados en bloques que responden a un mismo concepto. Así, por ejemplo, la lista de contenido funcional correspondiente al nivel inicial en el PCIC (1994, 49) presenta la siguiente organización:

LENGUA Y COMUNICACIÓN: Contenido funcional

Inicial
(...)

* *Opiniones*
   - Expresar y pedir opiniones sobre alguien o algo.
   - Expresar y preguntar por acuerdo y desacuerdo.
   - Corroborar y negar una afirmación de otro.

* *Conocimiento y grado de certeza*
   - Expresar conocimiento o desconocimiento.
   - Expresar y preguntar por el grado de (in)seguridad.

* *Obligación, permiso y posibilidad*
- Expresar y preguntar si es posible o no hacer algo.
- Expresar y preguntar por la obligatoriedad de hacer algo.
- Pedir, conceder y denegar permiso.
(...)

Hay que tener en cuenta que la especificación de las funciones que aparecen en el inventario puede responder a diferentes enfoques de análisis. Así, si comparamos los conceptos que agrupan las funciones en *Un nivel umbral* y en el PCIC, encontramos lo siguiente:

Un Nivel Umbral:

1. *Dar o pedir información*
2. *Expresión de actitudes intelectuales y su comprobación*
3. *Expresión de estados emocionales y su comprobación*
4. *Expresión y comprobación de actitudes morales*
5. *Persuasión*
6. *Usos sociales de la lengua*

PCIC:

* *Información general*
* *Opiniones*
* *Conocimiento y grado de certeza*
* *Sentimientos, deseos y preferencias*
* *Obligación, permiso y posibilidad*
* *Sugerencias, invitaciones e instrucciones*
* *Usos sociales de la lengua*
* ***Organización del discurso***
* ***Control de la comunicación oral***

La definición de los conceptos que agrupan las funciones es diferente en un primer análisis, si bien el cotejo de las funciones particulares incluidas en cada grupo nos permite comprobar la similitud de los dos enfoques, excepto en el caso de los dos últimos apartados del PCIC, que constituyen una novedad con respecto a *Un nivel umbral* y que dan la medida de la ampliación del enfoque del análisis lingüístico que se ha producido en los últimos quince años. Como ya he comentado en 4.2, hay que tener en cuenta que *Un nivel umbral* es la adaptación de la primera versión del *Threshold Level*, que no incluía todavía la descripción de elementos relacionados con el análisis del discurso o con las estrategias de comunicación. Este análisis aparece reflejado en los dos últimos apartados del PCIC (1994, 50), del siguiente modo:

LENGUA Y COMUNICACIÓN: Contenido funcional

Intermedio

(...)

* Organización del discurso
-Introducir un tema u opinión.
-Coordinar y organizar elementos y partes del discurso.
-Poner ejemplos.
-Destacar determinados aspectos del discurso.
-Finalizar una intervención o un discurso.
-Redactar cartas según los usos habituales (saludos, encabezamientos, despedidas, fechas, etc.).

* Control de la comunicación oral
-Mostrar que se está siguiendo el discurso de otra persona.
-Indicar el deseo de continuar.
-Animar a alguien para que continúe.
-Mantener activa la comunicación en caso de dudas sobre el lenguaje o sobre el contenido del discurso.
-Corregirse a uno mismo.
-Parafrasear.
-Repetir lo que uno mismo ha dicho.
-Comprobar o indicar que se ha comprendido algo mediante un resumen del significado o de la intención expresada por el hablante.
-Indicar inseguridad en cuanto a la comprensión de algo.

Nociones generales y nociones específicas (léxico)

Otro inventario frecuente en la especificación de contenidos es el correspondiente a las nociones generales y específicas. Las nociones son descritas en *Un nivel umbral* del siguiente modo:

Las nociones son conceptos empleados en la comunicación verbal. Estas nociones son heterogéneas en el sentido de que representan una gran variedad de niveles de abstracción. Esto es inevitable porque refleja la naturaleza de la lengua misma. Utilizamos la lengua para

referirnos a objetos concretos como mesas y sillas, pero también nos servimos de ella para hablar de relaciones muy abstractas tales como el dativo y el acusativo o complemento directo e indirecto.
(Un Nivel Umbral 1979, 28)

Las nociones generales aparecen en *Un nivel umbral* (1979, 28) especificadas del siguiente modo:

NOCIONES GENERALES

(...)

2.	*Nociones de propiedades y cualidades*
2.1	Existencia
2.1.1	existencia/inexistencia
2.1.2	presencia/ausencia
2.1.3	disponibilidad/su contrario
(...)	
2.2	*Espacio y tiempo*
2.2.1	lugar
2.2.2	movimiento
2.2.3	dimensiones
2.2.3.1	tamaño
2.2.3.2	longitud
(...)	

En el PCIC, sin embargo, no aparece una lista independiente de nociones generales, si bien puede observarse que la organización de la lista de contenido gramatical responde a un criterio flexible: las estructuras aparecen organizadas generalmente por categorías gramaticales, pero en algunos casos se introducen criterios nocionales para organizar un grupo concreto de estructuras. Así, por ejemplo (PCIC, 1994, 59):

* *Referencias temporales*
    -Indicadores de la habitualidad y de la frecuencia (p. ej., *nunca; a veces; todos los días*).
    -Indicadores más frecuentes del tiempo pasado, presente y futuro.
    -Expresión de la hora, de la fecha, de la estación del año.
    -Indicadores de anterioridad y de posterioridad con respecto al presente (p. ej., *antes de; después de*).

* *Referencias espaciales*
        -Indicadores de localización espacial, tales como *aquí; encima (de);*
        al norte.
        -Indicadores de proximidad, lejanía, distancia.
        -Indicadores de delimitación espacial, tales como *desde...hasta*; *de...a.*

Esta flexibilidad en la aplicación de los criterios de análisis por parte de los responsables de la planificación denota un afán por proporcionar instrumentos que puedan resultar útiles al profesor en la articulación de las actividades, más que un desarrollo sistemático de categorías lingüísticas, lo que permite pensar que los inventarios de contenidos están generalmente concebidos desde un enfoque más pedagógico que estrictamente lingüístico.

La lista de nociones específicas (léxico) suele ir asociada a la de nociones generales, si bien puede aparecer también como lista independiente, ordenada alfabéticamente. En el PCIC no aparece ninguna lista de léxico, por lo que será el profesor quien deberá proveer lo necesario en el programa de curso, en función de las necesidades derivadas de la realización de las actividades. Es frecuente que las listas de léxico diferencien entre el productivo o activo y el receptivo o pasivo, aunque la diferenciación entre ambos tipos no siempre es fácil de establecer. Como observa Slagter en *Un nivel umbral*, a propósito de la adaptación de la versión inglesa al español:

> La lista inglesa distingue entre palabras P y palabras R, indicando la necesidad que tiene el alumno de tener un dominio Productivo o bien un dominio Receptivo de las palabras y construcciones en cuestión. Se ha aplicado esta distinción con el fin de reducir en lo posible el esfuerzo total de aprendizaje para el alumno. En el curso de la preparación de nuestra lista, sin embargo, tropezamos con demasiados casos en que la diferenciación entre el uso productivo y el receptivo resulta prácticamente inútil o imposible de predecir, de forma que renunciamos por completo a dar este tipo de indicación.
> *Un nivel umbral (1979, 35)*

Situaciones y temas

En 3.5, al comentar la dimensión sociocultural en el currículo comunicativo, he presentado algunos fragmentos de la lista de contenido temático del PCIC, en la que se establecen tres diferentes bloques de temas -*la vida cotidiana; la*

España actual y el mundo hispánico; temas del mundo de hoy- con una serie de acotaciones que aluden a los parámetros de progresión en el programa.

En *Un nivel umbral* se presenta una especificación más pormenorizada que la del PCIC en relación con los temas, ya que se incluye dentro de cada epígrafe general una lista de conceptos particulares. Los temas aparecen descritos del siguiente modo (pp. 13-14):

1. *Identificación personal*

    1.1 nombre
    1.2 dirección (=residencia)
    1.3 número de teléfono
    (...)

2. *Casa y hogar*

    2.1 tipos de vivienda
    2.2 habitaciones e instalaciones
    2.3 muebles y ropa de cama
    (...)

3. (...)

La lista de temas de *Un nivel umbral* es muy semejante al primer bloque temático del PCIC (*vid. epígrafe* 3.5), *La vida cotidiana*. En realidad, en ambos casos se pretende una descripción de aquellos temas relacionados con la experiencia sociocultural más inmediata del alumno. En el caso del PCIC, se proponen para los niveles avanzados y superiores bloques temáticos que gradualmente se alejan de la experiencia inmediata e incluyen aspectos de la nueva realidad sociocultural -el mundo hispánico- o temas abstractos centrados en aspectos que ponen énfasis en el desarrollo de valores y actitudes relacionados con el intercambio cultural, el respeto al medio ambiente, etc. He comentado en 3.5 la importancia que tiene el desarrollar la enseñanza en los niveles iniciales en torno a temas familiares para el alumno, que puedan permitirle establecer vínculos emocionales y cognitivos, dado que esta primera etapa será la base más adecuada para un aprendizaje sociocultural más amplio y sistemático en los niveles avanzados.

En *Un nivel umbral* una situación se define como "el complejo de condiciones extra-lingüísticas que determinan la naturaleza de un acto lingüístico" (*cf.* pág. 11) y se caracteriza en función de cuatro componentes fundamentales:

- Los *papeles sociales* que el alumno sabrá desempeñar, que en el caso concreto del nivel que se describe serán *desconocido/desconocido* y *amigo/amigo*.

- Los *papeles psicológicos* que el alumno sabrá desempeñar: *neutralidad, ecuanimidad, simpatía, y antipatía.*

- Los *temas* que el alumno sabrá manejar en la lengua extranjera, descritos de la manera que he presentado más arriba.

- Las *situaciones* en las que el alumno sabrá usar la lengua. Estas situaciones aparecen descritas del siguiente modo (p. 12):

1. *Ubicación geográfica*

    1. país extranjero cuya lengua nativa es la estudiada por el alumno
    2. país extranjero donde la lengua estudiada no es la lengua nativa
    3. país propio del alumno

2. *Lugar*

    2.1 Fuera de casa

      1. calle
      2. plaza
      3. parque, jardín público

(...)

Contenidos y metodología

En 3.1, al comentar los principios de la enseñanza comunicativa en relación con el currículo, he aludido ya a las categorías de *noción* y de *función* como base de un análisis que pretendía superar las limitaciones de los programas gramaticales. La pretensión principal del análisis *nociofuncionalista* era dar respuesta al hecho evidente de que utilizar correctamente las estructuras del sistema gramatical era sólo una parte del aprendizaje de la lengua. Como apunta Johnson (1981), hay un "algo más" que ha de ser aprendido y que comprende la capacidad de utilizar la lengua adecuadamente, es decir, saber decir lo adecuado en el momento adecuado. El "algo más" de Johnson tiene que ver, por tanto, con significados y con usos y no sólo con estructuras. Precisamente he hecho repaso en 6.1 de algunos de los fundamentos teóricos del currículo comunicativo, que ponen énfasis en la importancia de considerar la dimensión de uso de la lengua en el proceso de enseñanza y aprendizaje.

Un problema al que hubo de hacer frente el equipo del Consejo de Europa al elaborar los programas *nociofuncionales* fue el de determinar los significados que debían ser enseñados, esto es, establecer un criterio para la selección de las funciones y la nociones. Es claro que el programa *nociofuncional* no podía dar cuenta de forma sistemática de todos los usos a los que podemos aplicar la lengua, de manera que no era posible enseñar las funciones del mismo modo que había hecho el programa gramatical con respecto a las estructuras. El criterio de selección que se adoptó fue el análisis de las necesidades lingüísticas de los diferentes grupos de usuarios de la lengua. Las necesidades fueron definidas por Richterich (1973) como "las exigencias derivadas del uso de la lengua en la multitud de situaciones que pueden producirse en la vida social de los individuos y de los grupos". Al considerar el inventario de situaciones y temas he presentado la caracterización que propone *Un nivel umbral* del concepto de *situación* como un complejo de factores extra-lingüísticos. El análisis de estos factores nos permitiría determinar, para cada grupo de alumnos, los elementos de enseñanza relevantes. En el capítulo 8, a propósito de la consideración de los procedimientos de análisis de necesidades de los alumnos, veremos el modelo propuesto por Munby para llevar a cabo de forma sistemática el proceso de definición de las necesidades de los usuarios de la lengua. Esta definición se hace, sin embargo, problemática cuando nos enfrentamos con hablantes que demandan una competencia general, no específica. Así, por ejemplo, la caracterización de las situaciones comunicativas, en el caso de un curso de español para los negocios, nos permitirá hacer la selección de los contenidos que sean necesarios; sin embargo, en un curso de lengua general esta caracterización no es posible. Por este motivo, el Consejo de Europa, en las distintas adaptaciones del *Threshold Level*, optó por definir una serie de áreas de interés común para todos los usuarios de la lengua, independientemente de las situaciones o las especialidades.

Lo que he presentado en las páginas anteriores son listas de elementos de enseñanza que, como he adelantado ya, no constituyen un programa que pueda ser utilizado por el profesor en la clase. La definición de programa que he propuesto anteriormente en este mismo epígrafe responde a la idea de integración de los diferentes componentes curriculares. Esto supone un cambio con respecto al enfoque del programa como la mera selección y gradación de los contenidos de la enseñanza. Los programas nociofuncionales se limitaron aplicar el análisis centrado en la dimensión de uso de la lengua a la selección y gradación de los contenidos de la enseñanza, sin advertir que la mera definición de los contenidos desde una perspectiva más amplia que la que proporciona el enfoque gramatical no garantizaba, por sí misma, el éxito en el objetivo de promover la competencia comunicativa del alumno. Más adelante, en el capítulo 8, al estudiar el nivel de actuación del currículo, me ocuparé con mayor detalle de los problemas relacionados con la definición del programa de curso a partir de unidades de análisis o de organización de carácter lingüístico. De momento basta con adelantar que una cosa es definir funciones y nociones comunicativas y otra capacitar realmente a los alumnos para que puedan desenvolverse en la comunicación mediante el uso de esas funciones y esas nociones. Un programa de contenidos, por muy bien descrito que esté, no basta para satisfacer objetivos comunicativos. Como he comentado en 3.1, un programa puede ser nociofuncional sin ser comunicativo y comunicativo sin ser nociofuncional. Es preciso, a este respecto, reconocer la importancia de la metodología, entendida como el conjunto de procedimientos pedagógicos que nos permitirá poner en juego los contenidos de forma eficaz. En el próximo epígrafe comentaré algunos de los rasgos que identifican una metodología fundamentada en principios comunicativos y me referiré a algunos procedimientos metodológicos que favorecen el desarrollo de procesos de comunicación en el aula.

7.3 Metodología

La metodología comunicativa

En el capítulo 1 he comentado que el predominio del paradigma lingüístico sobre el educativo en el campo de la enseñanza de las lenguas extranjeras ha traído consigo el que la atención de los investigadores y de los profesionales haya estado centrada en el análisis de los contenidos, esto es, en el *qué* de la enseñanza, en detrimento del *cómo*. Al considerar las bases teóricas sobre el aprendizaje de la lengua extranjera en 6.2 he aludido al comentario de Richards y Rodgers (1986) en el que estos autores ponen de relieve el contraste que existe entre las abundantes aportaciones teóricas sobre la dimensión comunicativa de la lengua y las escasas investigaciones relacionadas con una teoría del aprendizaje que fundamente la enseñanza comunicativa. Incluso las aportaciones de los trabajos del Consejo de Europa orientadas a la definición de un sistema de unidades acumulables -las distintas versiones del *Threshold Level*- se han limitado a la descripción de objetivos y contenidos lingüísticos y no han atendido, hasta muy recientemente, a la dimensión metodológica de la enseñanza. El cambio de orientación en esta tendencia se empieza a producir hace poco más de diez años, como consecuencia del estímulo que suponen en el campo de la enseñanza de las lenguas extranjeras las aportaciones de la teoría de la adquisición de las lenguas y el desarrollo del paradigma humanista, que traslada el énfasis de la enseñanza desde la consideración de los factores relacionados con el análisis de la lengua hacia las necesidades y los intereses del alumno.

A lo largo del libro he desarrollado algunas de las claves que fundamentan el modelo curricular comunicativo. Al considerar, en particular, las bases teóricas que inspiran la concepción sobre la naturaleza del aprendizaje que orienta este modelo, he presentado de forma sucinta varios de los problemas a los que debe hacer frente una metodología comunicativa: el problema de la transferencia, la concepción del error, los procesos de comunicación y de aprendizaje, el desarrollo de las estrategias de los alumnos, la variación contextual, etc. El plan curricular puede ofrecer orientaciones sobre estos u otros aspectos que constituyen el núcleo de la reflexión teórica en la que se fundamentan las prácticas y los procedimientos metodológicos de carácter comunicativo. Así, el PCIC incluye en el capítulo dedicado a la metodología una serie de consideraciones generales en torno a los siguientes aspectos (PCIC 1994, 77 y ss.):

Responsabilidad del alumno sobre su propio proceso de aprendizaje

Importancia del papel activo del alumno en clase

Práctica de procesos de comunicación en el aula

Transferencia de la práctica del aula a situaciones reales de comunicación

Procesos psicolingüísticos: negociación del significado y adquisición de lengua

Replanteamiento del error

He abordado la mayoría de estos aspectos en diferentes epígrafes del libro, incluso en algunos casos desde diferentes perspectivas:

Hemos visto en 3.1 cómo el poner énfasis en la responsabilidad del alumno sobre su propio proceso de aprendizaje es algo que tiene que ver con un enfoque curricular que considera al alumno el eje del proceso de enseñanza y aprendizaje. A este respecto, facilitar el desarrollo de aquellas estrategias que favorezcan la reflexión del alumno sobre lo que significa aprender una lengua extranjera constituye, como ya he comentado, un objetivo principal del currículo comunicativo.

Estrechamente relacionado con el desarrollo de estrategias de aprendizaje por parte del alumno está el concepto de negociación entendido desde el punto de vista del currículo, esto es, el intercambio de mutuo provecho entre las contribuciones de los alumnos y los objetivos establecidos en el plan curricular (*vid.* 3.2). En este sentido, la alusión al papel activo del alumno no se limita a su participación en las actividades de clase sino que va más allá, en la medida en que se espera de él que aporte su propio punto de vista sobre los objetivos que se pretenden alcanzar en clase y la forma de alcanzarlos.

La práctica de procesos de comunicación en el aula y la transferencia de esta práctica a situaciones reales de comunicación requerirá el desarrollo de procedimientos metodológicos adecuados que permitan desarrollar actividades de comunicación y actividades de aprendizaje en contextos significativos y estimulantes para los alumnos. Las tareas pueden ser, en este sentido, una solución práctica, perfectamente coherente con los principios del enfoque comunicativo y con los planteamientos del enfoque curricular que he presentado a lo largo de estas páginas. En el próximo apartado consideraré con más detalle el alcance de esta opción metodológica.

Un debate metodológico interesante es el relacionado con los mecanismos que hacen posible que el alumno transfiera lo que ha aprendido en clase a situaciones reales de comunicación. La idea de que la clase constituye un espacio de comunicación en el que se ensayan hipótesis y se practica la comunicación mediante la negociación de significados está en la base misma del enfoque comunicativo. De hecho, los procedimientos metodológicos que comentaré en el próximo apartado se fundamentan en esta idea, que conduce a considerar el aula como un microcosmos que refleja el mundo exterior, si bien desde el reconocimiento de que es necesario rentabilizar al máximo el tiempo y los recursos disponibles en función de objetivos pedagógicos. En qué medida pueden transferirse las habilidades comunicativas practicadas a propósito de una determinada situación a otras situaciones diferentes en la vida real y cuáles son los mecanismos que favorecen la transferencia es algo de lo que no existe evidencia empírica suficiente y que está en la base de la discusión sobre la existencia de un tipo de competencia específica que pueda deslindarse de la competencia general.

Como hemos visto en 6.3, las investigaciones sobre los errores de los alumnos permitieron entender mejor los mecanismos que articulaban el desarrollo de los procesos de adquisición de las lenguas. La ampliación del enfoque de los planteamientos contrastivos hizo ver la importancia de los errores como indicador del progreso del alumno, lo que ha abierto un interesante ámbito de investigación cuyos resultados son del máximo interés para el profesor de lengua extranjera.

Las orientaciones generales sobre metodología del plan curricular tienen sentido en la medida en que proporcionan al profesor las claves que permiten relacionar la dimensión de los fundamentos teóricos -la concepción sobre la naturaleza de la lengua y el modo de enfocar el aprendizaje- con las actividades y las experiencias de aprendizaje que constituyen el eje de la práctica de clase. Es importante, sin embargo, que el currículo provea oportunidades para considerar cuáles son los principios pedagógicos en los que sustentan los profesores su propia práctica docente. Hay que tener en cuenta que el plan curricular proporciona instrumentos y criterios que derivan de una serie de concepciones asumidas por los responsables de la planificación, pero no aporta un programa concreto de enseñanza. La aplicación del plan curricular a un entorno determinado por características socioculturales específicas y la concreción de un programa de curso en función de las necesidades de un grupo particular de alumnos es una labor que implica tomar decisiones que van más allá de las especificaciones del plan curricular. Es en la práctica de clase donde se corroboran, o se ponen en cuestión, los principios que fundamentan las orientaciones generales del plan curricular. Es importante, por tanto, que el propio currículo permita un margen suficiente de maniobra para que, a partir de la experiencia práctica de los profesores, puedan introducirse modificaciones, reajustes e incluso cambios de enfoque en el plan inicial.

Además de las orientaciones generales, la metodología en el plan curricular puede ofrecer orientaciones prácticas sobre aspectos particulares de interés para el desarrollo de las actividades y las experiencias de aprendizaje como, por ejemplo, la descripción del modo en que pueden practicarse las destrezas lingüísticas o las estrategias de aprendizaje y de comunicación que se pondrán en juego al practicar una determinada destreza. Así, en el caso de la comprensión auditiva, puede especificarse el tipo de actividades que el profesor puede realizar antes, durante y después de la audición. Así:

- Antes de la audición: proporcionar información sobre el contexto y los interlocutores, comentar algunos términos clave, etc.

- Durante la audición: actividades de comprensión *intensiva* o bien de comprensión *extensiva*.

- Después de la audición: practicar mediante simulaciones diálogos de situaciones similares, criticar lo que se ha oído, etc.

En relación con esta misma destreza, las orientaciones prácticas pueden especificar una serie de estrategias particulares de aprendizaje y de comunicación que sean coherentes con la actividad que se propone. Así, en el caso de la comprensión auditiva podrían desarrollarse las siguientes estrategias:

Estrategias de aprendizaje:

- Formular y verificar hipótesis a partir de la observación de fenómenos propios de la lengua extranjera.
- Desarrollar razonamientos tanto deductivos como inductivos en el proceso de comprensión auditiva.
- Crear asociaciones mentales, sonoras, cinéticas, etc., que ayuden a la adquisición y al aprendizaje del léxico.

Estrategias de comunicación:

- Ignorar aquellas palabras no relevantes para la comprensión global del texto aunque se desconozca su significado. Con ello, el alumno desarrollará su capacidad de comprensión global y de concentración.
- Usar el contexto visual y verbal -gestos, entonación, tono, ritmo, pausas y silencios, etc.- como claves para averiguar la intención y la actitud del hablante.
- Utilizar los conocimientos culturales previos de carácter general, así como los relacionados con el tema y el tipo de texto.
- Deducir el significado de una palabra:
    • por su similitud con su equivalente en la lengua materna, sin olvidar que en ocasiones las conclusiones que se obtienen son erróneas;
    • a partir del entorno textual -contexto léxico, sintáctico, discursivo, semántico-.
- Reconocer la relación que existe entre los interlocutores según el registro que utilizan y la situación comunicativa.
(PCIC 1994, 94)

Orientaciones prácticas sobre cómo explotar determinados recursos didácticos -el vídeo, las diapositivas, el ordenador, etc.- pueden constituir también una aportación interesante en el capítulo metodológico.

Procedimientos metodológicos

La especificación de los procedimientos metodológicos que permitan

poner en juego de forma eficaz los contenidos del plan curricular a través de actividades y experiencias pedagógicas constituye otra aportación importante del capítulo metodológico del plan curricular. La concepción que fundamente el enfoque del
currículo con respecto al aprendizaje de la lengua determinará el criterio de organización de las actividades.

En el próximo capítulo consideraré con detalle diferentes tipos de programas de curso en función de la unidad de análisis que se adopte como criterio de
organización. Así, el programa puede partir de los contenidos -estructuras, funciones, etc.-, estableciendo en primer lugar lo que se quiere trabajar en cada unidad y
proporcionando posteriormente las actividades y los materiales necesarios. Los contenidos se organizan en unidades temáticas en las que no existe una tarea final, sino
que cada actividad es independiente de otras y tiene sentido en sí misma. La gradación del programa vendría determinada por factores de dificultad relacionados con
los propios contenidos.

Otra forma de programación, derivada del interés por integrar las teorías basadas en la comunicación con sus factores fundamentales -el alumno, la tarea
y el texto- es la que parte de la consideración de las tareas como unidades de organización del programa de curso, de manera que la gradación se establece a partir de
factores que tienen que ver con las características individuales del alumno (estilo de
aprendizaje, experiencias previas, conocimientos culturales, etc.), con las propias
tareas (demanda cognitiva que implica la realización de la tarea, significatividad,
contextualización, etc.) o con el texto que sirve de punto de partida para la realización de la tarea (longitud, apoyo icónico, etc.). A diferencia de lo que ocurre en los
modelos de programación que parten de los contenidos, la programación por tareas
permite relacionar las distintas actividades en función de un objetivo último de
carácter comunicativo; así, distintas tareas relacionadas entre sí constituirán una unidad didáctica. Si los objetivos finales de las tareas son establecidos en función de los
intereses y las necesidades de los alumnos, a partir de procedimientos de negociación y consulta entre el profesor y los alumnos, el programa de curso puede satisfacer el doble objetivo de proporcionar oportunidades para la práctica de la comunicación y proponer actividades significativas para los alumnos, lo que permitirá una
aproximación a los principios que fundamentan el enfoque comunicativo. El problema es que no existe todavía, como veremos más adelante, base empírica suficiente para avalar la viabilidad de un programa que responda a una gradación de
tareas a partir de los factores que acabo de comentar, lo que no excluye el interés de
las tareas entendidas como instrumentos para la organización de actividades en
clase. De hecho, como hemos tenido ocasión de ver a lo largo del desarrollo del

libro, las tareas constituyen un procedimiento metodológico plenamente coherente con los principios del enfoque comunicativo y con las aportaciones de la teoría de adquisición de la lengua. Las tareas configuran, además, un contexto adecuado para relacionar actividades de práctica formal y de práctica comunicativa.

El modelo de programación a partir de contenidos se centra, así, en el conocimiento que los alumnos alcanzarán como resultado del aprendizaje de la lengua, mientras el de tareas se interesa más por los procesos psicológicos implicados en el aprendizaje. Las recientes propuestas pedagógicas que podemos englobar bajo la denominación *enfoque por tareas* se presentan como alternativa a los modelos de programación basados en los contenidos. En el próximo capítulo me ocuparé del problema de cómo hacer compatible la provisión de un plan de enseñanza, con la especificación de objetivos y contenidos, y el desarrollo de procesos de comunicación en el aula mediante la utilización de las tareas como instrumentos para la organización de actividades.

Además del trabajo por tareas, otros procedimientos metodológicos, como los *escenarios* o el *trabajo por proyectos* permiten satisfacer los principios del enfoque comunicativo. Describo a continuación algunos rasgos generales de estas distintas formas de trabajo en el aula.

Tareas

En 6.2, al presentar las bases teóricas sobre la naturaleza del aprendizaje de la lengua, he aludido a una definición amplia de tarea propuesta por Richards (1985), en la que se incluyen bajo este término prácticas pedagógicas de alcance tan distinto como "leer un párrafo y contestar preguntas sobre su contenido" y "utilizar la nueva lengua para resolver un problema". Si bien puede ser aceptable el uso amplio del término cuando nos referimos a fundamentos generales, creo que ahora es pertinente establecer una matización. Desde mi punto de vista, una tarea está constituida por una serie de actividades relacionadas entre sí en función de un objetivo último de carácter comunicativo. Actividades son, por ejemplo, una interacción entre dos alumnos, leer un texto y contestar a una serie de preguntas, hacer un ejercicio centrado en la práctica de una determinada estructura, etc. Podemos distinguir, de acuerdo con Nunan (1989), entre actividades centradas en la adquisición de destrezas lingüísticas, como es el caso de las actividades de práctica controlada en las que el alumno manipula formas fonológicas y gramaticales, y actividades centradas en el uso de las destrezas, esto es, actividades de transferencia mediante las cuales el alumno aplica sus conocimientos sobre el sistema formal de la lengua a la comprensión y a la producción de comunicación lingüística.

Así, de forma gráfica, la relación entre las actividades y la tarea se puede representar del siguiente modo:

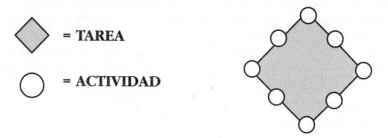

= TAREA

= ACTIVIDAD

La realización de distintas actividades permite alcanzar el objetivo de la tarea. Los objetivos de las tareas pueden ser muy diversos. Por ejemplo:

- *Los alumnos deberán elaborar un cartel con consejos para contribuir a mejorar el estado de la naturaleza y el medio ambiente, fáciles de seguir en la vida cotidiana.*

- *Escribir la respuesta a una carta dirigida a los alumnos que estudian español en el centro. En ella se solicita información sobre lugares de interés en la ciudad donde residen los estudiantes.*

- *Producir un decálogo para publicar en el boletín del centro en el que se recojan una serie de consejos para relajarse (especialmente destinados a la época de exámenes).*

Como vemos en estos ejemplos, la descripción de la conducta del alumno es una forma habitual de describir los objetivos de las tareas, si bien son posibles también descripciones generales de carácter comunicativo, afectivo o cognitivo. Hay que tener en cuenta, en todo caso, que los objetivos no siempre se hacen explícitos, por lo que, en determinados casos, deberán ser deducidos a partir del análisis de la tarea. Como veremos en el próximo capítulo, los objetivos de las tareas proporcionan un punto de contacto entre la actividad de clase y los fines y objetivos generales del currículo.

Escenarios

Los escenarios son procedimientos metodológicos que ponen énfasis en el desarrollo de habilidades de interacción social y que permiten ensayar en clase situaciones comunicativas similares a las que pueden producirse fuera del aula. Cada grupo de alumnos recibe una ficha que contiene sugerencias de actuación que previsiblemente darán lugar a un conflicto y, tras una fase de ensayo, se escenifica la situación comunicativa, que obligará a cada uno de los actores a utilizar distintos recursos lingüísticos para convencer al otro. Después de la escenificación se desarrolla una fase de revisión de los resultados. Es frecuente que el escenario prevea, con carácter opcional, la posibilidad de que el alumno desarrolle mediante trabajo individual distintas actividades relacionadas con la situación representada, así como una forma de autoevaluación centrada en lo que el alumno ha aprendido en su papel de actor o de espectador.

Es importante hacer notar que en la fase de ensayo los alumnos deberán imaginar la escena y considerar todas las opciones que se les ocurran para solucionar los problemas que puedan plantearse durante la representación. Como hemos visto en la primera parte del libro (*vid.* 3.4) al comentar las relaciones entre el desarrollo de las estrategias de comunicación y las de aprendizaje, los escenarios son procedimientos muy adecuados para poner en juego este tipo de estrategias en tareas de respuesta inmediata. Al practicar los escenarios, los alumnos se ven involucrados, por una parte, en actividades relacionadas con la planificación de la actuación lingüística, lo que les obliga a prever los contenidos que puedan ser necesarios posteriormente. Este tipo de actividad fomenta, por tanto, el desarrollo de estrategias de aprendizaje derivadas de la planificación. Al mismo tiempo, la fase de actuación de los escenarios fomenta el desarrollo de estrategias de comunicación, derivadas de la necesidad de reaccionar adecuadamente ante las intervenciones de su interlocutor. Finalmente, el alumno, desde una visión retrospectiva, puede evaluar su propia actuación lingüística y reflexionar sobre las soluciones alternativas que podría haber adoptado para hacer frente a la situación. Por otra parte, el intercambio de opiniones y puntos de vista de los alumnos sobre la representación permite hacer una reflexión en grupo sobre el resultado conseguido, el grado de corrección de las intervenciones de los actores y las soluciones alternativas que podrían haberse realizado.

Proyectos

El trabajo por proyectos responde a un enfoque metodológico similar al trabajo por tareas, si bien el objetivo final del proyecto consiste en la elaboración de un producto final (una revista, una novela, un informe sobre algún aspecto sociocultural del entorno, etc.). La realización del proyecto puede realizarse, por ejemplo, a lo largo de todo un curso de enseñanza, de manera que todas las actividades que se realicen en las sesiones de clase están orientadas hacia la realización del producto final. Los proyectos pueden desarrollarse también a lo largo de periodos de tiempo más cortos, pero suponen en todo caso un desarrollo temporal más largo que el previsto generalmente para la realización de las tareas.

La definición del objetivo final del proyecto, así como la especificación de las actividades y la distribución temporal de cada una de ellas, puede ser el resultado de la negociación entre el profesor y los alumnos. Es importante que exista una labor previa de planificación, que permita definir cuáles serán los distintos pasos del proyecto y los objetivos específicos de cada una de las actividades. El trabajo por proyectos permite desarrollar la autonomía de los alumnos, en la medida en que se ven enfrentados a actividades que tienen que ver con la planificación del trabajo y la obtención de recursos necesarios para solucionar problemas concretos.

Nuevo enfoque de la función del profesor

La descripción de los procedimientos metodológicos que acabo de presentar permite advertir un cambio de planteamiento importante con respecto a la lección tradicional, en la que el profesor era el centro de atención de todo lo que ocurría en clase y constituía un modelo de actuación lingüística que los alumnos debían esforzarse en imitar. La clase comunicativa se fundamenta en principios como la interacción, la negociación o la cooperación entre los miembros de un grupo unido por el interés hacia una lengua nueva, vehículo de una cultura diferente que permitirá ampliar el horizonte de la lengua y de la cultura propia.

Dubin y Olshtain (1986) consideran la necesidad de crear nuevas metáforas que nos permitan entender las nuevas relaciones que se producen en la clase: el espacio de clase como un microcosmos, una especie de mundo en miniatura, que refleja lo que ocurre fuera pero que no puede llegar a ser exactamente lo mismo; el profesor como director de una obra de teatro que ayuda a cada actor a comprender su papel, a interpretar las partes que no están claras, al tiempo que proporciona la coherencia del conjunto de las actuaciones individuales en función de las metas establecidas a largo plazo; el alumno como participante en un juego en el que ha de tomar parte activamente y en el que debe observar con atención lo que otros hacen, teniendo en cuenta siempre los objetivos del juego, las reglas que lo gobiernan y la realización de determinadas tareas a partir de la cooperación y la competitividad.

Desde esta perspectiva puede considerarse que la función principal del profesor es crear las condiciones adecuadas para que el aprendizaje de la lengua pueda producirse de forma eficaz. Esto no quiere decir que la labor del profesor se reduzca a ser un mero facilitador del aprendizaje. El profesor deberá participar en todo lo que ocurra en clase, aunque desempeñe un papel diferente al de los alumnos; así, en el caso de las tareas, el profesor proporciona el punto de partida de cada actividad, organiza el desarrollo de la tarea, facilita la información o el apoyo necesario a requerimiento de los alumnos y dirige la puesta en común de los resultados. De este modo, el profesor no se sitúa siempre al frente de la clase, sino que puede pasar a un segundo plano en el momento en que los alumnos colaboran entre sí durante la realización de una actividad concreta.

El profesor deberá ser capaz de crear en clase un clima adecuado para que pueda obtenerse el máximo rendimiento de la negociación de objetivos y de procedimientos con los alumnos. En este sentido, es importante también el trabajo fuera del aula, con la preparación de tareas, actividades y materiales que permitan dar respuesta a las necesidades expresadas por el grupo. El profesor deberá desarrollar, por tanto, una función investigadora a partir de la observación de lo que ocurre en clase, lo que le permitirá desarrollar sus estrategias de enseñanza y, con ello, su capacidad para responder a situaciones de aprendizaje diferentes. Al mismo tiempo, es importante que el profesor transmita una actitud favorable hacia la lengua que enseña y que sea capaz de despertar el interés de los alumnos hacia las sociedades y las culturas que se comunican en esa nueva lengua y hacia el hecho mismo del intercambio de visiones del mundo diferentes.

El profesor y el currículo: un cuestionario para el análisis de la práctica docente

La reflexión del propio profesor sobre el tipo de actividades que considera propio de sus funciones docentes puede permitirle calibrar el grado de implicación con distintas tareas relacionadas con la aplicación del currículo. A este respecto puede ser útil el cuestionario que reproduzco a continuación. Este cuestionario forma parte de los materiales de desarrollo curricular de la Dirección Académica del Instituto Cervantes.

CUESTIONARIO DE ANÁLISIS SOBRE EL GRADO DE IMPLICACIÓN
DEL PROFESOR EN TAREAS DE APLICACIÓN DEL CURRÍCULO

Instituto Cervantes. Dirección Académica.

Pondere en una escala del 5 al 1 el grado de importancia del papel del profesor respecto de cada una de las actividades siguientes:

> *gradación:*
> *muy importante 5 4 3 2 1 irrelevante*

1- Identificación de las necesidades comunicativas de los
alumnos.   5 4 3 2 1

2- Identificación de los temas de interés de los alumnos.   5 4 3 2 1

3- Identificación del estilo de aprendizaje de su grupo y
de los componentes del mismo.   5 4 3 2 1

4- Selección y gradación de los contenidos (léxicos, temáticos,
nocional-funcionales, morfosintácticos, estructurales...)
del programa.   5 4 3 2 1

5- Distribución de los alumnos en clases diferentes.   5 4 3 2 1

6- Selección de materiales y actividades de aprendizaje.   5 4 3 2 1

7- Creación de materiales y actividades de aprendizaje.   5 4 3 2 1

8- Evaluación y seguimiento del proceso de aprendizaje.   5 4 3 2 1

9- Evaluación del curso.   5 4 3 2 1

7.4 Evaluación

Niveles de evaluación

Al referirme en 3.3 a la integración de los componentes del currículo comunicativo he presentado ya una primera aproximación a un enfoque que concibe la evaluación como un proceso de toma de decisiones que afecta a los distintos niveles de análisis del currículo. En el nivel de planificación del currículo, el capítulo de evaluación recogerá, básicamente, orientaciones generales sobre los criterios de evaluación que habrán de ser aplicados en relación con los objetivos, así como la descripción de distintos procedimientos de evaluación que podrán ser utilizados a lo largo del proceso de enseñanza y aprendizaje.

Hay que tener en cuenta que la evaluación puede plantearse en distintos niveles. Así, cabe pensar en un nivel de análisis de ámbito nacional que considere desde una perspectiva amplia la evolución de un conjunto de centros educativos con respecto a un nuevo currículo que se desarrolla a lo largo de un periodo de tiempo. O bien, en el caso de una organización que coordina una red de centros docentes en distintos países, la evaluación puede enfocarse como un análisis comparado de los resultados que se obtienen en distintas áreas geográficas. La evaluación en este nivel de análisis suele estar centrada en aspectos que tienen que ver con la administración general de los centros docentes o con criterios de rentabilidad económica aplicados a la viabilidad del proyecto. En estos casos, la evaluación será responsabilidad de expertos que aplicarán distintas técnicas de medición en función de los parámetros que pretendan evaluarse.

Otro nivel de análisis es el que se dirige hacia un centro concreto. En este caso la evaluación se suele llevar a cabo conjuntamente entre expertos externos y responsables del propio centro, como el director, el administrador, el jefe de estudios y los profesores. La evaluación no se limita a aspectos de viabilidad económica, sino que considera también otra serie de parámetros como la aceptación de la lengua que se enseña, la respuesta más o menos favorable a la oferta de cursos, la aplicación del currículo en los distintos niveles de enseñanza, el régimen de dedicación de los profesores, el grado de utilización de los servicios de apoyo que ofrece el centro (biblioteca, centro de recursos, etc.). Disponer de instrumentos adecuados de evaluación en este nivel es un aspecto crucial en cualquier empresa educativa, dado que su aplicación permitirá obtener información sobre el grado de adecuación entre lo que el centro está ofreciendo y lo que demanda la sociedad receptora del currículo. Es frecuente que, además del plan curricular, exista un plan de evaluación de centros destinado a obtener el tipo de información pertinente en este nivel de análisis. En este plan de evaluación se describe una serie de parámetros e indicadores que permitirá obtener la información necesaria de forma sistemática.

Un tercer nivel de evaluación es el que se centra en la clase y que afecta al profesor y a los alumnos. En este nivel se centran las orientaciones de evaluación del plan curricular. Hay que tener en cuenta que la evaluación del proceso de aprendizaje de los alumnos desde la perspectiva del profesor puede enfocarse desde dos perspectivas: por una parte, el profesor puede limitarse a emitir juicios o valoraciones sobre el grado en que los alumnos hayan alcanzado los objetivos previstos en el programa de curso o bien los objetivos correspondientes a un ciclo de enseñanza en el plan curricular; por otra parte, el profesor puede ir más allá de la mera valoración de los resultados de los alumnos y analizar tales resultados con objeto de considerar si el curso debe ser modificado o adaptado en alguna medida, con lo que la evaluación se convierte en un proceso de toma de decisiones. En el próximo apartado consideraré, a propósito de la evaluación sumativa y la formativa, algunos aspectos relacionados con estos dos enfoques. La evaluación del profesor no deberá limitarse, en todo caso, al análisis de la actuación de los alumnos, sino que deberá considerar también la propia actividad docente mediante procedimientos de autoevaluación o mediante la observación de las sesiones de clase desarrolladas por otros compañeros del equipo docente. Desde el punto de vista de los alumnos, la autoevaluación constituye también un procedimiento plenamente coherente con el desarrollo de la autonomía, por lo que deberá fomentarse en la práctica del aula como un medio para conseguir una mayor responsabilidad con respecto al propio aprendizaje.

Dimensiones de la evaluación

Al considerar el nivel de evaluación centrado en el aula he adelantado ya la distinción entre evaluación formativa y sumativa desde la perspectiva del profesor. Hay que tener en cuenta que la diferencia entre ambos tipos de información consiste en el propósito por el que se obtiene la información y en el tipo de decisiones que se derivarán de tal propósito: así, la evaluación formativa tiene lugar durante el desarrollo del curso y conducirá a decisiones relacionadas con la mejora del programa, como, por ejemplo, la adecuación de los objetivos, el grado de preparación de los profesores, la utilidad de los manuales de enseñanza, la selección y la utilización de determinados instrumentos de evaluación. La evaluación sumativa, por su parte, se produce al final del curso y está dirigida a determinar si se han alcanzado los objetivos previstos. Si consideramos esta distinción desde la perspectiva del alumno, podemos considerar que la evaluación sumativa le permite hacer balance del punto en el que se encuentra con respecto a los objetivos del programa, mientras la evaluación formativa le proporciona información sobre el proceso de aprendizaje, esto es, cómo aprende, qué tipo de actividades le resultan más útiles, qué problemas tiene, etc.

Otra distinción en el ámbito de la evaluación es la que tiene que ver con el tipo de datos con el que se opera. A este respecto cabe distinguir entre la evaluación cuantitativa, que se expresa en cifras y estadísticas, y la evaluación cualitativa, constituida generalmente por observaciones e informes que no pueden traducirse en cifras y estadísticas. Ejemplos de evaluación cuantitativa son las calificaciones de los exámenes de los alumnos, el índice de asistencia a clase de un grupo determinado de alumnos o las cifras de alumnos que siguen estudios en un determinado nivel del currículo. El interés de la evaluación cuantitativa es que permite extraer conclusiones mediante estadísticas y porcentajes. La evaluación cualitativa, por su parte, se refleja en informes, actas de reuniones, observaciones de clase o incluso en conversaciones informales entre profesores. Aunque, como observa Brown (1989), los datos de la evaluación cualitativa no merecen en muchas ocasiones credibilidad por no considerarse "científicos", son más importantes de lo que en un principio puede parecer, por lo que resulta aconsejable su utilización siempre que se haga de forma sistemática.

Criterios de evaluación

Los criterios de evaluación del plan curricular permiten establecer pautas comunes de actuación que garantizarán la coherencia de las decisiones que adopten distintos profesores o distintos equipos docentes en este ámbito curricular.

El plan curricular puede incluir una serie de criterios generales de evaluación centrados en aspectos de particular importancia en relación con el enfoque mismo de la evaluación o con la forma de aplicar procedimientos particulares. Podríamos decir que estos criterios generales constituyen una especie de "código de práctica" que proporcionará unas bases de actuación con respecto a la evaluación. Así, por ejemplo, el PCIC (1994, 138 y ss.) recoge, entre otros, los siguientes criterios de orientación general:

- Entender el proceso de evaluación como un componente más del proceso de enseñanza y aprendizaje.

- Elaborar pruebas cuyo contenido y presentación responda a las actividades y ejercicios de clase, si el objetivo de la evaluación es *formativo*.

- Definir, clarificar y experimentar los criterios específicos de evaluación. Este punto es especialmente importante cuando se trate de exámenes de clasificación o de aprovechamiento. Existen pruebas -especialmente de expresión escrita y de expresión oral- que proporcionarán respuestas abiertas y que, por lo tanto, no se podrán evaluar con criterios objetivos sino subjetivos. Esto implica que diversos profesores tienen que corregir la misma prueba con apreciaciones de índole cualitativa y que, frecuentemente, hay que convertir estas apreciaciones en dígitos para obtener resultados computables que permitan una evaluación objetiva. Es fundamental llegar, antes de la calificación, a acuerdos entre los responsables de la evaluación, con el fin de garantizar la fiabilidad de las pruebas.

- Integrar el proceso de evaluación como una actividad más del aula. Transmitir al alumno el valor *formativo* de la evaluación y potenciar al máximo la *retroalimentación*. Esto se puede hacer no sólo cuando se utilizan procedimientos cualitativos, en los que la *retroalimentación* es inmediata, sino también cuando se utilizan procedimientos cuantitativos, que requieren una interpretación de los resultados.

- Entender que no se trata de penalizar al alumno sino de propiciar un proceso de introspección y de reflexión.

- Convertir la reflexión en una fuente de *retroalimentación*, tanto para el alumno como para el profesor.

- Tratar de eliminar al máximo el factor ansiedad en pruebas como las de clasificación y las de aprovechamiento, cuyos resultados suponen una toma de decisión que puede tener una gran importancia en la vida académica o profesional del alumno. Esto es especialmente importante en las pruebas de expresión oral, en las que el candidato puede sentirse intimidado por el examinador.

- Contrastar y comentar los resultados de evaluaciones tanto *cualitativas* como *cuantitativas* con otros profesores.

- Cuando se trate de la evaluación *formativa* se pueden comparar las ventajas y las desventajas de los procedimientos, las actividades, los materiales, etc., con lo cual se propicia la evaluación del currículo, de los materiales didácticos, del proceso de enseñanza y aprendizaje, así como la propia *autoevaluación* del profesor.

Además de estos criterios generales de evaluación, el plan curricular puede presentar una serie de criterios de evaluación relacionados con los distintos niveles o ciclos de enseñanza. Al comentar en 7.1 las distintas formas de describir objetivos generales he aludido a la definición de objetivos por destrezas mediante la expresión de las capacidades del alumno, tal como hace el PCIC. Éste es, de hecho, el enfoque más frecuente en la descripción de objetivos de ciclo. La definición de los criterios de evaluación por niveles hará posible evaluar en qué medida se logran los objetivos correspondientes. Para elaborar este tipo de criterios habrán de identificarse las capacidades de distinto tipo previstas en los objetivos generales y ponerlas en relación con los contenidos del nivel correspondiente; después se buscarán indicadores de grado para determinar un referente de evaluación que sea más concreto que el objetivo general. Así, el enunciado de los criterios de evaluación del nivel inicial podría presentarse del siguiente modo (PCIC, 141 y ss.):

Inicial

Comprensión auditiva

Se evaluará:

La capacidad del alumno para extraer el sentido global de textos orales -sea en intercambios directos o en los recibidos a través de medios mecánicos en buenas condiciones acústicas- cuyos temas guarden relación con los recogidos en el bloque de contenido temático.

La capacidad del alumno para entender, en intercambios con un interlocutor consciente de estar hablando con un extranjero, información específica sobre los contenidos funcionales descritos en este nivel.

Comprensión de lectura

Se evaluará:

La capacidad del alumno para extraer el sentido global de textos auténticos -no literarios, sino de revistas, periódicos, guías- cuyos temas guarden relación con los temas especificados en el bloque de contenido temático.

La capacidad del alumno para entender información específica de textos auténticos como impresos, formularios, horarios, notas breves, etc., relacionada con los contenidos funcionales descritos en el este nivel.

Los criterios de evaluación acotan el alcance de los objetivos generales del nivel al referirse a los contenidos correspondientes, temáticos y funcionales en este caso, y al matizar el grado de exigencia de cada una de las capacidades descritas.

Otro posible procedimiento de descripción de criterios de evaluación es el propuesto en el Diseño Curricular Base del Ministerio de Educación y Ciencia. En este caso se parte de enunciados amplios de objetivos generales, de los que se irán deduciendo los criterios de evaluación. Así, por ejemplo, puede partirse de uno de los objetivos generales de la enseñanza de la asignatura de Lenguas Extranjeras en la Secundaria Obligatoria, que aparece enunciado del siguiente modo (Diseño Curricular Base, Secundaria Obligatoria, Lenguas Extranjeras, p. 151 y ss.):

> 1. Comprender la información global y específica de mensajes orales y escritos en la lengua extranjera relativos a las diversas situaciones habituales de comunicación, emitidos directamente por hablantes o por medio de comunicación.

De este objetivo general se selecciona el aspecto oral, *comprender mensajes orales* y el tipo de comprensión, *información global y específica*; ambos elementos se asocian a determinados contenidos: *situación de comunicación cara a cara*, *temas familiares* (necesidades materiales y relaciones sociales, sensaciones físicas y sentimientos, opiniones y experiencias personales, organización de la clase), *aspectos cotidianos de la cultura y la sociedad* (de interés para los alumnos, que sean clave para la comprensión de la cultura). De esta manera queda configurado el siguiente criterio de evaluación para la etapa:

> Extraer la información global y la específica de mensajes orales emitidos en situación de comunicación cara a cara, sobre temas familiares para el alumno o relacionados con aspectos cotidianos de la cultura y de la sociedad de los países donde se habla la lengua extranjera.

En el Diseño Curricular Base, los criterios de evaluación aparecen acompañados de explicaciones que aportan precisiones y, en algunos casos, hacen explícitos algunos términos de la formulación del criterio. Esto facilita la tarea del profesor a la hora de adaptar o utilizar un criterio determinado en función de las características de un grupo particular de alumnos. En el caso del criterio que acabo de presentar, la explicación es la siguiente:

> Con este criterio se pretende evaluar la capacidad de los alumnos y alumnas para comunicarse, en un ámbito cercano, acerca de las necesidades materiales y relaciones sociales, sensaciones físicas y sentimientos, opiniones y experiencias personales, así como sobre la organización de la clase: Los temas relativos a la cultura y sociedad extranjeras serán aquellos que despierten mayor interés entre los alumnos y sean claves para la comprensión de las mismas.

A partir de la definición del criterio específico y de la explicación correspondiente, el profesor seleccionará aquellas tareas que considere más adecuadas para llevar a cabo la evaluación.

Procedimientos de evaluación

Si partimos de las distintas dimensiones de la evaluación que he comentado más arriba, podríamos considerar que los exámenes o las pruebas de control constituyen el procedimiento de evaluación cuantitativa más común, si bien no se trata de un procedimiento necesariamente sumativo, ya que el contenido de los exámenes puede ayudar al alumno, por ejemplo, a que identifique con mayor claridad los objetivos de aprendizaje, lo que puede asociarse a un enfoque de carácter formativo. Otros procedimientos, como los cuestionarios, los diarios o la observación de clase, se basan en datos cualitativos e implican un tipo de apreciación subjetiva. En este tipo de procedimientos predomina la dimensión formativa.

Pueden distinguirse diferentes tipos de exámenes. Los exámenes de clasificación sirven para situar a los alumnos en el nivel o en el curso más adecuado en función de sus conocimientos o de su competencia en la lengua. Los exámenes de aprovechamiento permiten determinar en qué medida ha alcanzado el alumno los objetivos previstos en un curso y, en la medida en que indican el progreso realizado, sirven también para controlar la efectividad de la enseñanza, de los materiales o del propio currículo. Los exámenes de diagnóstico permiten determinar de antemano posibles problemas particulares de aprendizaje de los alumnos. Los exámenes de dominio miden en qué medida puede una persona desenvolverse mediante el uso de la lengua y no están necesariamente relacionados con un currículo o un programa de lengua; este es el caso, por ejemplo, de los exámenes para la obtención de los Diplomas de Español como Lengua Extranjera.

A propósito de los exámenes, es frecuente establecer también una distinción entre los elaborados con el objetivo de medir la actuación del alumno en relación con un criterio previamente acordado y los que miden la actuación de un alumno particular o de un grupo de alumnos en relación con la actuación de otro alumno o de otro grupo de alumnos cuyos resultados se adoptan como norma. En el primer caso, el alumno debe alcanzar el nivel establecido en el criterio para superar el examen; en el segundo caso, el resultado del alumno es interpretado en relación con los resultados de los demás y no en relación con un criterio previamente determinado (Richards, Platt y Weber 1985; en Richards 1990). Los exámenes referidos a un criterio previo están más próximos, en opinión de Richards (*op. cit.*), al enfoque habitual de los programas de enseñanza, en la medida en que permiten determinar si los alumnos han desarrollado las destrezas y las capacidades establecidas en los objetivos de un curso o de un nivel.

En el ámbito de la evaluación, ha sido una preocupación constante en años recientes el encontrar el enfoque más adecuado para relacionar el planteamiento de los exámenes con un tipo de enseñanza fundamentado en principios comunicativos. Es lógico pensar que si partimos de un programa de enseñanza que pone énfasis en el desarrollo de la dimensión comunicativa de la lengua habremos de buscar procedimientos de evaluación que respondan también, en la mayor medida posible, a criterios comunicativos. Esto afectará a aspectos como la definición de los contenidos, la confección de las pruebas o la calificación de los resultados; así, la tipología de los ejercicios que se propongan en el examen deberá responder, en la mayor medida posible, al mismo análisis de la lengua que fundamenta el enfoque de los objetivos, de los contenidos y de la metodología del plan curricular. De este modo, aunque pueda existir una sección del examen centrada en aspectos gramaticales o de vocabulario, deberá buscarse siempre un equilibrio entre distintas destrezas, con objeto de poder llegar a una valoración lo más amplia y matizada posible de las capacidades del alumno. Teniendo en cuenta este planteamiento, pueden establecerse algunos criterios generales que ayudarán a enfocar más adecuadamente los exámenes basados en principios comunicativos; así, en el Diseño Curricular Base del M.E.C. (citado en PCIC 1994, 153-154) se propone que las pruebas comunicativas deberán responder a los siguientes rasgos:

- Basadas en la interacción. No hay comunicación real sin interacción; por tanto, si se quiere evaluar la competencia comunicativa de los alumnos, el requisito de la interacción será fundamental. Ésta se puede dar entre el profesor y el alumno o entre dos o más alumnos.

- Imprevisibles. Si se pretende evaluar el nivel de comunicación de los alumnos en una situación real, deben introducirse elementos imprevisibles en la comunicación; esto será más fácil en una prueba oral, ya que el profesor podrá introducir elementos inesperados que exigirán del alumno una reacción espontánea.

- Con un propósito definido. Cuando se emplea la lengua para comunicarse, se hace con una finalidad concreta: por ejemplo, para excusarse, para preguntar algo, para comunicar un mensaje, etc. Las actividades de evaluación y las pruebas han de tener también esta característica.

- Auténticas y relacionadas con la vida real, especialmente con lo que el alumno mismo hace, piensa y siente.

- Relacionadas con el contexto. Cualquier actividad, incluso aquellas que se dirigen a evaluar el dominio de algún aspecto gramatical, se puede relacionar con el contexto; así, en una prueba oral, dar unas orientaciones sobre la situación en la que la conversación se va a desarrollar, permite situar la actividad en un contexto determinado.

- Con una técnica conocida por los alumnos. La técnica que se utilice en una prueba ha de ser conocida por los alumnos con anterioridad. No se debe proponer una actividad en una prueba si previamente no se ha practicado en clase alguna del mismo tipo. En cualquier caso, la dificultad de la técnica no debe condicionar los resultados.

- Motivadoras. En la medida de lo posible, las pruebas serán motivadoras y no deberán provocar tensión o ansiedad.

La medición del grado de dominio o de habilidad en el uso de la lengua es, en todo caso, un tema controvertido. Si entendemos por dominio o habilidad en el uso de la lengua la capacidad para hacer cosas con la lengua, toparemos con la dificultad de encontrar procedimientos adecuados de medición. En los exámenes comunicativos podemos utilizar procedimientos objetivos que nos permitan extraer información sobre el nivel del alumno con respecto a distintas destrezas. Así, podemos considerar el uso de ejercicios de respuesta cerrada -seleccionar una opción entre varias; elegir entre verdadero o falso- o de respuesta controlada -rellenar espacios en blanco- con respecto a destrezas de comprensión oral o escrita o con respecto al dominio de estructuras gramaticales y vocabulario. En el caso de las destrezas productivas, orales o escritas, los ejercicios serán siempre de respuesta abierta, por lo que habremos de disponer de algún instrumento que nos permita establecer juicios con respecto a la actuación del alumno.

El uso de escalas de dominio es un recurso frecuente en la medición de la expresión oral. Estas escalas parten de la base de que el dominio en la lengua se refiere a la capacidad para realizar ciertas tareas comunicativas con un determinado grado de destreza que requiere el uso de una serie compleja de habilidades que incluye morfología y sintaxis, fluidez, conocimiento sociocultural, fonología y discurso. Sin embargo, como observa Nunan (1988a), la relación entre estas habilidades y la dificultad de las tareas no ha sido nunca validada de forma empírica, con la excepción de la morfología y la sintaxis. Por lo demás, el fundamento teórico de estas escalas descansa en la idea de que el dominio de la lengua consiste en un único "constructo" psicológico subyacente, esto es, que el dominio no consiste en una serie de habilidades diferenciadas, sino en una única habilidad general, de manera que la actuación del alumno con respecto a un ejercicio de lectura se fundamenta en la misma habilidad lingüística subyacente que está en la base de la actuación del alumno en un ejercicio de comprensión auditiva (Oller 1979; en Nunan 1988). En opinión de Nunan (*op. cit.*), la conclusión a la que nos conduce este planteamiento es que no tiene sentido considerar currículos diferenciados -incluidos los que se basan en las necesidades de los alumnos- en la medida en que toda actuación lingüística deriva de un único "constructo" psicológico; si esto es así, bastaría con proponer tareas de aprendizaje que captaran el interés del alumno y que respondieran a un nivel de dificultad adecuado. Investigaciones recientes (Bachman y Mack 1986; Brindley 1986; en Nunan 1988) han arrojado serias dudas sobre el planteamiento que acabo de describir y se inclinan hacia la idea de que el dominio consiste en una serie de factores que se relacionan entre sí de un modo extraordinariamente complejo, lo que hace pensar en un "constructo" multidimensional y no unitario.

Al comentar las dimensiones de la evaluación he aludido al interés de considerar la evaluación cualitativa como un factor que no debe menospreciarse en el proceso de enseñanza aprendizaje, si bien deberá realizarse mediante instrumentos adecuados que confieran carácter sistemático a los datos que se obtengan. Procedimientos de evaluación cualitativa son las entrevistas, los cuestionarios, el diario del alumno o la observación de clases. Mediante las entrevistas y los cuestionarios el profesor puede obtener información sobre las opiniones de los alumnos con respecto a su propio aprendizaje, los procedimientos metodológicos que se están empleando, el grado de satisfacción con respecto a las expectativas iniciales, etc. Es claro que en los niveles iniciales los cuestionarios deberán adecuarse al grado de comprensión y expresión de los alumnos, por lo que, si se opta por el uso de la lengua enseñada para cumplimentarlos, la información obtenida no será tan matizada como en niveles avanzados. Otros procedimientos como la discusión en pequeños grupos o la grabación de actividades en magnetófono o en vídeo pueden ser también herramientas útiles de evaluación cualitativa.

El diario del alumno es un procedimiento que está siendo cada vez más utilizado tanto en la evaluación como en las investigaciones sobre evaluación y tiene la ventaja de que permite conocer detalles sobre la evolución de cada alumno en particular y detectar las actitudes con respecto al aprendizaje que tienen aquellos alumnos que participan menos en clase. En su diario el alumno va anotando comentarios sobre las actividades que se han realizado en clase o sobre lo que ha aprendido en una tarea o en una unidad determinada. Los diarios pueden ser utilizados también por los profesores, bien para contrastar sus propias impresiones sobre la marcha del curso con las de los alumnos, bien con objeto de reflexionar sobre su propia actuación docente.

Las técnicas de observación pueden ser enfocadas desde distintos puntos de vista. Así, por ejemplo, los alumnos pueden tomar notas sobre lo que ocurre en clase durante el desarrollo de una determinada tarea, sobre los aciertos y los fallos de los compañeros, sobre las actividades que se realizan, con objeto de hacer una puesta en común al final. Pero la observación de clases puede ser considerada también como una técnica de formación de profesores, llevada a cabo por un supervisor o un formador con el objetivo de que el profesor en prácticas pueda disponer de una valoración sobre su competencia como docente. La observación puede utilizarse también como método de investigación de procedimientos metodológicos, técnicas de enseñanza, etc., o bien como sistema de evaluación, para determinar el nivel de eficacia del profesor o como herramienta para el perfeccionamiento de los procesos de enseñanza.

8 EL NIVEL DE ACTUACIÓN: La aplicación del currículo

En el capítulo 5 he comentado que el nivel de actuación o de aplicación del currículo tiene que ver con tres procesos relacionados entre sí: el proceso de enseñanza y aprendizaje, en el que los profesores desarrollan un programa de curso adecuado a las características y a las necesidades de un grupo particular de alumnos a partir de las informaciones, las orientaciones y los criterios de planificación que constituyen el plan o proyecto curricular; el proceso de formación de profesorado, constituido por el conjunto de actuaciones dirigidas a proporcionar a los profesores la oportunidad de reflexionar sobre los fundamentos y el desarrollo del currículo, de manera que, a través del análisis crítico de la propia práctica docente, pueda poco a poco mejorar el planteamiento del propio currículo y la calidad de la enseñanza; y el proceso de evaluación curricular, que permite considerar en qué medida las decisiones adoptadas en los distintos niveles del currículo conducen de forma eficaz a los objetivos previstos, con el fin de detectar posibles deficiencias e introducir las medidas de mejora que sean necesarias en cada caso.

La relación mutua de estos tres procesos constituye, en mi opinión, el desarrollo del currículo. Aunque cabe considerar aisladamente los problemas relacionados con el desarrollo del programa de curso, por una parte, las medidas más adecuadas para llevar a cabo la formación inicial y permanente del profesorado, por otra, y las bases de un posible plan de evaluación de centros, por otra, es claro que un enfoque adecuado del desarrollo del currículo deberá considerar siempre la integración de las perspectivas de los tres procesos. Esto, sin embargo, no es fácil de lograr. Distintos aspectos condicionan, en gran medida, el desarrollo de cada uno de estos tres procesos y su integración.

Así, en lo que respecta al proceso de enseñanza y aprendizaje, un aspecto que afecta de forma decisiva al desarrollo del programa de curso es la función que desempeñen los materiales didácticos. En 6.4, al considerar los factores relacionados con la situación de enseñanza, he adelantado ya algunas ideas sobre este aspecto. Si consideramos un currículo de enseñanza general aplicado a los diferentes niveles de un sistema educativo estatal, por ejemplo, es frecuente que los editores intenten ajustar sus productos a las prescripciones de los programas oficiales y experimentar con unidades piloto en distintos centros con objeto de adecuarse a las necesidades de la demanda. Sin embargo, como observa Johnson (1989), las modificaciones que resultan de este proceso de adecuación se dirigen generalmente a ajustar el producto al mercado potencial más que a evaluar el producto en sí. En años recientes ha habido una tendencia a desarrollar los materiales como parte del propio proyecto o plan curricular, con objeto de garantizar al máximo la coherencia entre los fines del propio currículo y los instrumentos de enseñanza, si bien las limitaciones de este tipo de iniciativas se han hecho evidentes ante las dificultades derivadas de la falta de experiencia en aspectos como la producción y la distribución y los problemas relacionados con la necesidad de coordinar comités o grupos de trabajo integrados por responsables de departamentos que han de hacerse cargo, a la vez, del desarrollo de otras funciones, por citar sólo algunos de los inconvenientes a los que ha tenido que hacer frente este tipo de propuestas. En los casos en los que el currículo constituye la base de la actuación pedagógica de centros situados en entornos socioculturales diversos, existe el problema añadido de la adecuación de los materiales a las características del lugar y a los estilos de aprendizaje del alumnado, que pueden diferir enormenente de un centro a otro. Así, materiales que pueden resultar adecuados en el entorno sociocultural de los países de la Europa occidental, pueden suscitar problemas en países de otras áreas geográficas, ya sea por el tipo de actitud que exigen por parte del alumno, ya sea por la selección de los temas y de los textos que se abordan y que pueden responder a un sistema de valores vigente en un entorno pero no compartido en el otro. Esta situación de hecho obliga con frecuencia a los profesores a realizar ajustes y modificaciones del material disponible en función de sus propias necesidades de enseñanza.

En el caso de la formación de los profesores, los problemas provienen de que no siempre los cursos de formación se enfocan hacia el objetivo de obtener el máximo provecho de las posibilidades del currículo. Con frecuencia, los expertos encargados de las ponencias de los cursos de formación se centran en aspectos teóricos relacionados con sus especialidades, al margen de las necesidades concretas de los profesores en relación con el desarrollo del currículo. Este tipo de información tiene, sin embargo, la ventaja de que permite abrir perspectivas con respecto a la experimentación de nuevas propuestas pedagógicas que los profesores pueden llegar a acometer desde su propia experiencia práctica, pero es razonable pensar que un planteamiento demasiado alejado de las circunstancias reales de la enseñanza suele tener pocas repercusiones en la actividad diaria del profesor. Más adecuado parece, por tanto, enfocar la formación de los profesores como un proceso continuado de trabajo en equipo, mediante seminarios sobre algún aspecto de particular interés para el equipo docente, reuniones para intercambiar experiencias pedagógicas, observaciones de clase, etc.

Al proceso de evaluación me he referido ya al considerar en 7.6 los diferentes niveles de evaluación desde la perspectiva del currículo. Es claro que la evaluación no debe ser considerada como una fase o un estadio de desarrollo del currículo sino como un proceso incorporado a los diferentes niveles en los que se toman decisiones. Tiene que haber evaluación de la rentabilidad económica del conjunto de centros en los que se acomete el desarrollo del currículo, de la misma manera que tiene que haber evaluación con respecto a la eficacia del funcionamiento de los servicios de un centro concreto o con respecto a los resultados de la aplicación de un determinado programa de enseñanza a un grupo de alumnos. En todos estos casos, la evaluación no debe limitarse al análisis de los resultados, sino que debe considerar también cómo se desarrollan los procesos que conducen a esos resultados, con el fin de detectar los desajustes y poder introducir las medidas necesarias para que las cosas mejoren. Desde este punto de vista, la evaluación es responsabilidad de todos los que toman decisiones, en distintos niveles, con respecto al currículo. La capacidad para someter a análisis permanente la propia labor y para modificar aquello que dificulta el desarrollo eficaz de cualquier proceso, junto con una cierta dosis de sentido común para sacar el máximo provecho de los recursos disponibles, constituye la base de cualquier medida de evaluación curricular.

En este capítulo consideraré en particular los problemas relacionados con el desarrollo del programa de curso, dentro del proceso de enseñanza y aprendizaje. La aplicación de los principios del enfoque comunicativo ha supuesto, como hemos tenido ocasión de ver en los capítulos anteriores, importantes cambios en el modo de entender la enseñanza y el aprendizaje. Los criterios de organización de los programas de enseñanza, basados tradicionalmente en el análisis lingüístico, resultan hoy insuficientes para dar respuesta a los problemas que suscita el aprendizaje de la lengua desde la perspectiva de la comunicación. La consideración del currículo como ámbito de actuación en el que pueda desarrollarse una síntesis entre las ventajas de distintas maneras de enfocar el programa de curso puede abrir nuevas e interesantes perspectivas. Una propuesta de este tipo no tiene sentido si no se considera al alumno como el eje de las decisiones que constituyen el propio programa, por lo que abordaré también en este capítulo el alcance de los procedimientos de negociación y consulta que pueden permitir al profesor compartir con los alumnos la responsabilidad de lo que ocurre en clase. Las tareas, entendidas como procedimientos metodológicos que favorecen el desarrollo de procesos de comunicación en el aula, pueden constituir un factor clave en un modo de enseñanza basado en los presupuestos del enfoque comunicativo, por lo que consideraré, para finalizar, la forma en que podemos relacionar las tareas con los componentes del plan curricular.

8.1 Contenidos y procesos en el programa de curso

Unidades de análisis o de organización de los programas

A la hora de enfrentarse a la preparación de un curso concreto, los profesores deberán tomar una decisión previa de gran trascendencia teórica y práctica: la determinación del tipo de programa que constituirá el hilo conductor del proceso de enseñanza y aprendizaje y que permitirá establecer las grandes coordenadas de actuación que orientarán la interacción, la comunicación y el aprendizaje en clase. El tipo de programa por el que opten los profesores estará, desde luego, estrechamente relacionado con sus concepciones teóricas, esto es, con la visión particular de la que partan en relación con la naturaleza de la lengua y el modo de entender la enseñanza y el aprendizaje. Así, en los modelos tradicionales, la única especificación del contenido del curso era la relativa a las estructuras gramaticales, pues se partía de la creencia de que un programa en el que hubiera una descripción correcta del contenido gramatical era capaz de asegurar, por sí mismo, el éxito en el aprendizaje. Posteriormente, las concepciones teóricas sobre la lengua y el aprendizaje basadas en el enfoque comunicativo orientaron la atención de los especialistas hacia la búsqueda de programas capaces de dar una respuesta adecuada a las exigencias de un análisis lingüístico más rico y complejo, que añadía la dimensión del uso social de la lengua a la mera descripción gramatical. Los programas nociofuncionales fueron propuestos como la respuesta a este difícil reto. Recientemente, el interés de los investigadores se ha desplazado desde el conocimiento y las destrezas que constituyen el resultado final de la enseñanza hacia el análisis de los procesos psicolingüísticos que subyacen en el aprendizaje.

Richards (1990) propone una lista que recoge algunos de los tipos de programas más significativos que podemos encontrar hoy día en el campo de la enseñanza de lenguas extranjeras. Aunque la lista recoge los tipos generales, hay que tener en cuenta que son posibles las variantes de estos tipos o bien la combinación de varios de ellos (Richards, *op. cit.*, 9):

1. Estructural (organizado fundamentalmente alrededor de la gramática y de modelos de estructuras).

2. Funcional (organizado alrededor de funciones comunicativas, como identificar, informar, corregir, describir).

3. Nocional (organizado alrededor de categorías conceptuales, como duración, cantidad, ubicación).

4. Temático (organizado alrededor de temas, como salud, comida, vestido).

5. Situacional (organizado alrededor de situaciones y las transacciones asociadas con ellas, como ir de compras, en el banco, en el supermercado).

6. Basado en destrezas (organizado alrededor de destrezas, como escuchar para obtener información general, escuchar para obtener información específica, escuchar para realizar deducciones).

7. Basado en tareas o en actividades (organizado alrededor de actividades, como dibujar mapas, seguir direcciones, seguir instrucciones)

El análisis de esta lista nos lleva a una primera reflexión general: la organización del programa se basa siempre en una determinada unidad de análisis, ya sea las estructuras gramaticales, las funciones comunicativas, los temas, las situaciones, las tareas, etc. Una consideración más detenida de las unidades de análisis que organizan cada uno de los tipos de programas nos conduce a una pregunta clave a la hora de conocer las bases sobre las que se sustentan los distintos tipos de programas: ¿Son todas las unidades de análisis de la misma naturaleza? La respuesta a esta pregunta nos permitirá averiguar de qué enfoque sobre la lengua y el aprendizaje parte cada uno de los tipos y, a partir de esta primera conclusión, entender el alcance de los criterios que rigen la organización de cada programa.

La distinción de Wilkins (1976) entre programas *sintéticos* y *analíticos* puede servirnos de punto de partida. Aunque Wilkins plantea su distinción no tanto como una dicotomía sino más bien como dos puntos en un mismo *continuum*, presenta una serie de diferencias básicas entre ambos conceptos. Así, los programas sintéticos son aquellos que dividen la lengua en elementos lingüísticos separados, que serán enseñados uno a uno y paso a paso, de manera que la adquisición consiste en un proceso gradual de acumulación de partes hasta que llega a construirse la estructura de la lengua en conjunto. El alumno deberá sintetizar la lengua que ha sido dividida en una serie de pequeños trozos. Se trata, por tanto, de aprender la lengua en partes independientes unas de otras, e integrar o sintetizar estas partes cuando ha de utilizarse la lengua con una finalidad comunicativa. Por su parte, los programas analíticos ofrecen al alumno ejemplos de lengua que no han sido previamente manipulados o controlados, sino que se han organizado en función de los propósitos por los que el alumno aprende la lengua y el tipo de actuación lingüística necesaria para alcanzar estos propósitos. Así, estos programas presentan la lengua en bloques, sin interferencia ni control, y se basan en la capacidad del alumno para percibir regularidades en la lengua y, a partir de ello, deducir reglas. Wilkins considera los programas gramaticales como sintéticos, y los situacionales, nocionales y funcionales como analíticos. Sin embargo, Long y Crookes (1992) señalan que las nociones y las funciones son, en realidad, unidades de análisis de carácter lingüístico, de la misma naturaleza que las unidades que constituyen los programas gramaticales:

> ... son los exponentes lingüísticos de las nociones y las funciones, esto es, las estructuras, los elementos léxicos, los modelos entonativos, etc., lo que el alumno realmente encuentra en la información de entrada (el *input*), no las nociones o las funciones en sí mismas. La secuencia de estos elementos puede ser diferente del programa gramatical debido a que las formas se agrupan ahora a partir de su función comunicativa en vez de a partir de sus relaciones lingüísticas o su supuesta dificultad de aprendizaje; pero tanto el *input* lingüístico como el resultado que se espera del alumno consisten todavía en estructuras aisladas (p. ej., *Le importaría* + gerundio, *por favor?* -como respuesta educada), estructuras que no son más plausibles como unidades de adquisición por el hecho de poner más énfasis en su potencial función comunicativa.
> *(Long y Crookes 1992, 32)*

A partir de este análisis, Long y Crookes consideran que los programas nocionales o funcionales son, al igual que los gramaticales, sintéticos, por cuanto parten de una serie de unidades lingüísticas que son analizadas separadamente. Para estos mismos autores, otras unidades de análisis, como los temas y las situaciones, deben clasificarse también en relación con los programas sintéticos, en la medida en que se trata de enunciados generales que, en realidad, contienen un conjunto de elementos léxicos o estructurales, respectivamente. Long y Crookes consideran, como conclusión, que cualquiera que sea la unidad de análisis de los programas sintéticos -la estructura, la función, la noción, el tema, la situación-, este grupo de programas presenta, entre otros, los siguientes problemas: están orientados sólo hacia el resultado y no hacia el proceso de aprendizaje; el contenido del programa se basa exclusivamente en un análisis de la propia lengua, ya sea abierto, como en el caso de la estructura, la noción o la función, ya sea encubierto, como en el caso del tema o de la situación; no hay apoyo teórico que permita afirmar que los elementos lingüísticos que constituyen estos programas sean unidades significativas de adquisición de lengua desde la perspectiva del alumno; tampoco hay apoyo en la teoría de la adquisición de la lengua para afirmar que las unidades son, o pueden ser, adquiridas de forma lineal, o bien aprendidas antes o separadas del uso de la lengua.

La unidad de análisis de los programas denominados analíticos es la *tarea*. Long y Crookes hacen repaso de las variantes más significativas de los programas basados en tareas a partir de la consideración previa de que se trata de programas que derivan de un análisis de lo que conocemos acerca del aprendizaje de la lengua en general y de la lenguas extranjeras en particular, frente al análisis de los programas sintéticos, centrados, como hemos visto, en el análisis de la lengua o del uso de la lengua. Los programas basados en tareas parten, además, de un rechazo de los elementos lingüísticos -ya sean estructuras, nociones o funciones- como unidades de análisis, y optan por la tarea como eje para el enfoque de un tipo de programa en el que los procesos psicológicos implicados en el aprendizaje tienen prioridad sobre el análisis lingüístico centrado en el producto o resultado que el alumno debe llegar a dominar.

Diferentes autores han propuesto modelos de análisis similares al que acabo de comentar a propósito de la distinción entre programas sintéticos y analíticos. Así, Nunan (1988b) establece una diferenciación entre *programas orientados hacia el producto*, que se centran en el conocimiento y las destrezas que los alumnos deben alcanzar como resultado de la enseñanza, y *programas orientados hacia el proceso*, que se centran en las experiencias de aprendizaje. White (1988), por su parte, distingue entre programas de tipo A y de tipo B. Los de tipo A responderían a las siguientes características:

- están centrados en la lengua, es decir, en el QUÉ del aprendizaje;
- son intervencionistas: alguien "digiere" previamente lo que va a ser enseñado, divide en trozos y establece objetivos;
- son externos al alumno: es el profesor quien toma las decisiones;
- lo importante es la materia de enseñanza: la lengua;
- se mide el éxito o el fracaso en función de que se logre alcanzar o no el dominio de la lengua.

Y los programas de tipo B, a las siguientes:

- se centran en CÓMO es aprendida la lengua;
- son no intervencionistas; no hay preselección artificial; los objetivos se establecen mediante la negociación entre el profesor y los alumnos;
- es interno al alumno y negociado;

- el énfasis está en el proceso de aprendizaje, más que en la lengua;
- la evaluación se realiza en relación con criterios del alumno sobre el éxito o el fracaso.

En esta misma línea de reflexión, Breen (1987) propone dos paradigmas o modelos de referencia en el diseño de programas, y, dentro de cada modelo, dos diferentes prototipos. El primer modelo de referencia es el constituido por los *planes sistemáticos (propositional plans),* que comprenden, a su vez, los prototipos de los programas gramaticales y los programas funcionales. El segundo modelo está constituido por los *planes de procesos (process plans),* que comprenden los programas basados en tareas y los programas basados en procesos. Tanto en el programa gramatical como en el funcional -que constituyen, en opinión de Breen, el paradigma dominante- el conocimiento y las capacidades establecidos como objetivos son organizados y presentados de forma sistemática, a partir de fórmulas, estructuras, relaciones, reglas o esquemas. Sin embargo, hay diferencias apreciables entre ambos tipos de programas; de hecho, el programa funcional fue desarrollado como alternativa al programa gramatical en un intento de superar el análisis centrado en el desarrollo de la competencia lingüística del alumno y proporcionar un enfoque más amplio, basado en una serie de categorías correspondientes a los usos a los que se puede aplicar la lengua. En definitiva, el programa funcional se centra en la actuación comunicativa del alumno y representa el deseo de capacitar a los alumnos para que puedan usar la lengua como medio para hacer cosas y poder, así, relacionarse socialmente.

En el análisis de Breen, los planes de procesos constituyen un nuevo paradigma que no necesariamente ha de ser interpretado como una alternativa al paradigma anterior. La interpretación de los distintos prototipos en cada uno de los modelos de referencia puede servir para revelar el camino de una nueva síntesis, que permita resolver las aparentes contradicciones que puedan producirse entre ambos paradigmas. Los planes de procesos parten de la base de que el conocimiento de la lengua, desde la perspectiva de su uso social, implica un complejo de competencias que interactúan durante la comunicación cotidiana. Un rasgo esencial de este complejo de competencias es que no sólo refleja el conocimiento de una persona sobre las reglas y convenciones que rigen la comunicación sino que capacita a esa persona para ser creativa con esas reglas y convenciones e, incluso, para negociarlas durante la comunicación. Los planes de procesos reconocen la importancia de la interacción en clase, pues consideran que no es el contenido del programa lo que constituye la base del aprendizaje sino el proceso de interacción, que proporciona oportunidades para el aprendizaje que son aprovechadas de forma selectiva por los alumnos. Este nuevo enfoque de los programas de enseñanza supone, en definitiva, un reconocimiento de la importancia de alcanzar un equilibrio entre la planificación de objetivos y contenidos, por una parte, y el desarrollo de las actividades de clase, por otra. Frente a los *planes sistemáticos*, centrados en la provisión de un plan, los *planes de procesos* se preocupan por cómo se lleva a cabo ese plan.

Tipos de programas

La decisión sobre el enfoque del programa de curso que orientará el proceso de enseñanza y aprendizaje en clase constituye, como hemos visto, un problema de gran trascendencia teórica y práctica. Si lo que nos interesa, sobre todo, son los objetivos que hayamos de alcanzar, podemos sentirnos tentados de elaborar un programa muy detallado, en el que todo quede previsto, pero que podría resultar demasiado resistente a cualquier forma de adaptación o reorientación a partir de los intereses o las necesidades de los alumnos una vez que el curso está en marcha. Por el contrario, si optamos por no establecer metas o pautas de actuación y dejamos que el aprendizaje vaya desarrollándose de modo natural en la práctica diaria pondremos en cuestión el mismo sentido de la pedagogía, por el hecho evidente de que los alumnos disponen de un tiempo limitado para aprender la lengua.

En el epígrafe anterior he presentado una lista con programas que responden a distintas unidades de análisis o de organización. En la práctica, es frecuente que en el programa aparezcan relacionadas distintas unidades de análisis. Yalden (1983; 1987, 78-79) ha descrito algunos modelos de programas que recogen distintos enfoques:

a) Un modelo en el que la enseñanza funcional se organiza en torno a un eje compuesto por una serie de unidades gramaticales (Brumfit 1980).

b) Un modelo en el que las funciones constituyen el eje de organización. A partir de este eje se van presentando las estructuras gramaticales.

c) Un modelo de enfoque variable, en el que se produce un cambio de énfasis de un aspecto a otro de la lengua a medida que el curso avanza (Allen 1980). En este modelo hay una evolución desde un eje estructural, centrado en las características formales de la lengua, hasta un eje centrado en el uso instrumental de la lengua.

d) Un modelo en el que aparecen entrelazados los distintos componentes: las funciones, las estructuras, los temas, etc.

Estos modelos constituyen distintas versiones de programas construidos a partir de unidades de análisis de carácter lingüístico, según la caracterización que he presentado en el apartado anterior. Modelos similares a éstos pueden encontrarse con otras representaciones y esquemas.

El repaso de los comentarios de distintos autores que he presentado en el apartado anterior nos ha permitido hacer una primera aproximación a las limitaciones de estos modelos. Desde finales de los 70, los autores han buscado una solución a estas limitaciones a partir de un cambio de enfoque desde la descripción de los contenidos y los resultados de la enseñanza hacia la consideración de los procesos de uso y aprendizaje de la lengua. Desde distintas propuestas pedagógicas se ha dado prioridad al análisis de las estrategias de aprendizaje con respecto a las estrategias de enseñanza, con planteamientos pedagógicos en los que el grado de implicación del profesor en la dirección y el control de los procesos de uso de la lengua en clase queda sensiblemente reducido (Allwright 1980; Candlin y Breen 1979; Holec 1981; todos ellos referidos en Yalden 1983). El dilema expresado por Allwright (1980) entre "enseñar la lengua (para comunicarse)" o "enseñar a comunicarse (mediante la lengua)" resume el problema de fondo que subyace en este cambio de énfasis. Para quienes defienden el nuevo enfoque, es claro que las dos opciones del dilema no son incompatibles. No obstante, si nos centramos en las habilidades comunicativas, desarrollaremos inevitablemente la mayoría de las áreas relacionadas con la competencia lingüística; sin embargo, si nos centramos sólo, o prioritariamente, en las habilidades lingüísticas, corremos el riesgo de desatender gran parte de la competencia comunicativa. Ésta es la razón por la que Allwright aboga por dirigir la actividad docente del profesor exclusivamente hacia el objetivo de involucrar a los alumnos en resolver problemas de comunicación (Yalden 1983, 117 y 118).

Poner todo el peso de la balanza en el desarrollo de las estrategias de aprendizaje de los alumnos puede llevarnos, sin embargo, a un desequilibrio no deseable. Adoptar el criterio de que las estrategias de aprendizaje de la lengua constituyan el eje de organización del programa es un planteamiento que no está exento de problemas. Rutherford (1987, 158) considera, a este respecto, las siguientes dificultades: lo que en una estrategia parece funcionar para un alumno, puede no funcionar para otro; así, la forma en que aprende un alumno no es, en absoluto, un criterio válido para determinar cómo puede ser enseñada una determinada estrategia; además, y como limitación importante, hay que reconocer que no disponemos todavía de conocimientos suficientes sobre cómo resuelven los alumnos el problema del aprendizaje, de manera que no disponemos de base adecuada para sustentar un programa basado en estrategias de aprendizaje.

Como observa Yalden (1983), cabe una postura intermedia entre la provisión de un plan de acción en el que todo queda detallado desde el principio y el rechazo a cualquier forma de especificación previa de objetivos y contenidos que pueda asemejarse al programa tradicional. La posibilidad de desarrollar programas *negociados*, al menos en la enseñanza a adultos, en los que el alumno pueda intercambiar sus propios puntos de vista con los del profesor a la hora de concretar tanto el contenido del curso como las estrategias de aprendizaje que hayan de utilizarse en clase, abre una puerta que puede conducir a una visión más amplia del proceso de enseñanza y aprendizaje. Esto tiene, desde luego, implicaciones pedagógicas de gran alcance, pero permite atisbar un interesante futuro en el campo de la enseñanza de las lenguas extranjeras. En el capítulo 3 he puesto de manifiesto la importancia del desarrollo de la autonomía de los alumnos como uno de los principios sobre los que se constituye el currículo comunicativo. En el nivel de aplicación curricular habrán de proveerse los medios para que este principio pueda ser trasladado a la práctica. Sin embargo, en opinión de Yalden (*op. cit.*), este planteamiento choca con dos problemas importantes: en primer lugar, la dificultad que puede suponer el desarrollo de este enfoque en niveles iniciales; en segundo lugar, la exigencia de guiar el proceso de los alumnos hacia la autonomía, en la medida en que no están acostumbrados a responsabilizarse de su propio aprendizaje. Ambos problemas constituyen, desde luego, importantes retos para el desarrollo de cualquier modelo que comparta los principios de la negociación y de la autonomía.

Un enfoque alternativo, aunque no necesariamente opuesto, al de los programas lingüísticos es el que representan los modelos que, desde las recientes aportaciones de la teoría de la adquisición de lenguas, ponen énfasis en el análisis de los procesos de comunicación a la hora de considerar el criterio de organización de los programas. Así, junto a los prototipos de programas lingüísticos que acabo de comentar, podríamos considerar otra serie de propuestas que se han ido abriendo camino en los últimos años y que constituyen, en conjunto, lo que se ha denominado *enfoque por tareas*. En el próximo epígrafe analizaré con detalle tres diferentes propuestas que, si bien presentan características diferentes, tienen en común el hecho de utilizar las tareas como eje de organización de los programas.

Los programas por tareas: tres modelos

Las primeras propuestas teóricas de programas basados en tareas aparecen en el campo de la enseñanza del inglés como lengua extranjera a lo largo de la década de los 80. El desarrollo de estas propuestas coincide con una preocupación cada vez mayor por los problemas relacionados con el aprendizaje, el desarrollo de la autonomía del alumno, la dinámica de la clase de lengua, la reflexión sobre las formas de discurso en clase, el análisis de las necesidades del alumno y de los procesos de negociación y consulta, la nueva función del profesor desde un enfoque de la enseñanza centrada en el alumno y otra serie de aspectos que amplían notablemente el enfoque de los programas tradicionales.

Aunque los distintos modelos de programas de enseñanza mediante tareas comparten el concepto de tarea como unidad básica de organización, existen diferencias en aspectos como la naturaleza de su fundamentación teórica o los criterios de selección y organización de las tareas en el programa. Long y Crookes (1992) han hecho una descripción sistemática de los tres modelos más conocidos de este tipo de programas: el programa procedimental (*procedural syllabus*), asociado con el Proyecto de Enseñanza Comunicativa Bangalore-Madras, desarrollado en la India por Prabhu, Ramani y otros entre 1979 y 1984; el programa de procesos (*process syllabus*), cuyos mentores principales son Breen y Candlin, con una serie de trabajos de investigación desarrollados desde 1980; y el programa basado en tareas (*task syllabus*), desarrollado por Long y Crookes a lo largo de los años 80. Nunan (1989) ha explorado también la utilización de las tareas desde la perspectiva del currículo. En el campo de la enseñanza del español, Zanón y Estaire (1990) han desarrollado su propio modelo, y aparecen referencias a las tareas como opción metodológica en el PCIC y en el Diseño Curricular Base del Ministerio de Educación y Ciencia (Lenguas Extranjeras). Esta breve referencia es sólo un apunte de la larga lista de autores que se han interesado por las repercusiones de la utilización de las tareas en la enseñanza de las lenguas extranjeras.

Aunque la tarea como instrumento pedagógico no es un concepto nuevo en la teoría de la educación, su impacto en el campo de las lenguas extranjeras ha sido muy importante en los últimos años y ha suscitado el debate teórico y el afán por encontrar fórmulas que permitan trasladar a la práctica los principios compartidos por los distintos enfoques de la enseñanza mediante tareas. Presento a continuación algunos de los rasgos más significativos de los tres modelos descritos por Long y Crookes (1992, 34 y ss).

• El *programa procedimental* de Prabhu (1987) es el único que se ha aplicado en una experiencia educativa concreta. Su fundamentación teórica proviene de las ideas de Krashen (1982) con respecto a la adquisición de la lengua como un proceso que se lleva a cabo mediante la activación de un sistema interno de reglas y principios abstractos cuando la atención del alumno está centrada en el significado (por ejemplo, en la realización de una tarea) y no en la forma. Se trata de un modelo que encaja perfectamente en el tipo de programas analíticos que he comentado anteriormente, en la medida en que rechaza la idea de programa entendido como preselección y distribución de elementos lingüísticos para una determinada lección o actividad; así, la base de cada lección está constituida por un problema o una tarea. Las tareas deberán ser suficientemente motivadoras para mantener la atención de los alumnos, por lo que el énfasis debe ponerse en el significado. Algunos ejemplos de tareas propuestos por Prabhu son calcular distancias, planear viajes utilizando mapas, completar historias, responder a preguntas de comprensión auditiva a partir de diálogos. Hay que tener en cuenta que las tareas son siempre de carácter pedagógico o de aprendizaje, es decir, no responden a un análisis de las necesidades comunicativas de los alumnos. En la medida en que la atención se concentra en el significado, no hay corrección sistemática de los errores de los alumnos con respecto a la forma, aunque puede haber una reformulación posterior por parte del profesor, a lo que Prabhu se refiere como "corrección incidental". El modelo de Prabhu presenta, en opinión de Long y Crookes, algunos problemas. Así, por ejemplo, al no haber análisis de necesidades de los alumnos, no existe un criterio apropiado para la selección de las tareas. Tampoco hay criterios de evaluación objetivos que permitan verificar la adecuación de las tareas al grupo de alumnos. Los criterios propuestos para la gradación de la dificultad de las tareas son arbitrarios, ya que utilizan parámetros como "al menos la mitad de la tarea debe ser realizada por al menos la mitad de la clase", lo que no parece adecuado para establecer un orden fiable de dificultad de las tareas.

• El *programa de procesos* de Breen y Candlin se fundamenta en principios educativos y filosóficos, más que psicolingüísticos, a partir del análisis de propuestas curriculares de otras asignaturas. Se trata de sustituir el tradicional programa basado en un repertorio de comunicación por otro que promueva la capacidad del alumno para comunicarse. Para ello, se propone incorporar un programa de contenidos, entendido como una lista de referencia de lo que los alumnos deben saber, a un programa que incluya los procesos de negociación y de aprendizaje. El diseño de un curso se concibe, así, como el desarrollo de cuatro diferentes niveles de decisión, en cada uno de los cuales los alumnos pueden elegir entre una serie de opciones:

(a) decisiones generales sobre el aprendizaje de la lengua en clase (qué necesitan aprender los alumnos, cómo prefieren aprender, cuándo, con quién, etc.);

(b) procedimientos alternativos para llevar a cabo esas decisiones (las bases de un eventual "contrato de trabajo" entre el profesor y los alumnos);

(c) actividades alternativas: trabajo dirigido por el profesor, trabajo en grupo, laboratorio, etc.;

(d) tareas alternativas, es decir, un banco de tareas pedagógicas entre las que los alumnos pueden elegir para realizar las actividades.

Finalmente, se proporcionan procedimientos para evaluar la efectividad de las opciones elegidas en los niveles (b), (c) y (d) en relación con los objetivos seleccionados en (a). El programa de procesos se preocupa, por tanto, por las distintas formas a través de las cuales la comunicación y el aprendizaje pueden desarrollarse en la clase de lengua. La comunicación y el aprendizaje se sitúan, de este modo, en el contexto social de la clase. Las críticas de Long y Crookes sobre este modelo tienen que ver, por una parte, con aspectos logísticos, externos, y, por otra, con aspectos internos que repercuten en su efectividad. En lo que hace a los factores externos, consideran que este modelo supone una profunda redefinición de los papeles que desempeñan los profesores y los alumnos y una redistribución del poder y de la autoridad en clase demasiado radical, no aceptable en determinadas sociedades. Además, exige la creación de un gran número de materiales y recursos de aprendizaje, lo cual supone un gran esfuerzo por parte del profesor. Por lo que respecta a los factores internos, las tareas no responden a un análisis previo de necesidades, lo cual plantea problemas en la selección. Tampoco hay ningún tipo de referencia al aspecto formal de la lengua y no queda claro sobre qué teoría de adquisición de la lengua se sustenta, pues el énfasis está centrado casi exclusivamente en la dimensión pedagógica, sin atención a los aspectos lingüísticos.

• *El modelo de enseñanza de la lengua basado en tareas* de Long y Crookes (1992) se fundamenta, según declaración de sus autores, en los estudios sobre la adquisición de lenguas extranjeras y parte de la hipótesis de que la atención a los aspectos formales de la lengua puede tener efectos positivos en el aprendizaje. Esto no significa la vuelta a un tipo de programa de carácter sintético o a un método de enseñanza que considere sólo aspectos lingüísticos. El modelo considera, por una parte, un tipo de tareas de carácter pedagógico, que permite la práctica de los aspectos formales de la lengua, y, por otra, las tareas propiamente comunicativas a las que los alumnos se ven enfrentados fuera de clase. Este enfoque requiere un análisis previo de necesidades de los alumnos, que permita determinar los tipos de tareas que habrán de ser practicadas en clase. Una vez que las tareas comunicativas han sido identificadas, se procede a clasificarlas en diferentes tipos de tareas; así, por ejemplo, en un curso de auxiliares de vuelo, el servir el desayuno, la comida, la cena y los aperitivos y refrescos, puede ser clasificado dentro de "servir comidas y bebidas". El siguiente paso es derivar tareas pedagógicas de los tipos de tareas, y establecer la secuencia que nos permita configurar un programa. Las tareas pedagógicas son las que, de hecho, trabajarán en clase los profesores y los alumnos, si bien habrá una evolución progresiva de este tipo de tareas en virtud de la cual se irán aproximando a las tareas comunicativas que motivaron su inclusión en el programa. La secuencia del programa se establecerá en función de una serie de criterios derivados del análisis de las propias tareas. La evaluación se basará en la capacidad que tenga el alumno para resolver la tarea, a partir de criterios previamente establecidos, y no en la capacidad para resolver aspectos gramaticales concretos. Este modelo no está, sin embargo, exento de problemas, como los propios autores reconocen. La base de investigación sobre la que se sustenta, relacionada sobre todo con la teoría de la adquisición de lenguas y las aportaciones derivadas de las técnicas de observación de la clase, no constituye todavía un fundamento empírico suficientemente sólido. Los criterios de gradación y evaluación de las tareas adolecen, también, de suficiente experimentación en la práctica. Hay problemas con la delimitación de las tareas; así, los autores se preguntan cuántas sub-tareas pueden identificarse dentro de un tipo de tarea como "hacer la compra", e, incluso, si aquellas sub-tareas pueden, a su vez, dividirse en tareas menores. Por otra parte, el programa resultante de los pasos descritos anteriormente resulta demasiado estructurado, lo cual puede perjudicar el desarrollo de la autonomía de los alumnos. Por último, no se ha llevado a cabo todavía una experiencia que haya puesto en práctica este modelo, a diferencia de lo que ocurre con el modelo procedimental de Prabhu, y esto obliga a mantener unas lógicas reservas sobre sus posibilidades de viabilidad.

¿Qué podemos concluir de este análisis comparado? Me temo que más problemas que soluciones, si bien la comparación de las tres perspectivas nos permite vislumbrar algunos factores clave que han de ser tenidos en cuenta.

Un primer factor es la importancia de llevar a cabo un análisis de las necesidades de los alumnos, lo que está en la base, como ya he comentado, de un modelo de enseñanza que no debe ignorar los presupuestos educativos y culturales de los alumnos, sus expectativas y sus preferencias con respecto al aprendizaje.

Las tareas parecen ser herramientas adecuadas para promover actividades motivadoras para los alumnos que permitan desarrollar procesos comunicativos en clase. Habrá que atender, no obstante, al problema de la transferencia entre la práctica de clase y las tareas a las que los alumnos se verán expuestos en las situaciones de la "vida real". A este respecto, una combinación de tareas pedagógicas y tareas comunicativas -actividades y tareas, según la clasificación que he propuesto en 7.5- puede ser la solución más eficaz.

Es importante establecer un equilibrio entre la dimensión pedagógica del programa, particularmente desarrollada en el modelo de Breen y Candlin, y la dimensión lingüística, como hacen notar Long y Crookes. La consideración de la clase como un contexto social en el que se producen relaciones entre individuos sitúa en primer plano la idea de la negociación, de la consulta, del intercambio de opiniones entre el profesor y los alumnos. Ya hemos visto en 3.2 los problemas que pueden derivarse de una distinta percepción entre el profesor y los alumnos sobre lo que significa enseñar y aprender una lengua, por lo que deberemos ser prudentes a la hora de introducir propuestas que puedan chocar de frente con concepciones culturales y educativas muy arraigadas en determinadas sociedades.

Otro factor clave desde la perspectiva del currículo es la relación que se establece entre la autonomía de los alumnos y la estructuración del programa. Si establecemos un programa de tareas muy estructurado, corremos el riesgo de anular la iniciativa de los alumnos. Por esta razón, quizá resulte más apropiado pensar en un programa que permita cierta libertad para relacionar distintos componentes o unidades y para añadir, a lo largo del curso, nuevas unidades o nuevas tareas en función de las necesidades expresadas por el grupo.

El problema de la gradación y la evaluación de las tareas no queda resuelto en las propuestas de programas que acabo de comentar. Con respecto a estos dos aspectos todo lo más que podemos considerar es que se ha abierto un periodo de experimentación en el que la práctica de los profesores será determinante a la hora de avalar propuestas de solución.

8.2 El currículo como propuesta de síntesis

En los apartados anteriores he considerado las posibilidades y los límites de diferentes modelos de programas lingüísticos y psicolingüísticos. Este repaso nos permite comprobar en qué medida conviven hoy en día propuestas muy diversas de tipos de programas bajo el paraguas común del enfoque comunicativo. La conclusión principal que se desprende de estos ejemplos es que la articulación del programa de curso es una labor compleja, que requiere tiempo y dedicación por parte del equipo docente y que obliga a tomar una serie de decisiones que han de estar fundamentadas en una reflexión previa sobre lo que significa enseñar y aprender una lengua extranjera.

La elección del tipo de programa más adecuado en cada caso dependerá de distintos factores externos e internos relacionados con la situación de enseñanza. Así, por ejemplo, la política de actuación de la institución promotora del currículo puede ser determinante: si está previsto que el curso vaya a durar poco tiempo y la institución se ha comprometido a prestar una serie de servicios, es posible que el profesor opte por un programa lingüístico de tipo funcional ajustado a las necesidades de los alumnos. Otros factores como la edad de los alumnos o sus experiencias previas de aprendizaje, los recursos disponibles, la posibilidad de encontrar apoyo material o profesional, condicionarán también la decisión del profesor a la hora de optar por un tipo u otro de programa. En opinión de Yalden (1987), los modelos funcionales pueden ser los más adecuados para el desarrollo de cursos de fines específicos, mientras que los programas por tareas serían recomendables en situaciones en las que los recursos lingüísticos sean limitados, particularmente en aquellos contextos en los que la lengua que se aprende es lengua extranjera.

De todo lo anterior puede deducirse que no cabe establecer un único camino para la provisión de un plan de enseñanza fundamentado en los principios de la enseñanza comunicativa. Esto no quiere decir que no podamos considerar las aportaciones de los distintos modelos en un intento de abordar la programación del curso desde un enfoque más amplio, en el que pudiéramos encontrar espacio para la síntesis de los aspectos positivos de distintos tipos de programas. Entiendo que el enfoque del currículo puede permitir vislumbrar este espacio de síntesis.

Antes de concretar los criterios que, desde mi punto de vista, otorgan al currículo una función clave a la hora de considerar una propuesta equilibrada entre los dos enfoques que hemos venido considerando, conviene establecer una serie de conclusiones provisionales con respecto a los modelos que hemos considerado en los apartados anteriores. Especifico a continuación las ideas que constituyen cada una de estas conclusiones.

1. Los dos criterios básicos de organización de los programas de enseñanza son los siguientes:

- el análisis de la lengua, mediante la consideración de elementos aislados como las estructuras gramaticales o las funciones (*programas lingüísticos*);

- el análisis de los procesos psicológicos implicados en el aprendizaje, con la utilización de las tareas como unidades de organización de los programas (*programas psicolingüísticos*).

2. Los programas lingüísticos se interesan especialmente por el conocimiento que los alumnos alcanzarán como resultado del aprendizaje de la lengua, mientras los programas psicolingüísticos se centran en los procesos que conducen hasta ese conocimiento.

3. Los programas lingüísticos se centran en el conocimiento de las reglas y las convenciones que rigen el sistema de la lengua y su uso social. Los programas psicolingüísticos reconocen la importancia de desarrollar la capacidad del alumno para negociar esas reglas y esas convenciones, por lo que la interacción en clase es considerada un factor clave del aprendizaje.

4. Los programas lingüísticos otorgan especial importancia a la provisión del plan de enseñanza, mediante la selección de objetivos y contenidos. Los programas psicolingüísticos se interesan más por el desarrollo del plan.

5. El enfoque lingüístico y el psicolingüístico no deben ser considerados necesariamente como mutuamente excluyentes sino como los extremos de un mismo *continuum*, por lo que cabe concebir un modelo que se encuentre en un punto intermedio de ambos enfoques o que responda a una posible síntesis.

No es fácil establecer las pautas de un programa que permita aprovechar los aspectos positivos de los distintos modelos. Entiendo que el problema principal deriva del hecho de que estamos poniendo en relación dos enfoques que se centran en objetos de análisis de naturaleza distinta. Los programas lingüísticos ponen énfasis en los problemas relacionados con el análisis de la lengua que ha de ser aprendida por el alumno; los psicolingüísticos se preocupan sobre todo por el proceso de aprendizaje. En el primer caso, nos centramos en el fin; en el segundo, en los medios. Podemos organizar un plan de enseñanza a partir del objetivo principal de que los alumnos aprendan la lengua mediante la adquisición de una serie de conocimientos relacionados con el sistema lingüístico y las reglas que rigen su uso, o bien podemos centrar nuestra preocupación en fomentar el desarrollo de una serie de capacidades mediante las cuales los alumnos podrán aprender la lengua. El objetivo final es el mismo, pero el criterio de organización del programa varía. En el caso del programa lingüístico organizamos el programa a partir de unidades lingüísticas aisladas, aunque contextualizadas, con la idea de que el alumno aprende la lengua asimilando por adición estas unidades. El programa psicolingüístico parte de los planteamientos de la teoría de la adquisición de segundas lenguas y de la idea básica de que el aprendizaje se produce mediante un progresivo enriquecimiento del potencial comunicativo del alumno.

En mi opinión, una posible respuesta a este dilema la puede proporcionar el propio enfoque curricular, en la medida en que la planificación de los contenidos se sitúa junto con la planificación de los objetivos, la metodología y los procedimientos de evaluación dentro de una visión amplia y comprensiva en la que los diferentes componentes curriculares son interdependientes. El plan curricular establece, como hemos visto, objetivos de ciclo, que señalan metas intermedias pero que permiten al profesor un margen de maniobra para concretar los objetivos de los distintos cursos que componen un determinado ciclo de enseñanza. Por otra parte, los inventarios de contenidos son propuestos como "listas de control" que especifican el conjunto de elementos de enseñanza que habrán de ser puestos en juego en cada ciclo y que permitirán al profesor dar coherencia y continuidad a su labor, al tiempo que le proporcionan un análisis útil de aspectos lingüísticos que podrá utilizar del modo que considere más adecuado a la hora de definir su propio programa de enseñanza. De este modo, el profesor puede organizar el curso en función de las actividades que se vayan a desarrollar en clase y no en función de la progresión lingüística de un programa de contenidos.

Desde esta perspectiva, la metodología en el currículo constituye un componente que no es subsidiario del programa de contenidos, como ocurría en los modelos tradicionales, sino interdependiente. Podríamos considerar, incluso, que la separación tradicional entre contenidos y metodología desaparece desde la perspectiva de análisis del currículo comunicativo. El plan curricular, del mismo modo que proporciona inventarios de contenidos, propone también orientaciones y procedimientos metodológicos que facilitan la labor del profesor. Las orientaciones generales recogerán, en síntesis, una descripción de los principios que favorecen el desarrollo en clase de los procesos de comunicación y de aprendizaje; por lo que respecta a los procedimientos metodológicos, el plan curricular ofrece propuestas concretas de actuación que, como en el caso de las tareas, permiten relacionar las actividades en función de objetivos últimos de carácter comunicativo. Por otra parte, la evaluación se incorpora al proceso de enseñanza y aprendizaje como un instrumento más de ayuda pedagógica, que puede favorecer la autonomía del alumno y la negociación entre el profesor y los alumnos. De este modo, el currículo proporciona al profesor suficiente margen de autonomía para desarrollar el tipo de programa más adecuado en cada caso, al tiempo que dispone los grandes parámetros de desarrollo del plan de enseñanza, con lo que pueden satisfacerse las exigencias de toda institución educativa (exámenes, certificados, etc.).

Teniendo en cuenta lo anterior, podemos considerar que el currículo se constituye en una propuesta de síntesis entre los dos enfoques que he considerado, a partir de las siguientes bases generales:

- se establecen objetivos intermedios, pero el profesor tiene libertad para organizar el curso en función de las necesidades y las expectativas de los alumnos;

- hay una descripción de elementos de contenido lingüístico -los inventarios-, pero esta descripción constituye un instrumento al servicio de las actividades;

- existe un plan general de enseñanza, pero se trata de un plan que provee instrumentos y criterios de actuación.

A partir de estas bases generales, las claves para constituir un programa de curso coherente con los principios del enfoque comunicativo podrían ser las siguientes:

• *Negociación y consulta en clase*

Como he comentado ya desde distintas perspectivas a lo largo del libro, la consideración de las características y de las necesidades de los alumnos está en el fundamento mismo del enfoque comunicativo. Como veremos en seguida, distintos instrumentos de análisis de necesidades de los alumnos proporcionarán al profesor la información necesaria para adoptar decisiones con respecto a la programación del curso. El intercambio de opiniones entre el profesor y los alumnos y la negociación sobre los distintos elementos que configuran el curso constituirán, por tanto, un aspecto importante del proceso de enseñanza y aprendizaje.

Aunque la consideración de las necesidades de los alumnos se produce en el currículo después de la definición de los fines y los objetivos generales, hay que tener en cuenta que en el nivel de fundamentación del currículo ha habido ya un proceso de indagación destinado a recabar información sobre determinados factores del entorno y sobre la situación de enseñanza de la que se parte. Este proceso de indagación constituye, también, un modo de análisis de necesidades, aunque en este caso no se trate de obtener información específica con objeto de elaborar un programa de curso, sino de establecer las bases generales del propio currículo, a partir de las cuales podrán definirse los fines y los objetivos generales.

• *Integración de la práctica formal y comunicativa*

La reflexión sobre las características formales de la lengua no es incompatible con el reconocimiento de la importancia de los procesos que permiten la adquisición de la lengua mediante la negociación de significados. En cierto momento del proceso de enseñanza y aprendizaje el alumno sacará provecho de una determinada regla gramatical presentada de forma explícita por el profesor o bien de la práctica de una serie de ejercicios de corte estructural que no impliquen interacción comunicativa; sin embargo, basar todo un curso en este tipo de prácticas es algo que resultará a todas luces insuficiente, por cuanto el alumno necesita también desarrollar una serie de habilidades que le permitirá transferir lo aprendido a las situaciones comunicativas que se producen fuera de clase. En el extremo opuesto, tampoco parece que tenga sentido excluir cualquier forma de práctica controlada y centrarse exclusivamente en actividades interactivas que impliquen negociación de significados. Entiendo que lo razonable es pensar que ambos tipos de práctica son útiles y provechosos en distintos momentos del proceso de enseñanza y aprendizaje.

Si consideramos las tareas, desde un punto de vista pedagógico, como una serie de actividades relacionadas entre sí en función de un objetivo último de carácter comunicativo, podemos partir de la base de que algunas de estas actividades podrían estar centradas en la práctica de aspectos formales de la lengua y otras en la práctica de intercambios comunicativos. De este modo, las tareas pueden constituir un instrumento útil para la organización de la actividad de la clase, al tiempo que facilitan la integración de la práctica formal y la práctica comunicativa.

• *Flexibilidad en el criterio de organización del programa*

A la hora de optar por un modelo de organización del programa de curso caben, como hemos visto, distintas posibilidades, que se sitúan en un *continuum* entre los programas centrados exclusivamente en un análisis de los contenidos y los programas organizados totalmente por tareas. A partir de este planteamiento, es posible pensar en la utilización de las tareas como un complemento o refuerzo de un programa organizado a partir de unidades lingüísticas. De este modo, las distintas opciones con respecto al programa podrían representarse del siguiente modo:

CONTENIDOS

CONTENIDOS + TAREAS

TAREAS

Aunque los programas centrados exclusivamente en los contenidos presentan, como hemos visto, limitaciones importantes con respecto a los procesos que favorecen la adquisición de la lengua, es razonable pensar que en estadios iniciales pueden ser operativos, en la medida en que permiten hacer frente a aspectos prácticos como el hecho de que el alumno pueda expresar su propia identidad, formular preguntas sobre necesidades cotidianas, familiarizarse con aspectos básicos del nuevo sistema fonético, etc. Los alumnos sin conocimientos previos de la nueva lengua pueden realizar, de este modo, un proceso de incorporación al nuevo sistema lingüístico mediante la automatización de algunas estructuras básicas, el conocimiento de algunos elementos léxicos de uso frecuente o el desarrollo de estrategias sencillas de comunicación. En estadios intermedios es posible concebir un programa básicamente orientado por criterios lingüísticos -de hecho, la mayoría de los manuales de enseñanza disponibles en español responden a criterios de este tipo-, pero complementado con la realización de tareas en torno a aspectos particulares de la unidad temática que se está trabajando en clase. También en estadios intermedios, y sobre todo en los superiores, es frecuente encontrar programas de curso basados fundamentalmente en la realización de series de tareas o bien de proyectos, con la utilización de manuales como fuente de información sobre aspectos socioculturales -textos, cintas de audio- o como repertorio de ejercicios para la práctica de estructuras gramaticales y de funciones lingüísticas particulares. En todo caso, es posible pensar también en una evolución a lo largo de las distintas opciones del *continuum* en un mismo curso de enseñanza.

En los próximos epígrafes, desarrollaré con más detalle algunos aspectos importantes relacionados con estas claves a partir de la consideración de dos factores de especial trascendencia práctica en el nivel de aplicación del currículo: el análisis de las necesidades de los alumnos y los modelos de organización del programa de curso.

8.3 Análisis de necesidades y procedimientos de negociación y consulta

La importancia que otorga el currículo comunicativo a la consideración de los factores de carácter cognitivo y afectivo que intervienen de forma determinante en el aprendizaje de la lengua por parte de los alumnos, así como el respeto a las necesidades y a las expectativas de quienes serán los usuarios de la lengua supone, como hemos tenido ocasión de ver a lo largo del libro, una evolución importante con respecto a los planteamientos anteriores, preocupados ante todo por el análisis lingüístico y la descripción de los contenidos de la enseñanza. En consonancia con este cambio de enfoque, el énfasis en la consideración de aquellos procedimientos que permitan obtener información sobre distintas variables relacionadas con las características y las preferencias de los alumnos ha traído consigo el desarrollo de la investigación sobre técnicas e instrumentos que permitan obtener información relevante de los alumnos con objeto de adecuar los planes pedagógicos a la realidad de la clase.

Hemos tenido ocasión de ver, a propósito del análisis del *programa de procesos* de Breen y Candlin, que el programa de curso puede enfocarse como el resultado de un proceso de negociación y consulta entre el profesor y los alumnos a partir de una serie de pautas generales de actuación de carácter pedagógico. Aun con todas las reservas que he puesto de relieve al comentar el modelo, una propuesta de este tipo indica una tendencia coherente con los principios del currículo comunicativo y que puede abrir caminos en la evolución de los procedimientos de enseñanza en un próximo futuro. Una reflexión más profunda sobre las posibilidades y los límites de este modelo puede proporcionarnos algunas ideas útiles para la práctica de clase, como veremos en el segundo apartado de este epígrafe.

Una consideración detallada de lo que significa el análisis de las necesidades de los alumnos, así como la consideración de los procedimientos que pueden utilizarse para satisfacer el objetivo principal de aproximar los planes pedagógicos a las necesidades y a las expectativas de los alumnos, puede resultar útil para aquellos que se enfrentan con la tarea de aplicar planes generales a grupos de alumnos con necesidades particulares. El análisis de necesidades se relaciona estrechamente, por tanto, con la idea de negociación y consulta en clase, si bien es posible también, como vamos a ver en seguida, la aplicación de instrumentos antes del inicio del curso.

El concepto de *análisis de necesidades* aplicado a la enseñanza de lenguas extranjeras se consolida a finales de los años 70 como resultado de los trabajos promovidos por el Consejo de Europa en el campo de la enseñanza de lenguas para fines específicos. La aparición de *Communicative Syllabus Design* (1978), de John Munby, tuvo enorme impacto en los estudios relacionados con la planificación de cursos de fines específicos; el análisis de necesidades, entendido como la recopilación sistemática de datos sobre las necesidades comunicativas de los alumnos, se convirtió muy pronto en uno de los elementos fundamentales de este tipo de cursos.

No es casualidad que el análisis de necesidades adquiriera preponderancia en un momento en el que el enfoque comunicativo desplazaba a los programas gramaticales. En este enfoque hay, en efecto, una voluntad expresa de tener en cuenta las características y las necesidades del alumno, que habían sido hasta la fecha en gran medida ignoradas por los programas gramaticales, centrados en el análisis de los rasgos formales de la lengua. Así, para Wilkins (1976: 55; citado por West 1994) el primer paso en la construcción de cualquier programa de lengua es la definición de objetivos. Esta definición, siempre que sea posible, deberá basarse en el análisis de las necesidades de los alumnos y estas necesidades, a su vez, deberán definirse en función de las situaciones concretas de comunicación en las que el alumno necesitará desenvolverse.

El modelo de Munby, cuyas bases teóricas derivan del concepto de competencia comunicativa de Hymes, parte de una serie de parámetros mediante los cuales se pretende recopilar de forma sistemática la información necesaria para el diseño de un curso concreto de lengua. Estos parámetros son los siguientes (Munby 1978):

1 Participante (*Participant*):
Identidad y destrezas lingüísticas del alumno: edad, sexo, nacionalidad, lengua materna, otras lenguas, etc.

2 Propósito (*Purposive domain*):
Propósito por el cual el alumno quiere aprender la lengua.

3 Lugar (*Setting*):
Circunstancias ambientales en las que se empleará la lengua.

4 Interacción (*Interaction*):
Personas con las que interactuará el alumno.

5 Mediación (*Instrumentality*):
  Medio: lengua hablada/escrita; receptiva/productiva.
  Modo: diálogo/monólogo; para ser oída/leída.
  Canal: cara a cara/indirecta.

6 Dialecto (*Dialect*):
  Lengua estándar/alguna norma en particular.

7 Nivel requerido (*Target level*):
  Grado de destreza que debe alcanzar el alumno en la lengua.

8 Capacidad comunicativa (*Communicative event*):
  Destrezas receptivas y productivas que debe dominar el alumno.

9 Clave comunicativa (*Communicative key*):
  Actitudes interpersonales y registro (formal/informal).

Este tipo de análisis ha sido, sin embargo, fuertemente criticado en años recientes. Nunan (1988a), por ejemplo, lo considera excesivamente mecanicista, en la medida en que no prevé ningún tipo de intercambio o negociación con los propios alumnos. Desde la perspectiva humanista en la que se sitúa Nunan, con una visión del currículo centrada en el alumno, se considera importante que el análisis de necesidades no se limite a obtener información *sobre* los alumnos sino también *de* los alumnos, y que existan oportunidades a lo largo del desarrollo del curso para que puedan intercambiarse opiniones y puntos de vista sobre lo que se enseña y se aprende y sobre cómo se lleva a cabo la enseñanza y el aprendizaje.

Aunque, en un principio, los procedimientos de análisis de necesidades se utilizaron para la determinación del contenido concreto de los cursos de lengua de fines específicos, paulatinamente se comenzaron a aplicar también en la planificación de los cursos generales. Si bien los profesores de lengua han basado frecuentemente su enseñanza en algún tipo de análisis intuitivo o informal de las necesidades de los alumnos, no ha existido, sin embargo, y creo que no existe todavía, un uso generalizado de este tipo de procedimientos en la planificación de los cursos generales de lengua, debido a razones prácticas que tienen que ver con las dificultades en la elaboración de los instrumentos necesarios para la obtención de los datos o el tratamiento sistemático de la información obtenida. A esto se une el hecho de que el término genérico de "necesidades" puede referirse a datos de naturaleza distinta. Así, West (1994, 4-5), al presentar una visión de conjunto sobre la situación actual del análisis de necesidades en la enseñanza de lenguas extranjeras, considera que el término "necesidades" engloba distintos significados y propone la siguiente clasificación, a partir de las distintas interpretaciones que los especialistas han dado a este término:

(a) *Necesidades objetivas*, en el sentido de lo que el alumno necesita saber para poder desenvolverse de forma efectiva en una determinada situación. Este tipo de necesidades puede definirse a partir del análisis de situaciones cotidianas de comunicación. Los primeros análisis de situaciones que se realizaron, a principios de los 70, se centraron en determinar la cantidad de lengua que debía ser enseñada, pero no atendieron al aspecto fundamental de *para qué* debía ser utilizada la lengua. El primer intento sistemático de análisis de necesidades relacionadas con la situación de comunicación es el modelo de Munby que he comentado anteriormente.

(b) *Lagunas*. La definición de las necesidades objetivas no es suficiente a la hora de establecer un programa de enseñanza. Es necesario saber qué es lo que el alumno ya conoce, para poder descubrir las lagunas que existen entre las necesidades objetivas y el nivel de competencia que tiene el alumno que inicia el programa.

(c) *Necesidades subjetivas o deseos*. Lo que los alumnos quieren o lo que sienten que necesitan. Este tipo de necesidades puede estar en conflicto con las lagunas identificadas por el profesor, lo cual no quiere decir en absoluto que no deban ser tenidas en cuenta. Esto puede resultar difícil en aquellos casos en los que las necesidades subjetivas se oponen abiertamente a los fines del programa; sin embargo, puede haber determinados deseos o preferencias expresados por la mayoría de los alumnos que sí puedan ser incorporados al programa, a través de la negociación entre el profesor y los alumnos, con la consiguiente modificación de los contenidos o la metodología.

(d) *Estrategias de aprendizaje*. La generalización de este término responde a la ampliación en los años 80 del concepto de análisis de necesidades desde la especificación de los contenidos del programa -el qué de la enseñanza- a la especificación de la metodología -el cómo-, con un creciente interés por conocer los estilos de aprendizaje de los alumnos, las preferencias con respecto a los criterios de corrección de errores, el uso de medios audiovisuales, los procedimientos de evaluación, etc. También en este caso puede producirse conflicto entre los puntos de vista del profesor y de los alumnos. El problema puede ser más agudo cuando los alumnos adoptan actitudes pasivas, de escasa participación y gran dependencia del profesor, como consecuencia de su previa experiencia de aprendizaje escolar. El conflicto puede producirse, también, como consecuencia de un choque cultural entre los hábitos y costumbres del alumno en materia educativa y el enfoque de enseñanza y aprendizaje que el profesor lleva a clase.

(e) *Factores externos*. Los recursos disponibles (equipo, instalaciones, tiempo), las actitudes o la cultura de la sociedad, los materiales de enseñanza disponibles. Se trata de un área deliberadamente ignorada por los primeros modelos de análisis de necesidades que, como el de Munby, pretendían establecer unos parámetros de validez objetiva general, centrada en el propio modelo y sin la consideración de factores contextuales. La importancia de estos factores es hoy ampliamente reconocida.

(f) *Auditorías lingüísticas*. La diferencia fundamental con las otras interpretaciones analizadas es de escala. Frente a los análisis de necesidades centrados en un individuo o en un grupo, las auditorías lingüísticas analizan las necesidades de una compañía, de un sector profesional o incluso de un país con respecto al conocimiento de lenguas a largo plazo. Constituyen, por tanto, una investigación a gran escala, que permite determinar aspectos como qué lenguas deben aprenderse, por qué razones, quién debe aprenderlas y qué nivel de competencia debe alcanzar, mediante qué métodos, a qué coste, etc. La auditoría lingüística puede incluir los demás niveles de análisis de necesidades comentados anteriormente.

En función de estos distintos significados podemos identificar, de acuerdo con West (*op. cit.*, 5), diferentes tipos de análisis de necesidades. Así, las necesidades objetivas de (a) tienen que ver con lo que podemos denominar "análisis de situaciones-meta", mientras (b) y (c) se relacionan con un "análisis de deficiencias" del alumno, que es necesario cubrir con el programa de lengua. La interpretación de (d) se asocia al "análisis de estrategias" y la de (e) a lo que podemos denominar "análisis de medios". Nunan (1988b) propone una clasificación más sencilla de los tipos de análisis de necesidades y se limita a la distinción entre el *análisis de necesidades objetivas*, que se refiere a las situaciones comunicativas en las que se encontrarán los alumnos y que conducirá a la especificación de los contenidos del programa, y el *análisis de necesidades subjetivas*, derivado de los propios alumnos y que permitirá tomar decisiones sobre la metodología de enseñanza. Nunan llama la atención, sin embargo, sobre la importancia de evitar la relación mecánica entre necesidades objetivas y contenidos frente a necesidades subjetivas y metodología, y propone, en coherencia con un planteamiento curricular centrado en el alumno, una relación entre contenidos y necesidades subjetivas, en virtud de la cual los alumnos tienen la posibilidad de decidir lo que quieren aprender, y otra entre metodología y necesidades objetivas, que permitiría a los profesores decidir cómo se podría enseñar mejor el contenido.

Una vez definidos los distintos tipos de necesidades y el alcance de los análisis que se relacionan con cada uno de ellos, conviene comentar otros factores fundamentales del proceso. Estos factores son el *cuándo*, el *quién* y el *cómo* del análisis de necesidades. No existe una respuesta única para cada uno de los factores, sino distintas posibilidades que en ningún caso deben considerarse excluyentes. La opción por una u otra posibilidad o por la combinación de varias de ellas estará en función de las posibilidades de los responsables del análisis.

¿Cuándo se realiza el análisis?

El análisis puede realizarse en tres distintos momentos del curso: antes, al empezar o durante su desarrollo. Es claro, sin embargo, que estas tres opciones no son excluyentes, sobre todo si pensamos en el análisis de necesidades como un proceso más que como una actuación concreta que se realiza en un momento determinado (West, *op. cit.*, 5):

(a) El análisis que se realiza antes del comienzo del curso, y que podríamos denominar "análisis preliminar", permite realizar con tiempo suficiente la selección del contenido del curso y de los materiales didácticos más adecuados. En el caso de los cursos de fines específicos es frecuente pasar cuestionarios a personas que desarrollan su actividad en el tipo de situaciones que se pretende analizar. Así, por ejemplo, en el caso de un curso de negocios, puede obtenerse información de empresas o profesionales relacionados con el tipo de actividad para el que se programa el curso. Si es posible o si se considera conveniente, pueden pasarse cuestionarios a alumnos, aunque habrá que tener en cuenta que las conclusiones que se extraigan de estos cuestionarios han de tener carácter provisional, ya que las percepciones de los alumnos pueden cambiar con el tiempo. Los cuestionarios se pueden pasar en el momento de realizar la preinscripción de un curso, por ejemplo, o bien, en el caso de que los alumnos vayan a continuar su enseñanza en el centro, al finalizar un determinado curso y nivel, siempre que haya tiempo suficiente para el análisis de los datos antes del comienzo del nuevo curso.

(b) El análisis que se realiza el primer día de curso tiene la desventaja de que deja poco tiempo para adoptar decisiones. Este tipo de análisis cuenta, sin embargo, con la ventaja de que refleja de modo preciso las necesidades de los alumnos que constituyen cada grupo de enseñanza, aunque hay que tener en cuenta que, al igual que ocurre con los análisis preliminares, las necesidades expresadas por los alumnos pueden evolucionar.

(c) La realización de análisis de necesidades a lo largo del desarrollo del curso permite suplir las deficiencias de los dos tipos de análisis anteriores. De hecho, los alumnos suelen tener dificultades para identificar y expresar sus propias necesidades al principio de curso. Mediante procedimientos sencillos, el profesor puede ir obteniendo información de los alumnos a lo largo del curso. Estos procedimientos son, con frecuencia, más útiles y eficaces que los grandes cuestionarios de los estadios inciales.

¿Quién realiza el análisis?

Los participantes en el proceso de análisis de necesidades son, principalmente, el profesor y los alumnos. Frente a los modelos de análisis de carácter mecanicista, los nuevos enfoques de enseñanza, que parten de la consideración del alumno como el eje del currículo, ponen énfasis en potenciar el intercambio entre quienes participan en el proceso de enseñanza y aprendizaje. Los beneficios que se derivan de ofrecer a los alumnos la oportunidad de expresar sus propias necesidades han sido puestos de relieve por Nunan (1988a):

- los alumnos llegan a tener una idea más realista sobre lo que se puede lograr con un curso determinado;
- el aprendizaje se percibe como el logro gradual de objetivos alcanzables;
- los alumnos desarrollan mayor sensibilidad sobre su papel como alguien que aprende una lengua y sus nociones vagas sobre lo que es ser un alumno que está aprendiendo se hacen más fuertes;
- la autoevaluación se hace más asequible;
- puede verse cómo las actividades de clase se relacionan con necesidades de la vida real;
- el desarrollo de destrezas puede verse como un proceso gradual, más que de "todo o nada".

El conocimiento de las necesidades de los alumnos, tanto objetivas como subjetivas, constituye, de este modo, el punto de partida más eficaz para evitar errores de enfoque que pueden hacer fracasar un curso, aun cuando se haya dedicado gran esfuerzo en su preparación. El profesor, a través de los distintos procedimientos que examinaré a continuación, puede llegar a formarse una idea adecuada de las necesidades de comunicación de los alumnos, sus intereses con respecto a la lengua y los procedimientos metodológicos que se acomodan mejor a cada estilo de aprendizaje. Esta información proporciona también al profesor la oportunidad de ofrecer un tipo de orientación adecuada a las necesidades de cada alumno en particular, lo que favorecerá el desarrollo de la autonomía en el aprendizaje.

Otros posibles participantes en el proceso de análisis de necesidades, especialmente en el caso de cursos de fines específicos, son los responsables de la empresa que promueve o financia el curso, que pueden tener interés en que los alumnos adquieran una serie de destrezas necesarias para el desarrollo de determinadas actividades en la propia empresa. Estos responsables pueden encomendar a expertos el desarrollo de este tipo de análisis, a veces incluso al margen de los profesores o responsables pedagógicos del curso. Este tipo de procedimientos, que tienen la ventaja de proporcionar un análisis sistemático desde el punto de vista de las exigencias profesionales de la empresa, pueden ser conflictivos, en la medida en que excluyen de la toma de decisiones a los participantes principales, por lo que parece aconsejable fomentar en estos casos la mayor aproximación posible entre la dimensión profesional y la pedagógica.

¿Cómo se realiza el análisis?

Los instrumentos para la obtención de datos de los alumnos pueden ser de características muy diferentes, desde cuestionarios muy sofisticados que pretenden proporcionar una revisión amplia y sistemática de distintos tipos de necesidades del alumno, hasta la simple elaboración de una lista por parte del profesor a partir de lo que observa en clase. Como he comentado antes, los profesores suelen realizar siempre algún tipo de análisis informal de las necesidades de los alumnos, precisamente a partir de la observación de lo que ocurre en clase o mediante la negociación con los alumnos. Hay que tener en cuenta que, aunque para ciertos cursos puede ser recomendable o incluso necesario un análisis pormenorizado, en otros casos los procedimientos muy sofisticados pueden llegar a ser contraproducentes.

A partir del amplio repaso que proporciona West (*op. cit.*) y de las aportaciones de Yalden (1987) y de Nunan (1988a), enumero a continuación, sin pretensión de exhaustividad, las características de algunos de estos procedimientos:

(a) *Pruebas de nivel o de clasificación.* Se realizan antes del comienzo del curso con el objetivo principal de distribuir a los alumnos por grupos o niveles en función del nivel de conocimiento de la lengua que ya tienen. Me he referido a ellas en el capítulo anterior, al considerar los procedimientos de evaluación. Desde un enfoque amplio como el que propone West, las pruebas de clasificación y las de diagnóstico pueden considerarse también instrumentos de análisis de necesidades, lo que subraya la dimensión formativa de los procedimientos cuantitativos a la que he aludido en 7.4. Nunan (1988a) critica lo que denomina el "síndrome de los 20 alumnos", esto es, la obsesión de los centros docentes por organizar clases de 20 ó 30 alumnos con un número predeterminado de horas a la semana y aboga por un sistema más flexible, que permita a los alumnos entrar en contacto con otros profesores y alumnos. Desgraciadamente, la fuerza de las constricciones administrativas hace, en muchas ocasiones, prácticamente inviable esta posibilidad, aunque la búsqueda de nuevas fórmulas para la formación de grupos puede rendir buenos frutos en el terreno pedagógico.

(b) *Pruebas de diagnóstico*. Una vez comenzado el curso, este tipo de pruebas permiten al profesor formarse una idea sobre las lagunas o deficiencias de los alumnos.

(c) *Autoevaluación*. Mediante este procedimiento, los alumnos pueden identificar su propio nivel de competencia lingüística, así como las áreas de especial interés en relación con sus necesidades objetivas o subjetivas.

(d) *Observación en clase*. Se trata de que el profesor tome nota, a partir de una lista previa, de las lagunas o deficiencias que observa en la actuación de cada uno de los alumnos en clase. Hemos visto en 7.4 que la observación pueden realizarla también los propios alumnos.

(e) *Cuestionarios*. Es el procedimiento más frecuente en el análisis de necesidades y tiene la ventaja de la objetividad. Pueden pasarse antes del curso, para obtener información que permita seleccionar los contenidos o la metodología de un curso, o al inicio, como instrumento de diagnóstico; también pueden utilizarse en cualquier momento a lo largo del desarrollo del curso. Los cuestionarios pueden centrarse sólo en las necesidades objetivas o en las subjetivas de los alumnos, o bien recabar información sobre ambos tipos. Es posible, también, pasar cuestionarios a otro personal relacionado indirectamente con el curso, como los administradores del centro, los responsables de la empresa promotora, etc.

(f) *Entrevistas*. Es aconsejable que tengan una cierta estructura, para garantizar la objetividad en el cotejo de los datos. El contacto personal permite la posibilidad de aclarar dudas o ampliar determinada información, lo cual convierte a este procedimiento en uno de los más eficaces. A esto pueden añadirse otras ventajas, como su economía, familiaridad, posibilidad de cooperación y el no requerir un alto nivel de especialización.

(g) *Diálogo y negociación*. Es un procedimiento que los profesores utilizan con frecuencia de forma espontánea y suele ser un estímulo para los alumnos. La lengua de diálogo puede ser la propia de los alumnos o la lengua enseñada; si el uso de la primera no es posible, pueden encontrarse fórmulas que permitan el intercambio de opiniones. Los alumnos pueden elegir lo que prefieran a partir de la lista de necesidades expresadas por toda la clase, o bien pueden determinar el orden de preferencia en una lista que proporciona el profesor o que ha sido elaborada por todo el grupo. La lista puede referirse a temas, a actividades o a destrezas, por ejemplo. Las ventajas de este tipo de "enfoque negociado" son evidentes si se ha optado por un currículo centrado en el alumno.

Como conclusión, podemos decir que el análisis de necesidades, en conjunto, es una serie de procedimientos que nos permite establecer los grandes parámetros de un curso concreto de lengua. Para Richards (1990, 1-2), el análisis de necesidades cumple tres grandes objetivos:

- proporciona un mecanismo para proveer de más información con respecto al contenido, el diseño y el desarrollo de un programa de lengua, mediante la participación de los alumnos, los profesores, los administradores y los responsables de empresas en el proceso de planificación;

- identifica necesidades lingüísticas, generales y específicas, que pueden ser atendidas mediante el desarrollo de los fines, los objetivos y los contenidos de un programa de lengua;

- proporciona datos que pueden servir de base para la revisión y la evaluación de un programa ya existente.

8.4 Tareas y currículo

El nivel de planificación y el nivel de aplicación del currículo constituyen, como ya he comentado, dos fases independientes, aunque relacionadas, del proceso de desarrollo curricular. Como hemos visto en el capítulo 7, las decisiones relativas a la selección de los elementos y orientaciones que constituyen los diferentes componentes curriculares corresponden a los responsables de la planificación, que habrán de buscar la forma de proveer un plan que permita desarrollar programas de enseñanza que sean coherentes con la concepción sobre la lengua y el aprendizaje que fundamenta el currículo. El plan curricular no proporciona, sin embargo, materiales que puedan ser directamente aplicados al aula; es necesaria una elaboración posterior del conjunto de informaciones y orientaciones del plan curricular. El producto de esta elaboración es el programa de curso, del que es responsable el equipo docente del centro.

Así, mientras los responsables de la planificación curricular se preocupan de decisiones relacionadas con el análisis lingüístico y con el establecimiento de pautas generales de organización del proceso curricular, los profesores centran su atención en la planificación del trabajo diario con sus alumnos. A este respecto, el criterio de planificación que suele constituir el eje de las decisiones de los profesores con respecto al programa es la lección, la unidad didáctica o unidad temática, que, a su vez, contiene una serie de actividades y de ejercicios más o menos integrados entre sí. Lo que preocupa al profesor, por lo tanto, son las actividades que han de desarrollarse en clase y la forma de integrar estas actividades en unidades.

En un centro docente, lo normal es que antes del inicio del curso el equipo de profesores adopte decisiones sobre los programas que guiarán el desarrollo de cada uno de los cursos. En el caso de que exista un manual de enseñanza propio del centro o bien uno o varios manuales seleccionados por los propios profesores, es frecuente que se consideren posibles adaptaciones en función de los objetivos de ciclo o de etapa. Estos objetivos pueden estar establecidos en un plan curricular o en un documento equivalente, o bien pueden venir determinados por el nivel de exigencia del examen correspondiente a cada uno de los ciclos o etapas que constituyen el currículo o el plan de enseñanza del centro. También es frecuente que existan programaciones de curso elaboradas conjuntamente por el equipo docente y que el manual sea sólo un instrumento de apoyo del que se toman actividades o tareas en función de los objetivos previstos para cada sesión de clase. Cuando el centro o el equipo docente tiene ya una cierta trayectoria, es probable que exista un banco de tareas y actividades del que los profesores toman lo que necesitan en función de las previsiones que realicen con respecto a cada unidad didáctica o a cada sesión particular.

En el capítulo anterior, al aludir a los procedimientos metodológicos del plan curricular, he comentado que las tareas, entendidas como instrumentos de organización del trabajo en el aula, constituyen una herramienta útil a la hora de afrontar la elaboración de un programa de curso, por cuanto permiten crear condiciones adecuadas en el aula para que puedan llevarse a cabo procesos de comunicación que favorezcan la adquisición de la lengua. Desde este punto de vista, podríamos considerar las tareas como los ladrillos con los que construiremos unidades didácticas. Las tareas, a su vez, están integradas por actividades relacionadas entre sí en función del objetivo final de la tarea.

La determinación de la forma en que podamos hacer compatible la utilización de las tareas, por una parte, y las especificaciones del plan curricular, tal como ha quedado caracterizado en el capítulo anterior, por otra, nos permitirá considerar en qué medida es posible aplicar en la práctica los principios del enfoque comunicativo que están en la base del modelo curricular que he presentado a lo largo del libro.

El planteamiento que he desarrollado en los capítulos anteriores parte de la idea básica de que el nivel de planificación curricular provee especificaciones de carácter general que permiten al profesor disponer de instrumentos y orientaciones para el desarrollo de su programa, al tiempo que establece parámetros generales que garantizan el desarrollo temporal del currículo a través de una serie de ciclos generales. Frente a la idea de un método o programa previamente determinado, el currículo se propone como un proceso en el que las decisiones son adoptadas en distintos niveles. Nunan (1989), a partir de la consideración de las tareas como las unidades básicas de organización del programa de curso, representa la relación entre las líneas generales del currículo -lo que he denominado el nivel de planificación- y las tareas y las unidades didácticas -el nivel de actuación- del modo siguiente:

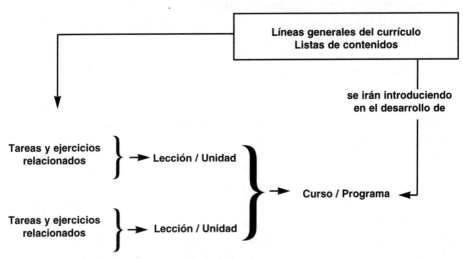

Adaptado de David Nunan (1989) "Designing Tasks for the Communicative Clasroom", *p.18.* Cambridge University Press.

De este modo, las especificaciones del plan curricular se conciben como un instrumento de control y no como el punto de partida de la programación académica. Como observa Nunan (1989):

> Más que trabajar desde los contenidos hacia las tareas, entiendo que las especificaciones de los programas, tal como son tradicionalmente concebidos (listas de contenidos), tienen más valor como listas de control y esquemas que pueden proporcionar coherencia y continuidad al proceso de diseñar un curso y desarrollar materiales... En vez de identificar unos elementos particulares, por ejemplo, "hablar de uno mismo", "nacionalidades" y "el verbo ser", y crear un texto y una tarea para enseñarlos, se podría buscar o crear un texto y una tarea interesante y relevante en el nivel apropiado de dificultad y luego identificar qué elementos de la lista de contenidos pueden ser introducidos o enseñados a través de ese texto o esa tarea.
>
> *(Nunan, 1989, 19)*

Desde esta perspectiva, el punto de partida de la programación del curso son las tareas, que configuran unidades didácticas que, a su vez, constituyen el programa de curso. Ahora bien, ¿de qué modo puede el profesor sacar provecho de las especificaciones del plan curricular a partir de un planteamiento metodológico basado en tareas? Acabamos de ver cómo la especificación de los contenidos proporciona al profesor una lista de control que le permitirá comprobar en qué medida han ido apareciendo en las tareas determinados elementos de contenido estructural, funcional, temático, etc. Los inventarios de contenidos permiten, así, disponer de una visión de conjunto sobre aquellos elementos de enseñanza que habrán de ser tratados en un ciclo determinado y facilitan la elaboración de exámenes o pruebas de control.

De análoga manera, podemos considerar la relación entre las tareas y los fines y objetivos del plan curricular. Si tomamos como ejemplo la especificación de los fines y objetivos generales, así como la de objetivos de ciclo, del PCIC (*vid. supra*, 7.1), observamos que, mientras los fines y objetivos generales recogen una visión comprehensiva del currículo, que traduce una concepción determinada sobre lo que es la lengua y el modo de entender su aprendizaje, los objetivos de ciclo -esto es, en el caso del PCIC, los correspondientes a los niveles inicial, intermedio, avanzado y superior- se limitan a la descripción de parámetros generales en relación con la actuación comunicativa del alumno. En el nivel de aplicación del currículo, al elaborar el programa de curso, los profesores dan un paso más mediante la definición de los objetivos correspondientes a cada curso concreto, que responderán a un análisis de las necesidades particulares de cada grupo de alumnos. Así, a la hora de trasladar las bases generales del currículo a las prescripciones de un programa concreto de enseñanza destinado a un grupo particular de alumnos, es frecuente que los profesores se vean en el dilema de tener que establecer unos objetivos específicos de curso que sean coherentes con las bases generales del currículo pero que, al mismo tiempo, resulten prácticos y funcionales como instrumento de trabajo y como guía para el desarrollo del curso. Éste es un momento crítico del proceso de aplicación curricular. Como observa Grondlund (1981):

> Se dedica poca atención a determinar de forma precisa el tipo de conducta que se desea al final de un ciclo de enseñanza. Como consecuencia, se produce alguna de las dos siguientes situaciones extremas. En un caso, los resultados que se pretenden se limitan al aprendizaje del material recogido en un libro de texto y los procedimientos de enseñanza y de evaluación tienen que ver fundamentalmente con retener el contenido del libro de texto. En el otro extremo, se establecen objetivos demasiado ambiciosos, tan generales e idealistas que son imposibles de alcanzar o de evaluar. La razón de que ambas situaciones sean muy frecuentes es probablemente que la tarea de definir claramente objetivos de enseñanza aparece como gigantesca y por lo tanto abrumadora, si bien no debe necesariamente serlo, a pesar de algunas dificultades que realmente existen. Además, es muy grande la recompensa de una enseñanza, un aprendizaje y una evaluación más efectiva.
> *(Grondlund, 1981, 29; en Nunan, 1988a, 60)*

Los profesores pueden tomar la decisión de describir sus propios objetivos de curso utilizando, por ejemplo, alguno de los procedimientos de descripción de objetivos que he comentado en 7.1, o bien no establecer objetivos de curso sino sólo los objetivos de las tareas concretas que vayan a realizar en las distintas sesiones de clase, o incluso abstenerse de cualquier preocupación a este respecto y limitarse a presentar una serie de unidades de un libro de texto. Cualquiera de estas opciones tiene, desde luego, ventajas e inconvenientes, y no es fácil llegar a una conclusión general que sea válida para las muy distintas situaciones en las que se pueden encontrar los equipos docentes de diferentes centros. Factores como la experiencia de los profesores, el grado de cohesión del equipo docente, la falta de tiempo disponible por sobrecarga de trabajo, la limitación de medios, etc., influyen de forma decisiva a la hora de acometer cualquier tarea de planificación.

Hay, sin embargo, a mi juicio, dos fuertes razones a favor de la descripción de objetivos de curso. Una tiene que ver con la importancia de considerar las necesidades de los alumnos al desarrollar el programa de curso. Hemos visto que los objetivos de ciclo describen parámetros generales en relación con las actuaciones comunicativas previsibles; en el caso del PCIC, estos objetivos describen los procesos que constituyen cada una de las cuatro destrezas lingüísticas mediante la especificación de conductas observables de los alumnos. En este sentido, podríamos decir que los objetivos de ciclo responden a un análisis general de las necesidades de los alumnos; sin embargo, en este nivel de descripción no se tienen en cuenta todavía las situaciones particulares, entendidas como el complejo de condiciones extralingüísticas que determinan la naturaleza de un acto lingüístico y que comprenden aspectos como los temas, los lugares, los interlocutores, etc. Entiendo que es importante considerar las necesidades de los alumnos a este respecto y tratar de incorporar en el programa, mediante la negociación, los intereses y las expectativas que el grupo plantee al profesor, en lugar de ignorar este aspecto y enfocar la enseñanza a partir de un análisis ajeno a los intereses de quienes van a ser los usuarios de la lengua.

La segunda razón a favor de la especificación de objetivos de curso tiene que ver con la evaluación. Generalmente, los planes de enseñanza consideran la evaluación como un factor clave del proceso de enseñanza y aprendizaje, en la medida en que nos permite disponer de un criterio para valorar el progreso de los alumnos con respecto al currículo, y, en su caso, detectar deficiencias no sólo de los alumnos, sino del propio currículo también. Es cierto que el concepto de *proceso*, en el sentido que ya he comentado en 7.1 a propósito de los objetivos, tiene también plena validez con respecto a la evaluación, pero también es verdad que la evaluación de proceso debe entenderse como complementaria de la evaluación de resultados. Los planes pedagógicos suelen incluir procedimientos de evaluación objetiva, como exámenes o pruebas de control, que proporcionan al alumno un punto de referencia con respecto a su propio aprendizaje. El disponer de objetivos de curso claros y coherentes con las necesidades del grupo nos permitirá elaborar las pruebas de evaluación a partir de un criterio fiable y válido para todos, en la medida en que se basa en un punto de partida compartido por el profesor y por los alumnos.

La consideración de las necesidades y las expectativas de los alumnos, a través de los procedimientos que se considere más adecuados (*vid. supra* 8.3), permitirá extraer una primera base de información sobre los tres siguientes aspectos generales (Yalden, 1987, 131):

- nivel de estudios, experiencias previas de aprendizaje, nivel de conocimientos de la lengua;

- necesidades de uso de la lengua. Aunque el objetivo general del curso suele estar claro (educación general, trabajo, turismo, etc.), el análisis nos permitirá obtener información más detallada sobre aspectos como las situaciones de uso preferidas, los temas, los interlocutores o las destrezas que el alumno necesita desarrollar prioritariamente;

- preferencias sobre estilos de aprendizaje: trabajo en grupos, en parejas, individual, mediante práctica interactiva, con explicaciones del profesor, con aparatos, etc.

Sobre esta base, el profesor podrá establecer de forma consistente los objetivos del curso, que orientarán la selección de las tareas.

De este modo, la coherencia del sistema queda garantizada mediante el juego de relaciones que se establece entre el nivel de planificación y el nivel de actuación. Gráficamente:

FINES Y OBJETIVOS GENERALES DEL CURRÍCULO
Recogen los principios que fundamentan el currículo (visión sobre la lengua y su aprendizaje) y establecen las metas últimas que pretenden alcanzarse mediante el desarrollo del plan de enseñanza.

OBJETIVOS GENERALES DE CICLO
Describen parámetros generales en relación con la actuación comunicativa de los alumnos y se refieren a un ciclo de enseñanza que comprende varios cursos.

OBJETIVOS DE CURSO
Describen las metas generales del curso a partir del análisis de las expectativas e intereses de los alumnos que constituyen un grupo determinado.

OBJETIVOS DE LAS TAREAS
Describen el punto de llegada de la serie de actividades que constituyen la tarea y pueden estar descritos en términos generales -de carácter comunicativo, afectivo o cognitivo- o bien limitarse a describir la conducta del profesor o la del alumno.

Así, los objetivos de las tareas proporcionan un punto de contacto entre las propias tareas y el currículo. No obstante, como observa Nunan (1989), no siempre están explícitos los objetivos en la tarea, aunque pueden deducirse de ella mediante análisis. Lo normal es que una tarea esté compuesta por una serie de actividades que conducen a los alumnos a diferentes objetivos simultáneamente.

Si consideramos los objetivos de distintas tareas, tal y como aparecen descritas en los materiales de trabajo de distintos profesores en activo, y los relacionamos con los fines generales del currículo, podemos comprobar cómo todas las tareas propuestas responden, al menos en el análisis general que puede derivarse de la mera descripción del objetivo de la tarea, al primero de los fines generales del PCIC, pero sólo algunas de ellas responden a los demás fines. Como puede verse, en todos los ejemplos excepto en el último los objetivos propuestos describen la conducta de los alumnos y tienen carácter comunicativo, si bien con implicaciones de carácter sociocultural (b, c) o relacionadas con el aprendizaje (d, e). En todos los casos se trata de los objetivos finales de las tareas, tal y como aparecen enunciados en las propuestas.

Objetivos finales de las tareas:

(a) *Planear un viaje a las islas Baleares, consultando información de una agencia de viajes, e informar de los detalles del mismo: duración, medio de transporte, precio, etc.*

(b) *Los alumnos deberán elaborar un cartel con consejos para contribuir a mejorar el estado de la naturaleza y el medio ambiente, fáciles de seguir en la vida cotidiana.*

(c) *Escribir la respuesta a una carta dirigida a los alumnos que estudian español en el centro. En ella se solicita información sobre lugares de interés en la ciudad donde residen los estudiantes.*

(d) *Producir un decálogo para publicar en el boletín del centro en el que se recojan una serie de consejos para relajarse (especialmente destinados a la época de exámenes).*

(e) *Ayudar al alumno en el conocimiento y uso de diferentes estrategias de memorización.*

Fines generales del currículo	Objetivos finales de las tareas
1º.- Capacitar a los alumnos para un uso efectivo del español como vehículo de comunicación.	(a) (b) (c) (d)
2º.- Conseguir que los alumnos alcancen un mayor control de su propio proceso de aprendizaje y que sean capaces de continuar dicho proceso de forma autónoma una vez finalizado el currículo.	(d) (e)
3º.- Mediante la enseñanza del idioma, promover el acercamiento entre la cultura hispánica y la del país de origen, así como transmitir una imagen auténtica de aquélla y colaborar en la destrucción de tópicos y prejuicios.	(c)
4º.- Colaborar en el desarrollo de actitudes y valores con respecto a la sociedad internacional, como el pluralismo cultural y lingüístico, la aceptación y la valoración positiva de la diversidad y de la diferencia, el reconocimiento y el respeto mutuo.	(c)

De manera análoga, podemos contrastar el tipo de conducta que exigen las actividades que constituyen una tarea particular con los objetivos generales del currículo que, como hemos visto en 7.1 con respecto al PCIC, suponen el desglose de una serie de aspectos particulares derivados de cada uno de los fines generales. También pueden contrastarse los objetivos comunicativos de la tarea con las previsiones establecidas en los objetivos de ciclo. Lo que importa, en todo caso, destacar es que el punto de partida de la labor del profesor lo constituyen las tareas, que se crearán o seleccionarán a partir de las necesidades e intereses expresados por el grupo, y no los fines y objetivos del plan curricular. No se trata, por tanto, de elaborar las tareas a partir de los objetivos curriculares, sino de proporcionar mediante el plan curricular una información amplia y matizada del proceso de desarrollo temporal del propio currículo, lo que permitirá al profesor detectar deficiencias y completar progresivamente su banco de tareas.

He comentado ya la relación entre los objetivos de curso y la evaluación. Conviene, sin embargo, añadir una última palabra sobre la evaluación relacionada con las propias tareas. En 7.6 he presentado algunas ideas sobre el problema de la relación entre los factores que constituyen el "constructo" que está en la base del dominio de la lengua. Se trata, como hemos visto, de un debate no resuelto entre los partidarios de la idea del "constructo" unitario y los de la idea del "constructo" multidimensional. Desde la perspectiva de las tareas, la evaluación se relacionará con el grado en que el alumno haya alcanzado el objetivo propuesto en la tarea. En este sentido puede resultar útil la especificación que se propone en los objetivos de actuación o de conducta, en la que, como hemos visto en 7.1, se describe la actuación que debe realizar el alumno, las condiciones bajo las cuales se ha de realizar la actuación y el nivel mínimo que se exige para que se considere aceptable la actuación. No obstante, esta evaluación del resultado de la tarea deberá hacerse compatible con la evaluación del proceso de desarrollo de la tarea, para lo que es fundamental potenciar la idea de autoevaluación del alumno. En este sentido, la realización de las tareas comunicativas involucra al alumno en dos formas de evaluación: una evaluación prospectiva, que supone determinar de antemano las exigencias lingüísticas y de otro tipo que implica la realización de la tarea; y una evaluación retrospectiva, mediante la que se determina en qué medida se ha realizado con éxito la tarea. En ambos casos, la autoevaluación del alumno es un factor indispensable; no obstante, aquellas tareas que implican la negociación de significados entre interlocutores exigen tener en cuenta al otro a la hora de valorar las dificultades que se han producido y las contribuciones que ha aportado cada uno para solucionar los problemas que hayan podido surgir durante la comunicación, lo que hace aconsejable promover también procedimientos de evaluación en pareja o en grupo, que son, en todo caso, compatibles con los procedimientos de autoevaluación.

ORIENTACIONES BIBLIOGRÁFICAS

Si el lector está interesado en disponer de una visión de conjunto sobre diferentes aspectos relacionados con la actualidad de la lengua española, puede encontrar en las Actas del Congreso de la Lengua Española de Sevilla, editadas por el Instituto Cervantes en 1994, una información suficientemente amplia y matizada. En el capítulo 4 me he referido al estudio de Sánchez (1992) como fuente de información sobre datos históricos relacionados con la enseñanza del español como lengua extranjera desde el siglo XVI hasta nuestros días. El enfoque de este libro no se limita a una relación de datos bibliográficos e históricos sino que investiga los diferentes métodos que han orientado la enseñanza de nuestra lengua y el entronque de esta enseñanza en el entorno europeo. Quilis (1992) proporciona una visión matizada sobre la situación de la lengua española en el mundo, con descripciones precisas sobre los rasgos del nivel fonológico y fonético, gramatical y léxico del español de Filipinas y de Guinea Ecuatorial. El estudio de Alvar (1991) trata diversos aspectos sobre el español de España y el de América y aporta reflexiones interesantes sobre los problemas relacionados con el bilingüismo, las manipulaciones lingüísticas en el mundo hispánico y la influencia de los medios de comunicación en el uso del español.

Para todo lo relacionado con las bases teóricas en el nivel de fundamentación del currículo, resulta particularmente útil la colección de estudios editada por Brumfit y Johnson (1979). En este libro se recoge una serie de extractos de algunos de los trabajos fundamentales de Hymes, Halliday, Widdowson, Wilkins, Trim y Van Ek, entre otros, que permite al lector acceder a algunas de las claves que han ido conformando en los últimos treinta años una concepción particular sobre la naturaleza de la lengua y sobre la enseñanza de la lengua extranjera que constituye hoy día el fundamento teórico del enfoque comunicativo. En la bibliografía general he recogido algunos de los trabajos más significativos de estos autores, lo que puede orientar la búsqueda del lector interesado en algún aspecto particular. Un buen complemento en todo lo relacionado con la teoría de la enseñanza comunicativa de la lengua es el trabajo de Widdowson (1978), que aclara aspectos importantes sobre el uso de la lengua en el discurso y sobre la relación entre las destrezas lingüísticas y las habilidades comunicativas. El capítulo 1 del libro de Munby (1978) constituye, desde mi punto de vista, un excelente repaso de las aportaciones teóricas más importantes desde Chomsky en torno al concepto de competencia comunicativa.

Como he comentado en el capítulo 6, la pragmática, junto con la teoría del texto y el análisis del discurso, aporta una visión sobre la función comunicativa de la lengua y las variables no lingüísticas que estructuran las situaciones comunicativas, aspecto de gran importancia desde la perspectiva de la enseñanza de la lengua extranjera. Un trabajo clave a este respecto es el libro de Levinson (1983), del que hay traducción al español (1989). Una introducción amena a todo lo relacionado con los problemas de la pragmática lingüística es el libro de Reyes (1990).

La teoría de la adquisición de segundas lenguas ha constituido en los últimos años una aportación clave para la fundamentación de los trabajos de investigación y experimentación didáctica relacionados con la enseñanza de la lenguas extranjeras. Un libro de referencia sobre esta materia es el de Ellis (1986), que ofrece una visión de conjunto sobre los problemas clave de esta especialidad mediante descripciones de gran claridad y concisión. La recopilación de trabajos que presenta Muñoz Liceras (1992) permite tener acceso en español a algunas de las investigaciones más significativas de autores como Corder, Selinker o Krashen, por citar sólo a los más conocidos. El libro proporciona una selección de artículos sobre el estatuto de lenguaje de los sistemas no nativos y sobre la adquisición y el análisis de la interlengua. Especialmente útil puede resultar, también, la lectura de los capítulos 4 y 5 del libro de Richards (1985), en los que se presenta una breve revisión de algunos de los aspectos más significativos de la teoría de la adquisición de lenguas.

Sobre los diferentes componentes curriculares existe abundante bibliografía. Para los problemas relacionados con la determinación de los objetivos conviene hacer una primera lectura de la reflexión de Stenhouse (1975) a propósito de distintos modelos de enseñanza. Desde la perspectiva del enfoque comunicativo recomiendo el estudio de Van Ek (1986) sobre los objetivos en el aprendizaje de la lengua extranjera, dentro de los trabajos del Consejo de Europa. En relación con los contenidos, enfocados desde la perspectiva del programa de curso, una referencia interesante es la recopilación de trabajos que presenta Brumfit (1984), en la que se hace un amplio repaso de los modelos de programas propuestos por diferentes autores dentro del enfoque comunicativo. También son útiles a este respecto los trabajos de Nunan (1988a; 1988b) y de Yalden (1983; 1987), a los que me he referido con frecuencia en distintos epígrafes del libro. Tanto el trabajo de Brumfit (1984) sobre la metodología comunicativa como la recopilación de estudios que editan Johnson y Morrow (1981) son buenas introducciones al análisis de los problemas metodológicos en la enseñanza comunicativa. Precisamente en este último libro presenta Morrow, como introducción a la segunda parte, una buena síntesis de los principios que inspiran la metodología comunicativa. En lo que hace a la evaluación, el libro de Bachman (1990) proporciona un análisis detallado del desarrollo práctico y el uso de los exámenes de lengua. Los cuatro capítulos dedicados en el libro de Johnson (1989) a la evaluación abordan este tema desde diferentes perspectivas y constituyen, en conjunto, una buena introducción general.

Sobre el análisis de las necesidades de los alumnos, son de referencia obligada los trabajos de Richterich (1972; 1973) y el de Richterich y Chancerel (1980). Para la elaboración del epígrafe 8.3, dedicado a este tema, he seguido la visión de conjunto que proporciona West (1994) en un artículo clarificador que revela las claves de la fundamentación teórica y de los aspectos prácticos más importantes. También son útiles las aportaciones de Nunan (1988a) y de Yalden (1987) desde la perspectiva del currículo y del programa de lengua, respectivamente.

En relación con los modelos de enseñanza basados en tareas, recomiendo al lector los artículos de Breen (1987) y de Long y Crookes (1992), que proporcionan excelentes análisis de las posibilidades y los límites de este tipo de modelos. El segundo de estos trabajos es, de hecho, el hilo conductor de la reflexión que presento en 8.1 a propósito del debate entre los programas basados en unidades de análisis de carácter lingüístico y los que toman como eje las tareas. Recomiendo, no obstante, la lectura de la crítica fundamentada que ha presentado recientemente Sheen (1994) sobre los programas basados en tareas y que supone una llamada de atención ante las propuestas que pretenden un cambio de paradigma sin considerar en profundidad las posibilidades de los modelos anteriores. Esta llamada a la prudencia y a la integración de los aspectos positivos de diferentes enfoques está también en el artículo de Breen que acabo de citar y constituye la base de la propuesta que he desarrollado en 8.2. Mención especial, desde la perspectiva del español como lengua extranjera, merece el trabajo de Zanón y Estaire (1990), en la misma línea de reflexión que la propuesta por Nunan (1989), que desarrolla las relaciones entre las tareas, entendidas como unidades de trabajo en el aula, y el currículo. Esta propuesta es, precisamente, la que sirve de base para el último epígrafe del libro.

GLOSARIO DE TÉRMINOS

actitud
Disposición del alumno con respecto al aprendizaje de la lengua o con respecto a otros factores, como la cultura asociada a la lengua que se aprende. En 3.2 he analizado este concepto como uno de los factores individuales de carácter afectivo que constituye parte de las contribuciones iniciales del alumno al currículo.

actuación (nivel de)
Uno de los tres niveles del modelo de análisis curricular que propongo en este libro y que considera la aplicación de las decisiones adoptadas en el nivel de planificación a un grupo particular de alumnos.

adquisición
En términos generales, internalización de reglas y fórmulas utilizadas para comunicarse en la nueva lengua (Ellis 1986). En 6.2 he considerado el uso especializado que da Krashen (1981) a este término, en oposición a aprendizaje. Según este uso, la adquisición se refiere al modo en que las habilidades lingüísticas se internalizan como resultado del uso natural de la lengua, mientras el aprendizaje se relaciona con el desarrollo consciente del conocimiento de la nueva lengua como consecuencia de un programa de estudio.

análisis de errores
Procedimiento en virtud del cual se obtiene información sobre el sistema de la lengua que está usando el alumno (esto es, que ha aprendido) en un momento del proceso de enseñanza y aprendizaje, y que consiste en obtener ejemplos de la lengua que usa el alumno, identificar los errores que se hayan producido, describirlos, clasificarlos y evaluarlos según su importancia (*vid.* 6.2).

análisis de necesidades
Conjunto de procedimientos en virtud de los cuales se obtiene información sobre las necesidades de aprendizaje de un grupo concreto de alumnos, o bien sobre sus expectativas, deseos y preferencias con respecto al programa de enseñanza. Para Richards (1990), este tipo de análisis puede aplicarse también a la obtención de datos sobre el propio programa y puede servir de base para la revisión y evaluación de un programa ya existente (*vid.* 8.3).

aptitud
Factor individual de aprendizaje de carácter cognitivo que tiene que ver con la cantidad de tiempo que necesita el alumno para aprender nuevo material lingüístico o para desarrollar una nueva habilidad (Gardner y MacIntyre 1992, *vid.* 3.2).

autonomía
Puede enfocarse desde dos puntos de vista: por una parte, tiene que ver con la capacidad del alumno para controlar y desarrollar su propio aprendizaje de forma más eficaz y, por otra, con la capacidad del alumno para desenvolverse en situaciones comunicativas cuando no dispone de recursos adecuados o cuando sus recursos no son suficientes (*vid.* 3.4).

competencia comunicativa
En la definición de Hymes (1971) comprende tanto el conocimiento de las reglas lingüísticas como el conocimiento del uso de estas reglas para comunicar significados. En la elaboración posterior de este concepto, se enfoca como un conjunto de diversas competencias que se relacionan en la comunicación: competencia gramatical, competencia sociolingüística, competencia

discursiva, competencia estratégica, competencia sociocultural y competencia social (*vid.* 3.1).

componente curricular
Cada uno de los elementos que constituyen el nivel de decisión del currículo. En la propuesta de este libro son los siguientes: objetivos, contenidos, metodología y evaluación.

contenidos (inventario de)
Constituye uno de los componentes del currículo y está compuesto por una serie de listas que comprende el conjunto de elementos o unidades de enseñanza y aprendizaje de cada uno de los distintos ciclos o niveles. Las listas pueden ser de estructuras gramaticales, de funciones lingüísticas, de temas, etc., o bien presentar estos elementos de forma relacionada.

contexto
Situación en la que se produce un determinado enunciado (*contexto situacional*).

currículo
Conjunto de fundamentos teóricos, decisiones y actuaciones relacionado con la planificación, el desarrollo y la evaluación de un proyecto educativo. El concepto de *currículo,* desarrollado en el campo de la teoría general de la educación, pone énfasis en un enfoque que concibe la enseñanza como un proceso dinámico centrado en el análisis y en la resolución de los problemas que se suscitan en la práctica de clase, más allá de la consideración de los resultados previstos en los planes educativos. Desde la perspectiva del currículo, las aportaciones teóricas en el campo de la educación tienen sentido en la medida en que se imbrican con la práctica de la enseñanza. El currículo, por tanto, se concibe como un nexo de unión entre los principios que inspiran un proyecto educativo y

la aplicación práctica de estos principios a través de un proceso de toma de decisiones abierto a la crítica y sujeto a modificaciones y adaptaciones en función de los resultados de la experiencia.

decisión (nivel de)
Uno de los tres niveles del modelo de análisis curricular que propongo en este libro y que comprende el conjunto de informaciones, orientaciones y criterios relacionados con cada uno de los diferentes componentes curriculares.

enfoque
Teorías sobre la naturaleza de la lengua y sobre el aprendizaje de la lengua que constituyen la fuente de los principios y de las prácticas de la enseñanza. Tiene que ver, por tanto, con los aspectos lingüísticos y psicolingüísticos que configuran las distintas teorías (Richards y Rodgers 1986). Desde una perspectiva más amplia se puede interpretar este concepto como un modo particular de entender la enseñanza y el aprendizaje; así, por ejemplo, hablamos de *enfoque curricular* cuando nos referimos a una concepción de la enseñanza y el aprendizaje desde la perspectiva del currículo.

enfoque comunicativo
Conjunto de ideas y principios que constituye un modo particular de entender la enseñanza y el aprendizaje de la lengua extranjera a partir de los siguientes rasgos generales: importancia del uso de la lengua con fines comunicativos; consideración del alumno como eje del currículo; énfasis en el desarrollo de la competencia comunicativa; consideración de las necesidades y de las expectativas del alumno con respecto al aprendizaje; énfasis en la negociación de significados en el uso de la lengua; importancia del desarrollo de la autonomía del alumno; importancia de la dimensión

sociocultural relacionada con la lengua; desarrollo de la enseñanza y del aprendizaje mediante la potenciación de las capacidades de los alumnos.

enfoque por tareas
Conjunto de ideas y principios que fundamenta un modo de entender la enseñanza y el aprendizaje basado en procedimientos metodológicos que se orientan hacia la realización por parte del alumno de series de actividades relacionadas entre sí en función de un objetivo último de carácter comunicativo.

estrategias de aprendizaje
Procedimientos y técnicas que utiliza el alumno para controlar y desarrollar su propio aprendizaje de forma más eficaz. Según Ellis (1986), las estrategias de aprendizaje dan cuenta de la forma en que el alumno asimila las reglas de la nueva lengua y de cómo automatiza las ya conocidas, e incluyen los procesos generales de formación de hipótesis y de evaluación.

estrategias de comunicación
Procedimientos y técnicas que utiliza el hablante cuando se desenvuelve en situaciones comunicativas con respecto de las cuales no dispone de recursos adecuados o suficientes.

fines generales (del currículo)
Enunciados amplios de propósitos e intenciones que describen las metas últimas del proceso de enseñanza y aprendizaje que constituye el currículo. Los fines generales concretan los principios en que se fundamenta un proyecto educativo.

función
Categoría de análisis relacionada con el uso comunicativo de un enunciado o de un texto. El análisis funcional tiene que ver

con las intenciones del hablante en el uso de la lengua.

fundamentación (nivel de)
Uno de los tres niveles del modelo de análisis curricular que propongo en este libro y que comprende las bases teóricas del modelo -en relación con la naturaleza de la lengua y con la naturaleza del aprendizaje de la lengua- y el análisis de los factores del entorno en el que se va a desarrollar el currículo, así como el análisis de la situación particular de enseñanza.

interlengua
En la definición de Selinker (1972), sistema lingüístico que puede describirse sobre la base de los datos observables que resultan de los intentos del alumno en la producción de una norma de la lengua que aprende. Este sistema es independiente tanto de la primera lengua del alumno como de la nueva lengua.

metodología
Componente curricular relacionado con las orientaciones y los procedimientos de ayuda pedagógica que son coherentes con los fines generales del currículo.

motivación
Factor individual de aprendizaje de carácter afectivo que tiene que ver con el objetivo general que orienta el aprendizaje del alumno. La motivación puede responder a un objetivo funcional, como, por ejemplo, obtener un trabajo, o bien a un deseo de integrarse en un nuevo grupo sociocultural.

negociación
Desde la perspectiva del currículo, la negociación puede enfocarse como el juego de relaciones que se establece a lo largo del proceso de enseñanza y aprendizaje entre las intenciones del propio currículo y las

contribuciones individuales de los alumnos -factores individuales de carácter cognitivo y afectivo, ideas y creencias de los alumnos con respecto al aprendizaje, expectativas e intereses particulares de los alumnos con respecto al programa-. Desde el punto de vista de la comunicación, hablamos de negociación del significado para referirnos al tipo de interacción que se produce entre los participantes de una conversación con objeto de asegurar el entendimiento mutuo.

noción
Categoría de análisis relacionada con los conceptos expresados a través de la lengua.

objetivo
Componente curricular relacionado con las metas de enseñanza y aprendizaje establecidas para un ciclo o nivel determinado. Los objetivos describen generalmente lo que los alumnos serán capaces de hacer como resultado de la enseñanza.

programa
Conjunto de decisiones que adoptan los profesores a la hora de aplicar a un curso concreto las especificaciones de un plan curricular. Estas decisiones no se limitan a la selección y gradación de los objetivos y de los contenidos, sino que tienen que ver también con los procedimientos metodológicos y de evaluación.

situación
Complejo de factores extralingüísticos que determinan la naturaleza de un acto lingüístico.

tarea
Procedimiento metodológico constituido por una serie de actividades relacionadas entre sí en función de un objetivo último de carácter comunicativo.

transferencia
Según Ellis (1986), la transferencia es el proceso de utilización de la primera lengua en el aprendizaje de la segunda. Cuando el modelo de lengua que se transfiere es idéntico en la primera y la segunda lengua, el efecto de la transferencia es positivo; sin embargo, si el modelo es diferente, el efecto será negativo. En opinión de Richards (1985), la transferencia interactúa con los procesos de desarrollo de la nueva lengua, aunque de una forma que no está todavía plenamente descrita (*vid.* 6.2). La transferencia puede enfocarse también como la capacidad del alumno para aplicar las habilidades desarrolladas en la práctica de la comunicación dentro del aula a situaciones comunicativas reales.

Referencias bibliográficas

A

ALDERSON, J. C. (1985). *Evaluation*. Oxford. Pergamon Press.
ALLEN, J. P. B. (1983). «A three-level curriculum model for second language education». *Canadian Modern Language Review*, 40.
ALLWRIGHT, D. (1988). *Observation in Language Classroom*. Londres. Longman.
ALLWRIGHT, R. L. (1980). «Language learning through communication practice», en C. J. Brumfit y K. Johnson (eds.) (1979).
ALVAR, M. (1991). *El español de las dos orillas*. Madrid. Colecciones MAPFRE.
ANTHONY, E. M. (1963). «Approach, method and technique». *English Language Teaching*, 17.

B

BACHMAN, L. F. (1990). *Fundamental Considerations in Language Testing*. Oxford. Oxford University Press.
BACHMAN, L. F. y M. MACK (1986). *A casual analysis of learner characteristics and second language proficiency*. Twentieth Annual TESOL Convention, Anaheim, California.
BELLO, P. *et al.* (1990). *Didáctica de las segundas lenguas. Estrategias y recursos básicos*. Madrid. Editorial Santillana. Aula XXI.
BREEN, M. P. (1987). «Contemporary Paradigms in Syllabus Design». *Language Teaching*. 20 (2 y 3).
– –(1990). «Paradigmas actuales en el diseño de programas», en *Comunicación, Lenguaje y Educación*, 7 y 8.
BREEN, M. P. y C. N. CANDLIN (1980). «The essentials of a communicative curriculum in language teaching». *Applied Linguistics* 1, 2.

BRINDLEY, G. (1984). *Needs Analysis and Objective Setting in the Adult Migrant Education Program.* Sydney. NSW Adult Migrant Education Service.
– –(1986). *The Assessment of Second Language Proficiency: Issues and Approaches.* Adelaide. National Curriculum Resource Centre.
BROWN, J. D. (1989). *Language program evaluation: a synthesis of existing possibilities,* en R. K. Johnson (ed.)(1989). Cambridge. Cambridge University Press.
BROWN, G. y G. YULE (1983). *Discourse Analysis.* Cambridge. Cambridge University Press.
– –(1993). *Análisis del Discurso.* Madrid. Editorial Taurus.
BRUMFIT, C. J. (1980). «From defining to designing: communicative specifications versus communicative methodology in foreign language teaching». *Studies in Language Acquisition* 3,1.
– –(1981). «Accuracy and fluency. Practical English Teaching». *Baal Newsletter,* 13.
– –(ed.)(1984). *General English Syllabus Design.* Oxford. Pergamon Press.
– –(1984). *Communicative Methodology in Language Teaching.* Cambridge. Cambridge University Press.
BRUMFIT, C. J. y K. JOHNSON (1979). *The Communicative Approach to Language Teaching.* Oxford. Oxford University Press.
BYGATE, M. (1987). *Speaking.* Oxford. Oxford University Press.
BYRNE, D. (1979) *Teaching Writing Skills.* Londres. Longman.
– –(1987). *Techniques for Classroom Interaction.* Londres. Longman.

C

CANALE, M. (1983). «From communicative competence to communicative language pedagogy», en J. Richards y R. W. Schmidt (eds.) (1983).
– –(1995). «De la competencia comunicativa a la pedagogía comunicativa del lenguaje», en *Competencia comunicativa: documentos básicos en la enseñanza de lenguas extranjeras,* en M. Llobera *et al.* Madrid. Editorial Edelsa Grupo Didascalia.
CANALE, M. y M. SWAIN (1980). «Theoretical Bases of Communicative Approaches to Second Language Teaching and Testing». *Applied Linguistics* 1,1.
CANDLIN, C. N. (1981). *The Communicative Teaching of English.* Londres. Longman.
– –(1987). *Toward Task-based language learning,* en C. N. Candlin y D. F. Murphy (eds.) (1987).
CANDLIN, C. N. y M. P. BREEN (1979). «Evaluating and designing language teaching materials». *Practical Papers in English Language Education,* 2.
CANDLIN, C. N. y D. F. MURPHY (eds.) (1987). *Language Learning Tasks.* Londres. Prentice Hall.
CARROL, B. J. (1980). *Testing Communicative Performance.* Oxford. Pergamon Press.
CASSANY, D. (1989). *Describir el escribir. Cómo se aprende a escribir.* Barcelona. Ediciones Paidós.
CHOMSKY, N. (1965). *Aspects of the Theory of Syntax.* Cambridge, Mass. MIT Press.
CLARK, J. L. (1987). *Curriculum Renewal in School Foreign Language Learning.* Oxford. Oxford University Press.
COLL, C. (1987). *Psicología y curriculum. Una aproximación Psicopedagógica al Curriculum Escolar.* Barcelona. Cuadernos de Pedagogía - Laia.
CORDER, S. P. (1967). «La importancia de los errores del que aprende una lengua segunda», en J. Muñoz Liceras (comp.) (1992).
– –(1981). *Error Analysis and Interlanguage.* Oxford. Oxford University Press.
COSTE, D. *et al.* (1976). *Un Niveau Seuil.* Estrasburgo. Conseil de l'Europe.
CROMBIE, W. (1985). *Discourse and Language Learning. A Relational Approach to Syllabus Design.* Oxford. Oxford University Press.
CRYSTAL, D. (1994). *Enciclopedia del lenguaje de la Universidad de Cambridge.* Madrid. Editorial Taurus.

D

DEWEY, J. (1916). *Democracy and Education.* Nueva York. Macmillan.
DI PIETRO, R. J. (1987). *Strategic Interaction. Learning Languages through Scenarios.* Oxford. Oxford University Press.
DUBIN, F. y E. OLSHTAIN (1986). *Course Design. Developing Programs and Materials for Language Learning.* Cambridge. Cambridge University Press.

E

EISNER, E. W. (1987). *Procesos cognitivos y curriculum.* Barcelona. Ediciones Martínez Roca.
ELLIS, R. (1986). *Understanding Second Language Acquisition.* Oxford. Oxford University Press.
– –(1987). *Second Language Acquisition in Context.* Londres. Prentice Hall.
ELLIS, G. y B. SINCLAIR (1989). *Learning to learn English.* Cambridge. Cambridge University Press.

F

FAERCH, C. y G. KASPER (eds.) (1983). *Strategies in Interlanguage Communication.* Londres. Longman.
FANSELOW, J. F. (1987). *Breaking Rules.* Nueva York. Longman.
FINOCCHIARO, M. (1992). *English as a second/foreign language.* Nueva York. Regents Prentice Hall.

G

GAIRNS, R. y S. REDMAN (1986). *Working with Words.* Oxford. Oxford University Press.
GARDNER, R. C. y P. D. MACINTYRE (1992). «A student's contributions to second-language learning». Part I and II. *Language Teaching.* 25,4 y 26,1.
GASS, S. M. y J. SCHACHTER (1989). *Linguistic Perspectives on Second Language Acquisition.* Oxford. Oxford University Press.
GELABERT, M. J., M. HERRERA, E. MARTINELL y F. MARTINELL (1988). *Niveles Umbral, Intermedio y Avanzado.* Madrid. Editorial SGEL.
GIMENO, J. (1981). *Teoría de la Educación y desarrollo del Curriculum.* Madrid. Ediciones Anaya.
GRELLET, F. (1981). *Developping Reading Skills.* Cambridge. Cambridge University Press.
GRONDLUND, N. E. (1981). *Measurement and Evaluation in Education.* Nueva York. Macmillan.

H

HALLIDAY, M. A. K. (1970). «Language structure and language function», en J. Lyons (ed.) (1970).
– –(1975). *Learning How to Mean: Explorations in the Development of Language.* Londres. Edward Arnold.
– –(1978). *Language as a Social Semiotic.* Londres. Edward Arnold.
HARLEY, B., P. ALLEN, J. CUMMINS y M. SWAIN (1990). *The Development of Second Language Proficiency.* Oxford. Oxford University Press.
HOLEC, H. (1981). *Authonomy & Foreign Language Learning.* Oxford. Pergamon Press.

ÁLVARO GARCÍA SANTA-CECILIA

– –(1993). *Teaching and Learning Strategies: Self-Directed Learning. Language learning for European citizenship*. Estrasburgo. Council of Europe.

HYLTENSTAM, K. y M. PIENEMANN (1985). *Modelling and Assessing Second Language Proficiency*. Clevedon. Multilingual Matters.

HYMES, D. (1972). «On communicative competence», en J. B. Pride y J. Holmes (eds.). *Sociolinguistics*. Harmondsworth. Penguin.

– –(1995). «Acerca de la competencia comunicativa», en *Competencia Comunicativa: documentos básicos en la enseñanza de lenguas extranjeras*. M. Llobera *et al*. Madrid. Editorial Edelsa Grupo Didascalia.

INSTITUTO CERVANTES (1994). *La enseñanza del español como lengua extranjera. Plan Curricular del Instituto Cervantes*. Publicaciones del Instituto Cervantes.

– –(ed.)(1994). *Actas del Congreso de la Lengua Española*. Publicaciones del Instituto Cervantes.

JOHNSON, K. (1981). «Some background, some key terms and some definitions», en K. Johnson y K. Morrow (eds.) (1981).

– –(1982). *Communicative syllabus design and methodology*. Oxford. Oxford Pergamon Press.

JOHNSON, R. K. (1989). *The Second Language Curriculum*. Cambridge. Cambridge University Press.

JOHNSON, K. y K. MORROW (eds.)(1981). *Communication in the Classroom*. Londres. Longman.

KELLY (1969). *25 Centuries of Language Teaching*. Rowley, MA. Newbury House.

KRASHEN, S. D. (1981). *Second Language Acquisition and Second Language Learning*. Oxford. Pergamon Press.

– –(1982). *Principles and Practice in Second Language Acquisition*. Oxford. Pergamon Press.

KRASHEN, S. D. y T. D. TERRELL (1983). *The Natural Approach to Language Learning*. Oxford. Pergamon Press.

LARSEN-FREEMAN, D. E. (ed.) (1980). *Discourse Analysis in Second Language Research*. Rowley, Mass. Newbury House.

– –(1986). *Techniques and Principles in Language Teaching*. Oxford. Oxford University Press.

LEVINSON, S. C. (1983). *Pragmatics*. Cambridge. Cambridge University Press.

– –(1989) *Pragmática*. Barcelona. Editorial Teide.

LITTLE, D. (1994). *Strategic competence considered in relation to strategic control of the language learning process*. A common european framework for language teaching and learning. Language learning for European citizenship. Estrasburgo. Council of Europe.

LITTLEWOOD, W. (1981). *Communicative Language Teaching: An Introduction*. Oxford. Oxford University Press.

– –(1984). *Foreign & Second Language Learning*. Cambridge. Cambridge University Press.

LLOBERA, M. *et al.* (1995). *Competencia Comunicativa: documentos básicos en la enseñanza de lenguas extranjeras.* Madrid. Editorial Edelsa Grupo Didascalia.
LONG, M. H. y G. CROOKES (1992). «Three Approaches to Task-Based Syllabus Design». *TESOL Quarterly* 26,1.
LYONS, J. (ed.)(1970). *New Horizons in Linguistics.* Hardmondsworth. Penguin.

M

MAGER, R. F. (1962). *Preparing Instructional Objectives.* Belmont, Cal. Pitman.
MAURI, T., I. SOLÉ, L. DEL CARMEN y A. ZABALA (1991). *El curriculum en el centro educativo.* ICE Univ. Barcelona. Editorial Horsori.
MCARTHUR, T. (1983). *A Foundation Course for Language Teachers.* Cambridge. Cambridge University Press.
MCLAUGHLIN, B. (1978). «Algunas consideraciones metodológicas sobre el modelo del monitor», en J. Muñoz Liceras (comp.) (1992).
MERRILL VALDÉS, J. (1986). *Culture Bound. Bridging the cultural gap in language teaching.* Cambridge. Cambridge University Press.
MINISTERIO DE EDUCACION Y CIENCIA (1989). *Diseño Curricular Base. Educación Secundaria Obligatoria.* Madrid.
MORENO FERNÁNDEZ, F. (1992). *El español en el mundo.* (Informe realizado para el Instituto Cervantes.)
MORROW, K. (1981). *Principles of communicative methodology,* en K. Johnson y K. Morrow (eds.)(1981).
MUNBY, J. (1978). *Communicative Syllabus Design.* Cambridge. Cambridge University Press.
MUÑOZ LICERAS, J. (comp.)(1992). *La adquisición de las lenguas extranjeras.* Madrid. Editorial Visor.

N

NEUNER, G. (1994). *The role of sociocultural competence in foreign language teching and learning.* A common european framework for language teaching and learning. Language learning for European citizenship. Estrasburgo. Council for Europe.
NUNAN, D. (1988a). *The Learner-Centred Curriculum.* Cambridge. Cambridge University Press.
– –(1988b). *Syllabus Design.* Oxford. Oxford University Press.
– –(1989). *Designing Tasks for the Communicative Classroom.* Cambridge. Cambridge University Press.

O

OLLER JR., J. W. (1979). *Language Tests at School.* Londres. Longman.
O'MALLEY, J. M. y A. U. CHAMOT (1990). *Learning Strategies in Second Language Learning.* Cambridge. Cambridge University Press.

P

PATTISON, P. (1987). *Developing Communication Skills.* Cambridge. Cambridge University Press.
PIENEMANN, M. (1985). *Learnability and Syllabus Construction,* en K. Hyltenstan y M. Pienemann (eds.) (1985).

ÁLVARO GARCÍA SANTA-CECILIA

PRABHU, N. S. (1987). *Second Language Pedagogy*. Oxford. Oxford University Press.
PRIDE, J. B. y J. HOLMES (eds.) (1972). *Sociolinguistics: Selected Readings*. Harmondsworth. Penguin Education.

Q

QUILIS, A. (1992). *La lengua española en cuatro mundos*. Madrid. Colecciones MAPFRE.

R

REYES, G. (1990). *La pragmática lingüística*. Barcelona. Montesinos Editor.
RICHARDS, J. (1985). *The Context of Language Teaching*. Cambridge. Cambridge University Press.
– –(1990). *The Language Teaching Matrix*. Cambridge. Cambridge University Press.
RICHARDS, J. C., J. PLATT y H. WEBER (1985). *Longman Dictionary of Applied Linguistics*. Londres. Longman.
RICHARDS, J. C. y T. RODGERS (1986). *Approaches and Methods in Language Teaching*. Oxford. Oxford University Press.
RICHARDS, J. C. y R. W. SCHMIDT (eds.) (1983). *Language and Communication*. Londres. Longman.
RICHTERICH, R. (1972). *A Model for the Definition of Language Needs of Adults Learning a Modern Language*. Estrasburgo. Council of Europe.
– –(1973). *Definition of language needs and types of adults*. Council of Europe. Estrasburgo.
RICHTERICH, R. y J. L. CHANCEREL (1980). *Identifying the Needs of Adults Learning a Foreign Language*. Oxford. Pergamon Press.
RODGERS, T. S. (1989). «Syllabus design, curriculum development and polity determination», en R. K. Johnson (ed.) (1989).
RUTHERFORD, W. E. (1987). *Second Language Grammar: Learning and Teaching*. Londres y Nueva York. Longman.

S

SANCHEZ PÉREZ, A. (1992). *Historia de la enseñanza del español como lengua extranjera*. Madrid. Editorial SGEL.
SANCHO, J. M. (1990). *Los profesores y el curriculum*. ICE Univ. Barcelona. Editorial Horsori.
SAVIGNON, S. J. (1972). *Communicative Competence: An Experiment in Foreign Language Teaching*. Filadelfia. The Center for Curriculum Development.
– –(1983). *Comunicative Competence: Theory and Classroom Practice*. Reading, Mass. Addison-Wesley.
SCHUMANN, J. H. (1978). *The Pidgination Process: a model for Second Language Acquisition*. Rowley, Mass. Newbury House.
SELINKER, L. (1972). «La interlengua», en J. Muñoz Liceras (comp.) (1992).
SHEEN, R. (1994). «A Critical Analysis of the Advocacy of the Task-Based Syllabus». *TESOL Quarterly* 28,1.
SHEILS, J. (1988). *Communication in the modern languages classroom*. Project No. 12: Learning and teaching modern languages for communication. Council for Europe. Estrasburgo.
SLAGTER, P. (1979). *Un Nivel Umbral*. Estrasburgo. Consejo de Europa.

STENHOUSE, L. (1975). *An Introduction to Curriculum Research and Development.* Londres. Heinemann.
– –(1987). *Investigación y desarrollo del curriculum.* Prólogo de J. Gimeno Sacristán. Madrid. Ediciones Morata.
STERN, H. H. (1983). *Fundamental Concepts of Language Teaching.* Oxford. Oxford University Press.
– –(1989). «Seeing the wood and the trees: some thoughts on language teaching analysis», en R. K. Johnson (ed.) (1989).
SWAFFAR, J. K., K. ARENS y M. MORGAN (1982). «Teacher classroom practices: redefining method as task hierarchy». *Modern Language Journal,* 66.

T

TABA, H. (1962). *Curriculum development: Theory and Practice.* Nueva York. Harcourt, Brace and World.
TARONE, E. (1980). «Communication strategies, foreigner talk and repair in interlanguage». *Language Learning,* 30.
TRIM, J. L. (1971). *The Analysis of Language Content by a European Unit/Credit System in Modern Languages Within the Framework of Continuing Post-Secondary Adult Education.* Estrasburgo. Council of Europe.
TRIM, J. L., R. RICHTERICH, J. A. VAN EK y D. A. WILKINS (1980). *Development in Adults Language Learning.* Oxford. Pergamon Press.
TYLER, R. W. (1949). *Basic Principles of Curriculum and Instruction.* Chicago. University of Chicago Press.
– –(1977). *Principios básicos del curriculum.* Buenos Aires. Editorial Troquel.

V

VAN EK, P. (1986). *Objectives for Foreign Language Learning.* Estrasburgo. Council of Europe.
VAN EK, J. A. y J. L. M. TRIM (1990). *Threshold Level 1990.* Estrasburgo. Council of Europe.
VAZQUEZ, G. (1991). *Análisis de errores y aprendizaje de español/lengua extranjera.* Frankfurt am Main. Peter Lang.

W

WENDEN, A. (1991). *Learner Strategies for Learner Autonomy.* Nueva York. Prentice-Hall.
WENDEN, A. y J. RUBIN (1987). *Learner Strategies in Language Learning.* Nueva York. Prentice Hall.
WEST, R. (1994). «Needs analysis in language teaching». *Language Teaching* 27,1.
WHITE, R. V. (1988). *The ELT curriculum. Design, innovation and management.* Oxford. Basil Blackwell.
WIDDOWSON, H.G. (1978). *Teaching Language as Communication.* Oxford. Oxford University Press.
– –(1983). *Learning Purpose and Language Use.* Oxford. Oxford University Press.
– –(1984). *Explorations in Applied Linguistics.* Oxford. Oxford University Press.
– –(1990). *Aspects of Language Teaching.* Oxford. Oxford University Press.
WILKINS, D. A. (1976). *Notional Syllabuses.* Oxford. Oxford University Press.

YALDEN, J. (1983). *The communicative syllabus: evolution, design and implementation.* Oxford. Pergamon.
– –(1987). *Principles of Course Design for Language Teaching.* Cambridge. Cambridge University Press.

ZANON, J. y S. ESTAIRE (1990). «El diseño de unidades didácticas mediante tareas: principios y desarrollo.» *Comunicación, lenguaje y educación,* 7 y 8.